克莱顿
从「世界棉王」到贸易斗士

舒建中 著

本书为「南京大学人文基金」资助项目

William Lockhart Clayton

北京大学出版社
PEKING UNIVERSITY PRESS

图书在版编目(CIP)数据

克莱顿:从"世界棉王"到贸易斗士/舒建中著.—北京:北京大学出版社,2014.2
(美国对外战略的设计者)
ISBN 978-7-301-23502-7

Ⅰ.①克… Ⅱ.①舒… Ⅲ.①克莱顿(1880～1966)-评传 Ⅳ.①K837.125.38

中国版本图书馆 CIP 数据核字(2013)第 280325 号

书　　　名:	克莱顿:从"世界棉王"到贸易斗士
著作责任者:	舒建中　著
责 任 编 辑:	武　岳
标 准 书 号:	ISBN 978-7-301-23502-7/D·3463
出 版 发 行:	北京大学出版社
地　　　址:	北京市海淀区成府路 205 号　100871
网　　　址:	http://www.pup.cn　新浪官方微博:@北京大学出版社
电 子 信 箱:	ss@pup.pku.edu.cn
电　　　话:	邮购部 62752015　发行部 62750672　编辑部 62753121 出版部 62754962
印　刷　者:	三河市北燕印装有限公司
经　销　者:	新华书店
	890 毫米×1240 毫米　A5　9.625 印张　216 千字
	2014 年 2 月第 1 版　2014 年 2 月第 1 次印刷
定　　　价:	28.00 元

未经许可,不得以任何方式复制或抄袭本书之部分或全部内容。
版权所有,侵权必究
举报电话:010-62752024　电子信箱:fd@pup.pku.edu.cn

主编的话

人类历史归根结底是由人创造的。马克思说过:"历史不过是追求着自己目的的人的活动而已。"据此,历史乃无数人物之"传记"。史缘于事,事缘于人;无人则无事,无事则无史。以人物为中心的历史研究,原本也是我国史学的一个优良传统,伟大的太史公即是楷模。如果只议事、不论人,一个个生动鲜活的人物隐匿了,历史的星空势必黯然失色。历史记录本来就是人类自身的写照,人们怎能容忍"无人的历史"呢?

站在21世纪举目回望,可以看出一个明显的事实:20世纪世界历史发展的一个最重要的特点与结果,是美国全球性主导地位的确立和巩固。当冷战结束时,美国的地位非常突出,不仅成为绝无仅有的政治、军事与经济超级强国,美国意识形态或"生活方式"更成为国际社会的主导性话语。而美国这种独特地位,尽管其历史根源可以追溯到更早的时期,但总的来说主要是在20世纪尤其是冷战时期形成的。美国是最大的发达国家和最重要的守成大国,中国是最大的发展中国家和最重要的新兴大国。研究美国的强盛之道,包括"人的因素",尤其是美国外交与战略精英在其中所起的作用,对我们来说,意义不言而喻。

这就是我们决定编写这套丛书并以冷战时期为研究重点的一个主要原因。

美国外交领域值得研究的人物当然还有许多,我们的选择有主客观两方面的考虑:或因为相关档案材料较为丰富,或因为此人在某些方面的代表性,或主要因为作者的研究兴趣与专长,等等。但毫无疑问,这十位政治家都曾在20世纪美国外交的某个阶段、某个领域发挥过重要作用,当得起"美国对外战略的设计者"这个称号。

细心的读者不难看出,有时涉及同样的人和事,不同的作者看法并不完全一致。这是很自然的。达成共识诚然是值得追求的目标,但学术研究并不以意见统一为出发点,恰恰相反,各抒己见,百家争鸣,才有可能"殊途同归"。所以我们对于丛书的撰写只规定了几条基本原则,同时也是想要达成的目标:

其一,尽可能利用翔实、可靠的第一手资料,并注意反映国内外最新研究成果。与此同时,作为一种新的尝试,我们鼓励借鉴国际政治理论、决策理论、战略史与战略思想史等相关领域的研究视角和分析方法,并且在展示美国对外战略的决策过程、决策机制和实施过程的同时,注意揭示有关决策者的政治哲学、安全观念与战略思想及其所反映的美国政治文化与战略文化传统。

其二,丛书显然具有政治评传的性质,并非面面俱到的人物传记,而是着重揭示有关人物在战略与外交领域的主要思想和实际影响。鉴于人们过去较多关注总统等"前台"人物,对于政策背后那些思想型人物却注意不够,我们将研究重点更多地聚焦于政治、军事、外交、经济、文化等领域的一些有思想、有政策影响的谋士型、智囊型人物。这不仅有助于丰富美国外交的研究视角,还有助于使我们的认识从物质、技术的层面上升到思想的层面和战略的高度。

其三,在保证思想性与学术性的前提下,兼顾趣味性与可读性。但我们并不打算靠搜罗各种逸闻趣事或花边新闻来"吸引眼球",更无意通过渲染这些社会名流、政坛精英的个人奋斗史来提供类乎"励志文学"的教化功能。我们的关注点,乃是美国人的精神气质、思想遗产、政治智慧、历史经验或成败得失对于我们可能具有的启发意义。

最后,也是最重要的,我们将着重思考和展示一个迄今仍然具有重大现实意义的关键问题,即战后美国世界性主导地位或全球"霸权"的确立、巩固或维系,与冷战的形成、展开、转型和终结之间具有何种联系;以及战后各个历史时期,美国战略精英如何确定国家利益的轻重缓急与优先次序、判断内外威胁与挑战、评估自身能力并做出战略选择,以达到维护美国国家利益,确立、巩固或护持美国全球霸权的战略目的。

由于资料条件、研究水平等方面的限制,我们离上述目标可能还有相当距离,缺点和错误也在所难免。"嘤其鸣矣,求其友声。"对于我们的研究和写作初衷,读者诸君倘能有所会心,从而引发新的思考,那将是我们莫大的荣幸。

2013 年 12 月 8 日于南京

目　录

第一章　商业成功铸就自由贸易理念 / 1

 第一节　"一代棉王"的成长历程 / 1

 第二节　"南方交货"之战 / 14

 第三节　克莱顿的自由经济思想及其早期实践 / 26

第二章　初涉政坛崭露经济外交才华 / 40

 第一节　初涉政坛的风雨历程 / 40

 第二节　支持布雷顿森林体系的建立 / 62

 第三节　倡导对英贷款谈判以推进多边贸易政策 / 77

第三章　战略擘画：克莱顿与关贸总协定制度的设计 / 101

 第一节　"多边自由贸易计划"出台的背景 / 101

 第二节　"多边自由贸易计划"与"2·6备忘录"的提出 / 116

 第三节　"国际贸易组织宪章建议案"的公布 / 133

第四章 政策谈判：克莱顿与关贸总协定制度的建立 / 144

　　第一节 日内瓦会议召开的背景 / 144

　　第二节 克莱顿与日内瓦会议的主要谈判进程 / 158

　　第三节 克莱顿与关贸总协定制度的建立 / 186

第五章 复兴西欧：克莱顿与"马歇尔计划"的实施 / 194

　　第一节 "杜鲁门主义"的出台与"马歇尔计划"的背景 / 194

　　第二节 克莱顿与"马歇尔计划"的提出 / 207

　　第三节 克莱顿与"马歇尔计划"的谈判 / 224

第六章 理想与现实：国际贸易组织的流产 / 244

　　第一节 克莱顿与哈瓦那会议的谈判进程 / 244

　　第二节 克莱顿与国际贸易组织的流产 / 265

第七章 最后的挑战 / 274

　　第一节 为多边自由贸易而殚精竭虑 / 274

　　第二节 多边自由贸易的坚定斗士 / 286

参考文献 / 295

后　记 / 301

第一章 商业成功铸就自由贸易理念

第一节 "一代棉王"的成长历程

1880年2月7日,威廉·洛克哈特·克莱顿(William Lockhart Clayton)出生于美国密西西比州的图珀洛,其父亲詹姆斯·克莱顿是一位中学教师,仅靠微薄的薪水勉强支撑着一家人的生活。作为英国移民的后裔,詹姆斯·克莱顿虽然继承了祖上遗留下来的一个面积不大的家庭农场,但由于美国内战后整个南部经济陷入萧条,加上连年歉收,农场收入尚不足以支付家庭所欠之债务。在万般无奈之下,詹姆斯·克莱顿抵押了家庭农场并举家迁往田纳西州的杰克逊城。

为谋生计,詹姆斯·克莱顿作了一次大胆的冒险,以农场抵押款作为启动资金,承包了一段铁路路基的建设工程。但是,教师出身的詹姆斯·克莱顿却不善理财和经营,甚至缺乏起码的商业理念。因此,在工程承包期间,詹姆斯·克莱顿不仅没有像预想的那样赚到钱,反而赔光了所有的家产,以至于连房租都无力支付。走

克
莱
顿

投无路之际,克莱顿的母亲只得替人做保姆并举家寄人篱下。在颠沛流离的生活中,"克莱顿从来没有享受过真正的童年时光"①。另一方面,对于有志者而言,苦难与艰辛实际上也是一笔不可多得的宝贵财富,童年的命途多舛不仅没有使克莱顿退缩和屈服,反而磨砺出他坚忍不拔的性格和富于冒险的精神,并最终使克莱顿终身受益。

在小学学习期间,克莱顿刻苦用功,成绩优秀,其父母均希望他能进入大学学习以成就一番事业。但作为家庭中的长子,克莱顿却抱有一种强烈的责任感,力图尽早自食其力以缓解家庭的经济压力。1893年,机会终于不期而至。当时的杰克逊城是一个繁华的商业和交通中心,地方政府因人力有限,积压了许多公文——如来往客商的登记存档文件、营业执照以及各种诉讼文书等——亟需誊抄或打印。于是,自幼聪慧的克莱顿被所在学校的校长推荐给地方政府协助从事有关的文件处理工作。从此以后,年仅13岁的克莱顿一边上学,一边在地方政府打工。为尽快适应各种政府及商业文件的处理工作,克莱顿还从每月10美元的微薄酬劳中拿出4美元作为学费,坚持每天去夜校学习速记和打字。这一段经历给年少的克莱顿留下

《时代》杂志封面的克莱顿像

---

① Gregory A. Fossedal, *Our Finest Hour: Will Clayton, the Marshall Plan, and the Triumph of Democracy*, Stanford: Stanford University Press, 1993, p. 16.

了终生难忘的记忆,而繁忙的学习和工作也培养了克莱顿不知疲倦的性格和敬业的精神,这同样使克莱顿受益匪浅。

天道酬勤,耕耘总会有收获。经过一年的不懈努力,克莱顿以其勤奋的工作态度和丰硕的工作业绩赢得了人们的交口称赞,迅速成为当地最富效率和最受信赖的文员之一,以至于路过杰克逊城的商人都纷纷点名邀请克莱顿帮助打印文件和整理材料。另一方面,与南商北贾的频繁交流与合作不仅锻炼了克莱顿的实践能力,而且还增长了克莱顿的见识,大大开阔了其看待和分析问题的视野,使他学到了许多书本上无法学到的东西,克莱顿开始思考南部经济贸易环境乃至美国经济和贸易政策问题。例如,在为威廉·詹宁斯·布赖恩打印一份演讲稿时,布赖恩对美国政府长期奉行的损害南部农业经济的高关税政策和银根紧缩政策进行了猛烈抨击和强烈谴责,这给少年克莱顿留下了难以忘怀的深刻印象。据克莱顿的大女儿埃伦·克莱顿·加伍德回忆,布赖恩的演讲稿"深深震撼了年轻的克莱顿,他甚至几天都沉默不语"[①]。不言而喻,对于一个出生于南部并有着切身体验的孩子而言,布赖恩的演讲稿所带来的思考是刻骨铭心的。实际上,这也是克莱顿第一次真正感悟到南部各州对美国高关税政策的强烈不满,并对克莱顿贸易思想的形成产生了具有启蒙意义的影响。

1895年对克莱顿来说是不同寻常的一年。一位来自圣路易斯的棉花商人杰罗姆·希尔看中了克莱顿的过人才干,进而邀请克莱顿随他去圣路易斯并担任他的私人秘书,薪金为每月65美元。

---

① Ellen Clayton Garwood, *Will Clayton: A Short Biography*, Austin: University of Texas Press, 1958, p. 49.

克莱顿

出于强烈的创业意识和缓解家庭经济压力的责任感,克莱顿欣然应允。但克莱顿的母亲却竭力反对,希望克莱顿能够继续完成学业。执拗的克莱顿为此第一次与母亲发生了争吵。面对去意已决的克莱顿,母亲最终做出了让步,无可奈何地同意了克莱顿做的选择。于是,年仅 15 岁的克莱顿从此告别了亲人和学校,踏上了商海拼搏和独自创业的漫漫征途。1896 年,希尔调往美国棉花公司(American Cotton Company)设在纽约的总部工作,克莱顿亦随同前往。在新的工作环境的刺激下,克莱顿变得更加勤奋。白天,克莱顿忘我地投入工作;晚上,克莱顿则挑灯自学,并养成了自我教育的良好习惯。因为支撑克莱顿的坚定信念是:不能虚度光阴,时间意味着为未来做好准备。① 正是在这样的环境中并以独自创业的信念作支撑,"一代棉王"悄然孕育。

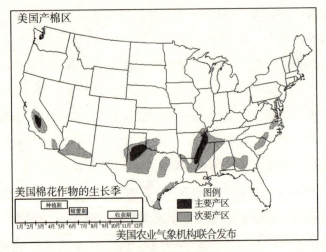

美国南部棉花主产区

---

① Ellen Clayton Garwood, *Will Clayton*, p. 69.

在美国棉花公司纽约总部工作期间,克莱顿主要从事棉花的等级分类业务。这是一项具有高度专业性的工作,在棉花的贸易和加工中处于核心地位。由于棉花的等级将决定棉花的价格,因此,棉花在被运往工厂进行加工之前都必须经过严格的等级检验。克莱顿敏锐地意识到了这项工作的巨大价值并全身心地投入,从而很快掌握了有关的技术知识,成为一名业务精湛的棉花等级鉴定专家。更为重要的是,拥有这样一门关键性的专业技术无疑为克莱顿日后在棉花贸易领域大展宏图奠定了不可或缺的业务基础。与此同时,克莱顿还坚持在工作之余自学法语。由于法语是当时国际贸易的通用语言之一,因此,熟练地运用法语同样为克莱顿日后驰骋于欧洲棉花市场提供了极大的便利。功夫不负有心人,克莱顿出色的工作业绩和忘我的工作精神赢得了公司上下的广泛好评,1900年,克莱顿升任美国棉花公司棉花销售部副经理,开始在美国棉花贸易领域崭露头角。

克莱顿进入美国棉花公司管理层之时,也正是该公司面临内忧外患之际,公司的发展受到了诸多积患的困扰,其中最突出的是两大问题:一是等级森严的经营管理体制。美国棉花公司长期奉行严格的等级制度,上下级之间界限分明,最终导致公司经营管理方式的僵化以及公司内部派系斗争的复杂化。二是债务负担日渐加剧。由于等级体制和管理僵化引发的经营不善,美国棉花公司仅在1900年10月就损失了20万美元,并不得不申请200万美元的紧急贷款以维持公司正常的日用开支。正因为如此,克莱顿忧心忡忡地提醒公司最高管理层,尖锐地指出美国棉花公司有大厦将倾之虞,并成为"贪婪、猜忌和经营不善的典型例证";除非实施

克莱顿

公司内部体制重组,否则将难免破产的命运。① 在克莱顿以及公司中层管理人员的鼎力支持下,美国棉花公司于1901年5月调整了领导班子并选举了新的董事会和董事长,克莱顿随即被派往作为美国棉花公司子公司的得克萨斯棉花制造公司担任财务主管,年薪为2400美元。尽管收入颇丰,但由于克莱顿一直将收入的大部分寄回家中以帮助父母和弟妹,因此,当克莱顿于1902年8月与休·沃恩结婚时,仍不得不向朋友借了300美元以作为婚礼和蜜月旅行之资。带着新婚的喜悦和独自创业的信念,以及对美国棉花公司成败得失的深刻思考,一个庞大的计划开始在克莱顿心中逐渐酝酿成熟。

棉花是美国当时最大的农业经济作物,也是美国最大的单项出口产品,至少有1000万美国人以棉花的生产和贸易为生,"在美国南部,棉花就是国王"②。正因为如此,广阔的市场和巨大的商机早已吸引了克莱顿的目光。借助于积累多年的技术和经验,雄心勃勃的克莱顿决定不失时机地开办一家属于自己的棉花公司。经过缜密周详的策划,安德森—克莱顿公司(Anderson, Clayton, and Company, ACCO)于1904年8月1日成立,总部设在俄克拉荷马州的俄克拉荷马城。公司注册资本为9000美元,由威廉·克莱顿、弗兰克·安德森(Frank Anderson,克莱顿的妹婿)和门罗·安德森(Monroe Anderson)各出资3000美元。在此之前,克莱顿辞去了美国棉花公司副总经理的职务,尽管该职位年薪已高达3600美元。需要进一步说明的是,安德森—克莱顿公司的发展,尤其是

---

① Gregory A. Fossedal, *Our Finest Hour*, p. 23.
② Ibid., p. 25.

在20世纪20年代初期的壮大与克莱顿的贡献是密不可分的。原因很简单,在公司开办不久,弗兰克·安德森就一病不起,并于1924年去世。门罗·安德森乃银行职员出身,对棉花加工程序和棉花市场行情知之甚少。因此,安德森—克莱顿公司的稳步发展首先和主要地应归功于克莱顿的商业天赋和管理才能,这集中体现在克莱顿对市场趋势和竞争对手的准确判断上。

关于棉花市场行情,克莱顿作出了正确的估计,这主要包括南部劳动力行情和棉花市场结构两个方面。关于南部劳动力行情,克莱顿切身感受到,美国内战结束四十余年之后,南部地区仍然处于不发达状态,经济发展水平明显低于北部地区,经济结构仍以棉花农场和棉花种植为主,缺乏近代工业的有力支撑;另一方面,南部地区拥有大量的劳动力,虽普遍缺乏专业技术,受教育程度亦普遍偏低,但劳动力成本却相当低廉,这无疑为南部地区棉花加工业的发展提供了充足的劳动力资源。关于美国的棉花市场结构,克莱顿同样有着亲身的经历与感受。长期以来,南部地区仅仅局限于棉花种植,而能给棉花带来高附加值的深加工——诸如轧棉、纺棉、织布、等级分类以及市场销售等——却远离南部农场,集中在北部的纽约、新英格兰、哈佛、不来梅、利物浦等地。由于运输成本和中间环节的增加,这种结构实际上无法达到效率最佳化。随着竞争的日渐加剧,美国现存的棉花种植与加工的分布结构将不得不面临调整,即将南部农场的棉花直接运往设在欧洲、远东或美国南部的加工厂,以此减少中间环节并增加利润。克莱顿以其睿智的商业眼光预见到了南部棉花工业的巨大潜力和美国棉花市场结构的发展趋势,并据此毅然做出了成立自己的棉花公司的决定,因为克莱顿坚信:支配市场的效率法则将最终引领他走向成功。①

关于竞争对手,克莱顿亦做出了客观的分析。在安德森—克莱顿公司成立之初,克莱顿便将竞争的锋芒直接指向了美国最大的棉花公司——美国棉花公司。基于在美国棉花公司的工作经历,克莱顿敏锐地注意到美国棉花公司在经营战略和管理体制中的诸多缺陷,并认为这将为安德森—克莱顿公司的发展提供宝贵的经验和难得的机遇。

在克莱顿看来,美国棉花公司的战略和管理失误主要表现在以下四个方面:第一,美国棉花公司过分热衷于期货市场的投机行为。克莱顿极富理性地认为,公司参与期货市场的目的应在于期货保值,即通过期货交易以避免因不可预见的价格波动而带来的损失。但美国棉花公司却完全背离了期货保值的本意,试图通过期货市场的投机行为以获取巨额利润。由于对瞬息万变的期货市场缺乏准确有效的判断,美国棉花公司反而蒙受了经济上的重大损失。第二,因沉溺于期货投机,美国棉花公司越来越偏离了棉花经销商的传统市场功能,即棉花分类和市场营销。实际上,棉花销售是一个非常复杂的领域,棉花商必须应对数以千计的不同棉花种类。仅美国的官方标准就规定了 37 个不同的棉花质量等级和 20 个长度分类方法,从而使棉花至少存在 740 种不同的级别。克莱顿认为,美国棉花公司对棉花经营业务和传统市场功能的忽视将严重影响该公司的发展前途,直接危及该公司在美国棉花领域的主导地位。第三,美国棉花公司对国际棉花市场的新一轮机遇缺乏充分的战略预见。资本主义市场体系在经历了前期的积累

---

① Gregory A. Fossedal, *Our Finest Hour*, p. 28.

后,到20世纪初期,"市场国际化正在变为现实"。克莱顿由此认为,这为美国棉花的国际化营销提供了前所未有的发展机遇,但美国棉花公司"并未迅速地在海外建立分支机构和业务联系网络以充分利用这一机会"①。事实证明,美国棉花公司在面对新的机遇时表现得极度冷漠与无能并最终坐失良机。第四,美国棉花公司所奉行的僵化的等级管理体制进一步削弱了该公司的竞争力。克莱顿曾置身于该公司之中,对其管理体制的弊端有着切身的体验,即等级管理体制缺乏灵活的奖励机制,不利于充分调动人的聪明才智和积极性。克莱顿由此深信,对于棉花公司的发展而言,建立一套灵活高效的激励机制是至关重要的。总之,美国棉花公司的诸多弊端以及棉花市场国际化的发展趋势为安德森—克莱顿公司的崛起提供了颇具潜在价值的机会,"克莱顿及其合作者预见到了这种机会和趋势"②,这成为安德森—克莱顿公司最终获得巨大成功的一个重要因素。

对于安德森—克莱顿公司而言,资金筹措亦是公司发展的关键因素之一,克莱顿在这方面同样作出了重要的贡献。10余年的商海砺练使克莱顿悟出了一个深刻的道理:诚信乃商业之本。正是基于这样的信念,克莱顿在长期的商业交往中始终遵循诚实守信的原则,并以此赢得了良好的职业声誉,树立了可信的商业形象。在安德森—克莱顿公司的成长初期,克莱顿凭借其值得信赖的声誉为公司的运转筹集了必要的资金,"由于人们都知道克莱顿

---

① Gregory A. Fossedal, *Our Finest Hour*, p. 29.
② Ibid., p. 30.

克莱顿

是一个可靠和诚实的人,因此,他通过电话就可以迅速地申请到贷款"①,从而为解决公司成立之初的资金短缺立下了汗马功劳。

在安德森—克莱顿公司成立40天之后,克莱顿的预言终于变成为现实:美国棉花公司于1904年9月7日宣布倒闭,安德森—克莱顿公司立即抓住这一历史性的机遇,以低廉的清产价格购买了美国棉花公司的大部分设备。这一重大举措体现了克莱顿独到的商业眼光和果敢的战略决断能力,低价购买美国棉花公司的设备以及附加在设备之中的先进技术对于成长中的安德森—克莱顿公司具有"难以估量的价值"②。至此,作为最大竞争对手的美国棉花公司不复存在,而安德森—克莱顿公司在克莱顿的领导下则不失时机地进一步拓宽了发展的空间。与此同时,俄克拉荷马州埃尔克城的一家棉纺厂亦面临资不抵债,安德森—克莱顿公司果断地予以收购并建立了第一家全资子公司——埃尔克城棉油公司。经过一年的艰苦努力,安德森—克莱顿公司的资产净增了15倍,即由创办之初的9000美元奇迹般地扩充到14万美元,并实现赢利1万美元。③

在巩固了国内市场之后,克莱顿顺应市场国际化的时代潮流,迅速将安德森—克莱顿公司的发展目标转向了国际棉花市场。1907年,克莱顿对欧洲市场作了一次全面系统的实地考察,先后访问了英国、法国、德国、意大利、荷兰和比利时。欧洲之行使克莱顿对国际棉花市场有了更加直观和更为深入的了解,克莱顿注意到,

---

① Gregory A. Fossedal, *Our Finest Hour*, p. 30.
② Fredrick J. Dobney, ed., *Selected Papers of Will Clayton*, Baltimore: The Johns Hopkins Press, 1971, p. 3.
③ Ellen Clayton Garwood, *Will Clayton*, p. 79.

欧洲的消费者普遍愿意直接同美国的棉花商打交道,因为减少中间环节将有助于降低棉花的价格,而这时大多数的美国棉花商却仅仅满足于将棉花出售给国外的棉花中介公司并乐于继续维持这种状态。克莱顿敏锐地察觉到这一潜在的商机,并"预见到在欧洲地区设立商务机构以向英国、俄罗斯和意大利等国的棉纺厂直接供应棉花的巨大利益"①。从这个意义上讲,安德森—克莱顿公司日后大举进军欧洲以及世界棉花市场的战略构想在克莱顿欧洲之行的过程中已经形成了一个初步的规划。与此同时,安德森—克莱顿公司在美国棉花领域的领先地位得到了进一步的加强,并发展成为一个以棉花销售为主、集轧棉和纺棉于一体的多种经营公司。当第一次世界大战为美国棉花行业乃至整个美国经济的增长提供了主要动力之际,安德森—克莱顿公司在克莱顿的领导下已经完成了第一阶段的快速发展。

1914—1924年间,安德森—克莱顿公司依托克莱顿的战略决策,完成了从一个资金雄厚并与国外保持良好商务关系的国内棉花公司向国际棉业巨头的战略性转变。在促成这种转变的诸多因素中,第一次世界大战亦是一个不容忽视的重要因素,即战争加速了安德森—克莱顿公司的战略转变进程。换言之,第一次世界大战一方面增加了欧洲对美国商品,尤其是棉花的需求,这实际上为美国棉花行业的发展创造了有利的客观条件;另一方面,随着对美国棉花需求的急剧增加,传统的棉花供应渠道却因不能适应这种需求的急增而面临新的结构重组,即将美国南部的棉花直接运往欧洲进行销售,而这恰恰是克莱顿所追求的目标并已为此做好了

---

① Gregory A. Fossedal, *Our Finest Hour*, p. 32.

克莱顿

相应的准备。总之,"第一次世界大战是安德森—克莱顿公司从初期的成功发展成为国际棉业巨擘的具有决定性意义的转折点"①。

诚然,战争本身亦为美国的其他棉花公司提供了同样的机会,但问题的关键是克莱顿抓住了这一机会,而其他公司则坐失良机。在这样一场不进则退的商战博弈中,克莱顿的商业天赋和睿智眼光再次得到了充分的展现。当第一次世界大战爆发之时,美国棉花贸易所倚赖的传统渠道和习惯机制随即被打破。基于战争引起的恐慌,美国棉花商纷纷抛售棉花,致使棉花价格一落千丈,跌到了历史最低点。与此相反的是,克莱顿却坚信世界大战迟早会带来对棉花需求的增加,并据此作出了一个大胆的决定:收购棉花。为具体实施这一决定,克莱顿还从三个方面进行了细致的部署:(1)在克莱顿的精心组织和周密安排下,安德森—克莱顿公司不动声色地建造了第一批现代化的防火仓库以便储存收购来的棉花,从而预备了充足的棉花库存,这在美国棉业史上是前所未有的。(2)为迅速有效地应对预料中的欧洲战时棉花需求的增加,根据克莱顿的安排,安德森—克莱顿公司将其总部搬迁到了濒临大西洋的休斯敦港,以便于同欧洲的棉花贸易。(3)为及时提供现货,克莱顿下令将相当数量的棉花适时运往国外港口,尤其是欧洲港口以备不时之需。克莱顿冷静的预言和周密的安排最终换来了意料之中的巨大收益。当棉花贸易重新恢复之际,安德森—克莱顿公司向欧洲提供了第一批棉花。随着第一次世界大战的爆发,安德森—克莱顿公司再次从克莱顿的国际眼光和商业运筹中获益。在第一次世界大战结束之后,具有商业战略眼光的克莱顿再次做出

---

① Gregory A. Fossedal, *Our Finest Hour*, p. 36.

了一个果断的决定,不失时机地在欧洲以及远东地区建立了初具规模的市场销售和服务网络。到1920年,安德森—克莱顿公司已在德国、英国、法国、意大利、日本和中国设立了办事处或分支机构;其中,设在德国不来梅的办事处亦负责处理同捷克斯洛伐克、南斯拉夫、波兰、匈牙利以及波罗的海国家的业务往来。① 至此,在克莱顿的领导下,安德森—克莱顿公司发展成为一个在国际棉花领域具有相当规模的跨国公司。

总之,第一次世界大战为安德森—克莱顿公司的发展提供了难得的机遇,而克莱顿的运筹帷幄则是安德森—克莱顿公司实现历史性发展的关键因素。在克莱顿的战略部署中,建立自己的防火仓库和设立欧洲办事处具有特别重要的创新意义,它不仅有助于安德森—克莱顿公司借此打破美国传统的棉花销售和出口模式,赢得欧洲棉花市场的更大份额;更为重要的是,克莱顿的战略创新最终帮助安德森—克莱顿公司"确立了战胜竞争对手的牢固的经济优势"②。随着安德森—克莱顿公司的业务遍及全球,克莱顿更加坚信自由市场和自由贸易的力量,即自由市场和自由贸易是在世界范围内创造财富的关键因素,这也成为克莱顿经济思想的重要基础。③

作为新兴的棉花业巨头,第一次世界大战亦为克莱顿提供了一次服务于政府部门的简短机会。应伯纳德·M. 巴鲁克(Bernard M. Baruch)的邀请,克莱顿于1918年参与了美国战争工业委员会

---

① Gregory A. Fossedal, *Our Finest Hour*, p. 37.
② Fredrick J. Dobney, ed., *Selected Papers of Will Clayton*, pp. 3—4.
③ Greg Behrman, *The Most Noble Adventure: The Marshall Plan and the Time when America Helped Save Europe*, New York: Free Press, 2007, p. 46.

克莱顿

(War Industries Board)的工作,就棉花的收购、储备和分配等问题提供政策咨询服务,并象征性地领取了1美元的年薪。这是克莱顿首次涉足美国政坛,初步崭露了克莱顿在政策规划和政策统筹方面的才能。

作为一个崇尚自由竞争和个人奋斗的国度,美国社会对克莱顿的商业成就给予了广泛的关注。从1920年起,克莱顿开始频频出现在公众场合,或发表演讲,或募捐资金,或担任顾问。在休斯敦,克莱顿成为市政事务的踊跃参与者;就全国范围而言,克莱顿则积极参加了民主党的政治活动和融资活动,成为民主党的一位积极支持者。

不仅如此,实践经验的积累和善于思考的个性亦使克莱顿逐渐形成了自己的经济思想和贸易理念,其核心就是主张建立一个公平、正义、繁荣、自由的经济秩序。克莱顿深信,安德森—克莱顿公司的成功就在于自由竞争的环境,正是基于这样一种成功的商业经历,克莱顿对美国的自由资本主义制度抱有笃信不疑的信念。同时,安德森—克莱顿公司的国际化发展道路也使克莱顿确信,没有关税壁垒束缚的自由贸易是国际经济发展的必由之路。毫无疑问,这种自由经济思想对克莱顿日后的政治生涯产生了重要而深远的影响。

第二节 "南方交货"之战

在安德森—克莱顿公司的正常运转进入常规化管理的轨道之后,克莱顿在20世纪20年代开始将大部分精力投入到了实现"南方交货"的努力之中。所谓"南方交货"(Southern Delivery),就是指棉花的期货合同应指定在南部港口——如休斯敦和新奥尔良——交货,而不是在纽约交货。按照美国传统的棉花期货交易惯例,期货合同均规定纽约为交货地点。鉴于纽约并非处于棉花贸易运输的正常线路上,传统期货合同所规定的交货条件不可避免地带来了棉花交易成本的增加。不仅如此,克莱顿还进一步明确指出,这种交货条件使"纽约的操纵者能够对棉花供应商实施'空头轧平'(squeeze)①,即迫使其以反常的高价重新购进棉花……在这种情况下,纽约的棉花期货合同对于力图实现期货保值的棉花供应商而言并不是可以信赖的方法"②。显然,克莱顿所倡导的"南方交货"无疑是旨在挑战美国现存的棉花贸易结构体系并"修改规则"③,进而将美国棉花贸易的中心转移到安德森—克莱顿公司的所在地休斯敦。因此,竭力倡导"南方交货"的克莱顿与以纽约棉花交易所(New York Cotton Exchange)为代表的棉花既得利益集团发生了尖锐的冲突。④

从历史上看,在第一次世界大战之前,由于美国南部经济的长期落后以及交通、港口设施建设的严重不足,经由纽约的棉花期货交易尚有一定的合理性。所谓棉花期货交易,简单地讲,就是指交易双方的一种承诺,一方保证在未来的某个约定的时间交付棉花,

---

① 所谓"空头轧平"(squeeze),又称"杀空头"或"轧空头",指实力雄厚的多头投机者采取控制货源抬高价格的手段获取暴利的一种投机方法。多头投机者在预计商品可交割量严重不足的情况下采取将存货收购一空的手段以控制货源。在交割期迫近时,空头投机者因无法补进应交割的数量而被迫高价买进;多头投机者则乘机哄抬价格,获取暴利,并使受轧的空头投机者蒙受巨大的损失。

② Ellen Clayton Garwood, *Will Clayton*, p. 98.

③ Fredrick J. Dobney, ed., *Selected Papers of Will Clayton*, p. 4.

④ Gregory A. Fossedal, *Our Finest Hour*, p. 47.

克莱顿

另一方则承诺在该约定时间到来之际按照约定的价格购进棉花。大多数这样的棉花期货交易均是为了实现棉花的期货保值,通常并不会发生棉花的实物交付。但另一方面,按照纽约棉花交易所的习惯规则,棉花期货合同均指定纽约作为交货地点,因此,美国南部的棉花供应商亦不得不将大量的棉花囤积于纽约以防备实际的期货交割。这样一种棉花贸易方式在第一次世界大战之前对于美国南部的棉花供应商来说尚不构成过于沉重的负担,因为纽约不仅是棉花期货交易的中心,而且还是棉花贸易的转运站,它既承担着棉花在南部供应商与新英格兰棉纺厂之间的中转业务,同时亦承担着棉花在美国南部与欧洲之间的转运任务。

　　第一次世界大战以及由此带动的美国棉花行业的快速发展最终冲破了美国传统的棉花贸易模式。在克莱顿领导的安德森—克莱顿公司的积极努力和实际操作下,越来越多的棉花直接从美国南部港口运往欧洲和亚洲,纽约棉花中介商所提供的传统服务功能出现了日渐弱化的趋势。换言之,由于安德森—克莱顿公司的快速发展,美国南部农场的棉花收割之后在得克萨斯州和俄克拉荷马州的轧棉厂实现了就地打包,并直接运往南部的休斯敦、新奥尔良或萨凡纳等港口装船出口。在这种情况下,强制性地要求棉花经纽约中转就成为增加成本的不必要的选择,因为南部棉花经由纽约的中转贸易将至少增加1%—3%的额外成本[①],这对于像棉花这样边际利润日趋微薄的产品而言无疑是一笔巨额的费用。

　　但以纽约为基地的大部分棉花投机商却竭力反对改变美国现存的棉花贸易体系,因为通过这种业已过时的体系,他们可以从事

---

① Gregory A. Fossedal, *Our Finest Hour*, p. 48.

棉花期货投机并赚取巨额利润。毫无疑问,现存的棉花贸易体系从长远来看不利于美国棉花产业的健康发展,也不利于提高美国棉花产业的国际竞争能力。基于安德森—克莱顿公司的成功经验以及睿智的商业战略眼光,克莱顿坚信这种体系已经远远不能适应第一次世界大战后美国以及世界棉花贸易的发展趋势,因而积极寻求推翻旧的棉花贸易体系,倡导建立"南方交货"的新体系①,并以此摆脱纽约棉花交易所的传统控制,谋求安德森—克莱顿公司在美国棉花贸易领域的主导地位。

实际上,第一次世界大战刚一结束,克莱顿就对强制性的"纽约交货"规则发起了前所未有的猛烈攻击,但他所率先倡导的"南方交货"运动在开始之时却遭到了相当的藐视和冷遇以至于无人理会和响应。不仅如此,以纽约棉花交易所为中心的既得利益集团甚至讥讽克莱顿的"南方交货"运动是休斯敦试图"另立山头"的狂想,这种狂想旨在彻底颠覆美国棉花贸易的既定模式。② 尽管克莱顿的主张在战后初期的繁荣阶段可谓曲高和寡,但随着1923—1925年间棉花价格的急剧下降以及利润幅度的日渐走窄,"南方交货"的主张开始引起美国南部棉花生产者和棉花供应商的关注。克莱顿抓住时机起草了一份"南方交货"的计划方案并希望以此游说美国国会。与此同时,纽约棉花利益集团亦对克莱顿发起了新一轮的围攻,其在国会山的代表人物、人称"棉花 ED"(Cotton ED)的资深参议员埃利森·D. 史密斯(Ellison D. Smith)公开指责克莱顿及其安德森—克莱顿公司"控制了棉花市场",导致棉花价格持

---

① Gregory A. Fossedal, *Our Finest Hour*, p. 48.
② Ibid., p. 49.

克莱顿

续低迷,并要求联邦政府对美国的棉花市场体系进行审查。① 在史密斯的积极鼓动下,美国联邦贸易委员会(Federal Trade Commission)决定对美国的棉花市场行情、安德森—克莱顿公司以及"南方交货"之争展开全面深入的调查。② 这样,纽约棉花利益集团成功地对国会施加了足够的影响,使得一度引起美国社会关注的"南方交货"方案在尚未正式提交国会审议之前就被拒之门外,克莱顿倡导的"南方交货"运动再遭挫折。

克莱顿(右)、史密斯(中)和马什(左)在参议院听证会上

尽管如此,克莱顿仍未放弃实现"南方交货"的努力,并运用其娴熟的商业技巧和丰富的商业阅历,同纽约的棉花利益集团展开了不懈的较量。在这一严酷的商业角逐中,一场从天而降的大雨

---

① Fredrick J. Dobney, ed., *Selected Papers of Will Clayton*, p. 5.
② Gregory A. Fossedal, *Our Finest Hour*, p. 49.

为克莱顿带来了"意想不到的转机"①。

1925年9月,一场罕见的暴雨袭击了美国南部地区,导致棉花大面积减产,市场的棉花供应随即趋于紧张,棉花期货价格和现货价格均一路飙升。谁也没有料到的是,这场疾风骤雨也同时滋生了克莱顿精心策划的一场破釜沉舟的商业博弈。

与普遍预期棉花价格将持续走高的观点相反,克莱顿独具慧眼地认为,随着暂时的棉花供应短缺的减轻,美国的棉花市场将于1926年初恢复正常。于是,克莱顿毅然决定投下一次非同寻常的赌注,以纽约棉花投机商之道还治其身,即以安德森—克莱顿公司雄厚的实力为依托实施"空头轧平"②。为此,克莱顿煞费周章地布置了一个环环相扣的商业棋局。在克莱顿的安排下,安德森—克莱顿公司签订了大量期货交付合同,承诺在1926年春季和夏季交付大宗棉花;换言之,当棉花价格于1925年末处于高位运行时,安德森—克莱顿公司不失时机地签订了大量交付合同,从而摆出了继续拉高棉花价格的态势。同时,安德森—克莱顿公司还从纽约棉花投机商手中大量购进了1926年上半年的棉花期货。从表面上看,克莱顿此举是基于以下考虑:一是利用棉花价格的高位期以寻求获取巨额的商业利润;二是为安德森—克莱顿公司所擅长的现货市场交易准备充足的货源;三是积极调动棉花期货市场的大宗交易。毫无疑问,所有这些均是克莱顿商业运筹的重要方面。但另一方面,克莱顿此举却有着更深层次的商业战略考虑且暗藏杀机。进而言之,克莱顿的上述举措实际上已不露声色地预设了

---

① Gregory A. Fossedal, *Our Finest Hour*, p.50.
② Fredrick J. Dobney, ed., *Selected Papers of Will Clayton*, p.4.

克莱顿

两个陷阱:(1)通过签订大量的棉花交货合同,给纽约的棉花投机商制造一种错觉,即安德森—克莱顿公司将在1926年继续拉高棉花价格;(2)通过购进棉花期货,以进一步加强棉花投机商的错觉并在关键时刻予以致命一击。当然,克莱顿此举是具有极大的风险性的。如果纽约的棉花投机商识破了克莱顿的真实意图并能够对1926年的棉花市场行情作出准确的判断和预测,安德森—克莱顿公司无疑将面临灭顶之灾。但克莱顿依据其丰富的商业经验和过人的商业胆识,坚信纽约的棉花投机商决不会轻易放弃这一期货投机的机会。

果然不出克莱顿所料,对安德森—克莱顿公司的商业战略目标,纽约的棉花投机商没有丝毫察觉,相反却一步一步地落入了克莱顿所布置的圈套。一方面,尽管纽约的棉花投机商意识到克莱顿将在1925年12月前购买相当数量的棉花以备1926年的实际交货,但基于对安德森—克莱顿公司将进一步抬升棉花价格的推测,纽约的棉花投机商仍然试图最大限度地减少棉花现货的收购并专心致志于期货投机,从而导致其库中有单无货。另一方面,持有安德森—克莱顿公司期货合同的纽约棉花投机商均想当然地认为,克莱顿的目的只是像往常一样仅仅限于套取期货保值,因而根本没有作任何实际交货的准备,这种错觉恰恰为克莱顿的战略筹划"提供进一步的转机"[①]。实际上,持有安德森—克莱顿公司期货合同的纽约棉花投机商并不希望在1926年实际交割大宗棉花,因为如果发生实际交割,他们就必须根据合同条款的规定将南部的棉花运往纽约(即纽约棉花投机集团所顽固坚持的强制性的"纽约

---

① Gregory A. Fossedal, *Our Finest Hour*, p.50.

交货"规则）。至此,克莱顿已成功地将纽约的棉花投机商置于不利的境地:一方面,纽约棉花投机商手中并无棉花现货库存,从而基本失去了对棉花货源的控制;另一方面,当棉花期货合同的交割期迫近之际,纽约的棉花投机商实际上变成了毫无库存的空头投机者,随时面临着"杀空头"的厄运。有鉴于此,克莱顿实施"空头轧平"的条件基本成熟。

克莱顿的周密谋划终于迎来了收获的时机。当1926年春季棉花价格趋于回落时,安德森—克莱顿公司一方面迅速采取措施,凭借雄厚的经济实力和地处南方的区位优势大量收购棉花,从而基本控制了棉花货源;另一方面,安德森—克莱顿公司却要求纽约的棉花投机商实际履行期货合同的交货义务。由于手中并无棉花的现货货源,纽约的棉花投机商不得不高价从安德森—克莱顿公司购进棉花并承担将棉花运至纽约的相关费用(在此之前,克莱顿已悄然在纽约修建了大型仓库以接收并储存意料中的棉花交货),克莱顿的"空头轧平"战略取得了全胜的战绩。通过这一回合的角逐和较量,克莱顿不仅为安德森—克莱顿公司赚取了丰厚的利润,更为重要的是,它使纽约的棉花投机商蒙受了前所未有的巨大损失,严重挫伤了纽约棉花投机商的锐气和实力,进而为克莱顿所苦心倡导的"南方交货"运动赢来了决定性的转机。面对克莱顿出神入化的商业谋略和出人意料的商战成果,纽约棉花投机商无奈地将此称之为"纽约3月谋杀"[1]。不容置疑,克莱顿的商业智慧和胆略在此轮较量中再次得到了淋漓尽致的展现。

克莱顿发起此轮较量的目的首先是旨在打击纽约棉花投机商

---

[1] Gregory A. Fossedal, *Our Finest Hour*, p. 51.

克莱顿

的势力,以便为实现"南方交货"扫清障碍。但另一方面,克莱顿的胜利同时也使许多中小棉花供应商遭受了惨重的经济损失,有的甚至完全破产或濒临破产。正因为如此,这次"纽约棉花之战"亦引起了美国政府的关注。农业部长贾丁(W. M. Jardine)紧急召见克莱顿,要求他对最近的行为作出明确的解释。在同贾丁的会谈以及此后的往来信件中,克莱顿均坚持认为,尽管安德森—克莱顿公司大致占有美国棉花贸易的15%的份额(这也是安德森—克莱顿公司迄今为止最好和最高的纪录),但它却远离操纵棉花期货市场的中心地区。克莱顿因之辩称,正是盘踞在纽约棉花交易所的投机商的贪婪和奢欲导致了最近的棉花市场大恐慌并最终使他们自己付出了巨大的代价。有鉴于此,克莱顿再次向贾丁呼吁尽快实现"南方交货"。[1]

不容否认,克莱顿发起的"纽约棉花之战"的确给中小棉花供应商造成了损失,并招致了他们的不满和怨恨。尽管克莱顿对纽约棉花利益集团的暴跳如雷不屑一顾,但他同时也深深地意识到,要实现"南方交货",争取中小棉花供应商的支持是必不可少的。因此,在寻求政府官员的理解与支持的同时,克莱顿亦对中小棉花供应商展开了积极的游说活动并使他们相信,正是纽约的棉花投机商酿成了棉花市场的大混乱。克莱顿指出,化解危机的唯一方法就是建立一套新体系,以允许并确保在位于棉花运输线路上的各港口实现期货交易,也就是实现"南方交货"。克莱顿为此进一步阐述了"南方交货"的理论基础,重申商业的肯綮就是遵循效益最大化的基本原则。换言之,"所有商业问题的最终解决都必须遵

---

[1] Ellen Clayton Garwood, *Will Clayton*, p. 99.

循正确合理的经济规律",而"南方交货"则是实现美国棉花业效益优化的最佳途径。克莱顿的游说努力得到了积极的回应并取得了良好的效果,大部分中小棉花供应商开始放弃对克莱顿以及安德森—克莱顿公司的敌意,转而支持"南方交货"运动。①

但是,纽约的棉花利益集团仍然不遗余力地继续抵制克莱顿的"南方交货"运动,其在新闻界和国会山的同盟者甚至不惜利用捏造的指控和频繁的调查向克莱顿以及安德森—克莱顿公司施加了巨大的压力和轮番的攻击。而美国棉花市场行情的阴晴圆缺和风云变幻似乎也为纽约棉花利益集团的新一轮进攻创造了机会。

1926—1927年间,美国的棉花迎来了罕见的大丰收,但令人意想不到的是,棉花价格却因之出现暴跌。为阻止棉花市场价格的进一步恶化,美国商务部部长赫伯特·胡佛(Herbert Hoover)不得不请求有关机构向棉农提供紧急贷款,并要求棉农停止出售棉花,以此防止棉花市场出现价格萧条局面。与此同时,安德森—克莱顿公司在克莱顿的精心组织下决定现货收购并储存大宗棉花于纽约,而不是采取通过期货合同以收购棉花的方式,这与"纽约棉花之战"时克莱顿所采取的策略正好相反。② 克莱顿的举措再次激怒了纽约的棉花投机商,因为他们通常是以"纽约交货"相要挟并进而操纵棉花市场价格。现在,由于安德森—克莱顿公司已将大宗棉花囤积于纽约,棉花投机商因之失去了要挟的筹码。于是,纽约棉花利益集团群起而攻之,纷纷指责安德森—克莱顿公司应对棉花价格的暴跌负责,并试图以此打击克莱顿及其倡导的"南方交

---

① Gregory A. Fossedal, *Our Finest Hour*, pp. 51—52.
② Ibid., p. 52.

克莱顿

货"运动。

此轮进攻的领军人物是纽约棉花交易所的董事长阿瑟·马什(Arthur R. Marsh)。马什曾是哈佛大学的比较文学教授,1899年弃文从商进入棉花贸易圈,一开始曾在一家小公司担任总经理,后又成为独立的棉花经纪人。马什严厉指责克莱顿刻意从事棉花市场的"垄断性操纵",并通过剥削廉价劳动力以牟取暴利。为此,马什要求美国政府对安德森—克莱顿公司违反《反托拉斯法》的行为进行调查。马什的进攻在国会博得了一定的回应,史密斯随即建议参议院农业委员会对安德森—克莱顿公司再度展开全面调查。来自密西西比州的资深众议员约翰·兰金(John E. Rankin)亦在众议院向克莱顿发难,声称克莱顿试图独霸美国的棉花业,指责克莱顿曾将自己称为"世界棉花行业中最具实力的人……如果不了解和掌握克莱顿的显赫地位,世界上没有任何人能作成一捆棉花买卖"[1]。

作为对上述进攻的反击,克莱顿向司法部长提交了一份完整的报告,对安德森—克莱顿公司的行为作出了详细的解释,并对所有的无端指控进行了反驳。经审核和调查,美国司法部发表了一份声明,指出安德森—克莱顿公司提交的经营报告以及司法部业已完成的司法调查均表明,安德森—克莱顿公司并没有从事任何垄断性的经营活动。[2]

尽管如此,受纽约棉花利益集团影响的国会相关委员会仍竭力坚持对安德森—克莱顿公司展开进一步调查。从1928年3—5

---

[1] Gregory A. Fossedal, *Our Finest Hour*, pp. 52—53.
[2] Ibid., p. 53.

月,美国参议院农业委员会举行了一系列听证会。在此期间,克莱顿和马什围绕针对安德森—克莱顿公司的指控以及"南方交货"问题展开了唇枪舌剑的辩论。克莱顿充分利用听证会的公开性,不仅对马什的指控逐条进行了反驳,而且还将听证会变成为宣传"南方交货"的论坛,并以无可辩驳的事实和令人信服的分析赢得了国会议员和公众舆论的同情与支持。在克莱顿的努力下,国会对安德森—克莱顿公司的调查最终不了了之。与此同时,克莱顿抓住有利的形势展开了实现"南方交货"的最后努力。迫于公众舆论和国会的巨大压力,纽约棉花交易所不得不在1928年底发表声明,正式认可了"南方交货"规则的合法性。克莱顿随即公开表示,"鉴于纽约棉花交易所业已接受了'南方交货'规则……(美国)棉花贸易制度体系的主要缺陷已经被实质性地铲除"[①]。至此,克莱顿倡导的"南方交货"运动以胜利告终。从某种意义上讲,国会的听证会实际上加速了"南方交货"的实现,正如克莱顿所言,"如果没有国会主持的一系列调查,'南方交货'的实现也许还要等待10年、15年、20年甚至更长的时间"[②]。

"南方交货"之战的胜利再一次充分地展示了克莱顿敢于破旧立新的胆略和善于力挽狂澜的才能。长期以来,"纽约交货"规则是纽约棉花利益集团借以操纵美国棉花贸易体系的有力工具,因此,对"纽约交货"规则的挑战实际上就是对美国传统的棉花贸易制度体系的挑战。克莱顿凭借迅速提升的经济实力,以"南方交货"对抗"纽约交货",倡导建立新的棉花贸易规则,并进而谋求安

---

① Gregory A. Fossedal, *Our Finest Hour*, p. 55.
② Fredrick J. Dobney, ed., *Selected Papers of Will Clayton*, p. 5.

德森—克莱顿公司在美国棉花贸易领域的主导地位,这无疑体现了克莱顿顺应潮流的远见、勇于创新的胆识和以实力决定地位的信念。诚然,随着美国南部地区棉花种植业的进一步发展和棉花制造业的兴起,"纽约交货"规则已经不能适应美国棉花贸易的发展趋势,修改旧的棉花贸易规则不可避免地成为历史的必然。但同样不容否认的是,随着美国南部棉花贸易的快速发展,以安德森—克莱顿公司为代表的南部新兴棉花利益集团已经不能容忍纽约棉花投机商对美国棉花市场的操纵,经济实力的增强使他们迫切希望建立并主导符合南部利益的棉花贸易新规则。因此,"南方交货"对抗"纽约交货"的实质就是南部新兴棉花利益集团与纽约棉花既得利益集团之间的争斗。数轮回合的艰苦较量最终见证了克莱顿及其"南方交货"运动的胜利。

从总体上讲,"南方交货"得以取胜的原因主要有以下三点:(1)以安德森—克莱顿公司为代表的南部新兴棉花利益集团经济实力的日渐增强和巩固;(2)美国棉花贸易制度体系所面临的历史性结构调整;(3)克莱顿的商业智慧和战略眼光以及运筹帷幄的组织领导才能。总之,"南方交货"之战不仅为安德森—克莱顿公司带来了巨额的财富,而且亦为克莱顿赢得了广泛的声誉,克莱顿实际上成为美国棉花贸易新规则的主导者和代言人,所有这些均为克莱顿步入政坛奠定了相应的基础。

第三节 克莱顿的自由经济思想及其早期实践

作为一个靠自我奋斗并最终脱颖而出的成功者,克莱顿对自由市场和自由贸易抱有十足的信心和坚定的信仰,这是克莱顿自由经济思想的基础。换言之,早期的商业磨炼和成功的商业经历使克莱顿坚信,以自由竞争为基础的自由资本主义制度是最具活力和最富效率的社会经济制度。具体地讲,克莱顿早期的经济思想和贸易理念主要体现在以下几个方面:

一、关于资本主义制度

克莱顿是资本主义制度的坚定信奉者和追随者,为此,克莱顿对资本主义制度作出了自己的解释,认为"从广义上讲,资本主义制度仅仅是一种经济工具,旨在不断地积累生产成果以推进人类的进步"。克莱顿进而指出,"如果没有某种形式的资本主义制度,任何现代国家均无法正常运转"[①]。基于此,克莱顿着重对私有资本主义制度在经济和社会发展中的作用进行了详细的阐述并提出了自己的观点。

(1)私有资本主义制度与资本积累和就业。克莱顿首先指出,"在奉行私有资本主义制度的国家,新增资本几乎完全来自私人积累",而资本的投入对于技术设备的更新和改造是必不可少的,这恰恰体现了私有资本在经济发展中所发挥的不可替代的作用。不仅如此,克莱顿还认为,就业与资本供应是密切联系在一起的,当资本供应陷入停滞时,失业率就会随之增加。换言之,"充分就业……倚赖于新增资本的充足供应"[②],因此,就业水平的提高仍然是以私有资本主义制度的发展作为前提的。

(2)私有资本主义制度与社会进步。克莱顿始终不渝地坚信,

---

① Fredrick J. Dobney, ed., *Selected Papers of Will Clayton*, p. 37.
② Ibid., pp. 37—38.

克莱顿

"所有的现代文化以及宗教制度,所有的现代交通、通讯和生产方式都是资本主义的产物"。因此,在现代社会的发展进程中,资本主义制度的建立是一个具有决定性意义的因素。进而言之,克莱顿认为,现代社会的文化和物质进步主要依赖于资本主义制度的发展,而信奉自由竞争的私有资本主义制度则是最适合社会进步的经济制度。①

(3)私有资本主义制度与自由竞争。克莱顿并不否认在私有资本主义制度下存在着激烈而残酷的自由竞争,因为竞争是发展的必然规律。克莱顿进而指出,"自由竞争将实现人力和财力资源的最佳配置"。尽管竞争机制并非总是运行得十全十美,但私有资本主义制度通常拥有自我调节功能。例如,在私有资本主义制度下,"如果没有过多的约束和羁绊,贸易自有一套自动涤除其缺陷的方式"。不仅如此,克莱顿还深信,自由竞争是促进贸易发展的最富有效率的方式。② 总而言之,充分的自由竞争既是私有资本主义制度的基本特点,也是私有资本主义制度的最大优势。

(4)私有资本主义制度与人的自由发展。克莱顿坚信,"只有在私有资本主义制度下,人的自由以及言论出版自由才有可能真正得以实现",正如英国著名经济学家约翰·M. 凯恩斯所言,私有资本主义制度是"个人自由的最好保障"。进而言之,克莱顿认为,私有资本主义制度"最大限度地拓展了个人选择和个人发展的空间,并为社会生活的多样化提供了有力的保障"。从这个意义上讲,没有私有资本主义制度及其保障下的个人选择自由,就没有社

---

① Fredrick J. Dobney, ed., *Selected Papers of Will Clayton*, pp. 37—38.
② Ibid., pp. 35, 39.

会的物质和文化进步。①

(5)私有资本主义制度与创新。克莱顿认为,私有资本主义制度是最适合于创新与发展的经济制度。在私有资本主义制度的保障下,经济竞争和经济发展最简单的法则就是优质产品及其生产方式将赢得市场,公司、行业乃至国家如背离这一法则就将停滞不前。因此,企业发展和国家进步的精神动力就在于创新,只有不断地创造出新的产品和新的生产方式,企业才会发展,国家才会进步,尽管这种创新和发展有可能会损害部分人的既得利益。②

克莱顿对资本主义制度的坚定信仰是与其成功的商业经历紧密相关的。不容置疑,安德森—克莱顿公司以及克莱顿本人均是私有资本主义制度的受益者,美国的自由资本主义制度在客观上为克莱顿的脱颖而出以及安德森—克莱顿公司的成功发展创造了有利的外部环境和条件。因此,克莱顿对美国式的资本主义民主制度抱有矢志不渝的坚定信念,并认为美国的资本主义民主制度是世界上最优秀和最具活力的政治经济制度。③

对美国式资本主义制度优于其他任何国家的信念使克莱顿迅速成为"威尔逊主义"的忠实追随者,并以倡导"美国例外论"为己任,认为美国在动机和目标的纯洁性和善意性方面完全不同于其他任何国家,因此义不容辞地负有领导世界的责任。④ 换言之,正是基于对美国式民主资本主义制度和"美国例外论"的顶礼膜拜,克莱顿坚信美国负有维护世界经济健康发展和重建理性世界社会

---

① Fredrick J. Dobney, ed., *Selected Papers of Will Clayton*, pp. 39—40.
② Gregory A. Fossedal, *Our Finest Hour*, p. 39.
③ Ibid., p. 55.
④ Fredrick J. Dobney, ed., *Selected Papers of Will Clayton*, p. 6.

克莱顿

的特殊责任。克莱顿进而明确指出,"美国的独特地位使美国承担了广泛的责任。开明的利己主义意味着美国应充分调动其巨大的影响和丰富的资源以帮助世界恢复正常秩序"①。至此,"美国例外论"和"美国领导权论"就成为克莱顿看待国际问题和处理国际事务的一个基本出发点。

二、关于罗斯福"新政"以及国家与市场的关系

出于对自由资本主义制度和自由竞争的坚定信仰,克莱顿对罗斯福"新政"及其大规模的国家干预措施持强烈的反对态度,尤其反对"新政"所包含的农业政策干预措施和农业价格支持计划,认为"新政"的大规模国家干预措施完全背离了杰斐逊和威尔逊所倡导的经典自由主义的基本原则。② 为此,克莱顿于1934年加入了以反对罗斯福"新政"的农业政策为宗旨的"美国自由联盟"(American Liberty League)并担任执行委员会成员。③ 但克莱顿置身该组织的时间却相当短暂,由于"对该联盟的某些行为不敢苟同",克莱顿于1935年断然退出了"美国自由联盟"。④ 从更广阔的意义上讲,促使克莱顿退出"美国自由联盟"还有一个更为重要的原因,这就是罗斯福政府的国务卿科德尔·赫尔(Cordell Hull)于1934年宣布了以自由贸易思想为基本原则的著名的"互惠贸易协定计划"。克莱顿明确指出,如果民主党政府重返自由贸易原则,它就应当得到更加广泛和一致的支持。1936年,克莱顿一改反对

---

① Gregory A. Fossedal, *Our Finest Hour*, p. 57.
② Ibid., p. 61.
③ Fredrick J. Dobney, ed., *Selected Papers of Will Clayton*, p. 32.
④ Ellen Clayton Garwood, *Will Clayton*, p. 103.

罗斯福政府的政治态度,转而积极支持罗斯福竞选连任美国总统。在解释这一政治立场转变的原因时,克莱顿强调指出,"投票支持罗斯福当选总统就是投票支持赫尔继续留任国务卿。赫尔的事业刚刚开始结出果实,并将最终为美国以及整个世界带来无法估量的利益"①。

国务卿赫尔

必须指出的是,尽管克莱顿对自由资本主义制度和自由竞争抱有坚定的信仰,但克莱顿并不赞同自由放任式的资本主义,并不绝对排斥有限的政府干预,这与克莱顿对资本主义制度的总体认识是密切相关的,同时也体现了克莱顿对国家与市场关系的深刻思考。克莱顿一方面坚信资本主义自由市场是最具活力的经济制度,认为政治家和企业家均负有道义和实践责任以积极推动自由市场体系的建立,因为自由市场更富有成效且更具先进性;②但克莱顿亦承认资本主义制度尚存在不足与缺陷,如自由竞争将必然地带来矛盾与牺牲,因此,有关公平的问题就随之出现了。克莱顿认为,公平的要旨就是减缓对竞争失利者的冲击并设法避免其采取任何极端的行为,从而减少或消除自由竞争的阻力,这一责任不可避免地落在了政府的头上,即政府通过采取必要的国家干预措施以实现一定程度的公平。这体现了克莱顿的有限政府的思想,正如克莱顿所言:

---

① Fredrick J. Dobney, ed., *Selected Papers of Will Clayton*, p. 6.
② Gregory A. Fossedal, *Our Finest Hour*, pp. 38—39.

克莱顿

"我不是自由放任主义者,因为自由放任哲学不接受任何形式的政府管理。"①但同时也应当看到,克莱顿并非国家干预主义者,从根本上讲,克莱顿仍然是自由市场制度的积极拥护者和倡导者。克莱顿明确指出:"国家干预不应在任何意义上扭曲或挫伤自由市场的效率原则,相反,国家干预应通过减轻社会的担忧以最终促进自由市场的发展。"②正是基于对资本主义自由市场经济制度的坚定信念,在克莱顿看来,国家干预最糟糕的事例之一就是共和党政府所奉行的关税政策,因为这一政策长期压制了美国南部农业经济的发展。③

总之,克莱顿一方面把自己视为"自由资本主义者",对资本主义自由市场经济抱有坚定的信念;另一方面,克莱顿并不完全否认有限的国家干预政策,认为"政府采取适当的干预措施并制定相关的规则是必要的"④。

需要说明的是,尽管克莱顿承认国家干预的必要性,但克莱顿同时亦强调指出,国家干预是以促进资本主义自由市场的发展作为根本出发点的;换言之,任何国家干预措施均不得损害自由资本主义制度的长远发展。有鉴于此,克莱顿对苏联所奉行的布尔什维克式的社会主义持强烈的反对态度,认为它完全摒弃了市场法则和创新精神,并将最终挫伤经济增长的动力,阻碍经济的发展。不仅如此,克莱顿还认为,计划经济模式与资本主义及其民主制度是格格不入的,正如克莱顿所言:"国家计划经济模式与民主精神

---

① Gregory A. Fossedal, *Our Finest Hour*, p. 40.
② Ibid.
③ Gregory A. Fossedal, *Our Finest Hour*, pp. 40—41.
④ Fredrick J. Dobney, ed., *Selected Papers of Will Clayton*, p. 8.

是相互矛盾的。如果计划经济盛行，民主就将死亡。"①

三、关于美国的关税政策及初期的自由贸易思想

克莱顿对美国的高关税政策向来持批评态度，其直接原因就在于，克莱顿认为美国的关税政策保护了工业部门的利益，致使美国国内的工业品价格始终高位运行；但美国的农业部门却没有得到政府的保护，导致美国国内的农产品价格持续走低。因此，美国的农业部门处于明显的不平等地位，农业生产者不得不低价销售农产品，但却以高价购买工业用品。另一方面，克莱顿亦明确指出，上述对美国高关税政策的批评并不是旨在寻求针对国外农业竞争者的保护。与主张提高美国农产品进口关税的观点相反，克莱顿认为，"正确的方法应当是取消有关的保护性关税，以便所有商品和服务的交换均能以其真实的价值为基础，而不是基于虚假的或'保护性的'价格"。长期的从商经验和南部的农业背景使克莱顿坚信，美国南部和美国农业将从自由贸易中获得更大的利益。推而广之，克莱顿强调指出，"美国的工农业生产能力已经远远超过了国内的需求"，因此，扩大出口已是势在必行；为促进美国的出口贸易，美国必须同时相应地增加进口，因为"贸易应是互惠的，即贸易包含有进口和出口两层含义"；而实现互惠贸易的最佳方式就是降低关税。②

实际上，在20世纪20年代，共和党控制的美国国会一直没有放弃进一步提高美国进口关税税率的努力，例如，《1922年福德

---

① Gregory A. Fossedal, *Our Finest Hour*, pp. 39, 41.
② Fredrick J. Dobney, ed., *Selected Papers of Will Clayton*, pp. 23—25.

克莱顿

尼—麦坎伯关税法》就将美国的平均关税水平提高到40%以上。不仅如此,随着1929年世界经济危机的爆发和"大萧条"的降临,美国国会采取了更加苛刻的关税保护政策,并旋即颁布了《1930年关税法》,这就是所谓的《斯穆特—霍利关税法》,从而将美国的进口关税税率推向了历史最高水平。基于反对美国国会奉行的高关税政策的原则立场,早在国会就《斯穆特—霍利关税法》展开辩论期间,克莱顿就积极向国会议员进言,强烈要求终止该法案的讨论与审议,力图阻止该法案的顺利通过。在国会参、众两院表决通过《斯穆特—霍利关税法》之后,克莱顿又直接致函白宫,强烈呼吁胡佛总统果断地行使否决权。在所有的努力均告失败之后,克莱顿仍然没有放弃继续反对《斯穆特—霍利关税法》的斗争,甚至怒斥《斯穆特—霍利关税法》为"本世纪最严重的犯罪"①。

　　正如克莱顿所预料的,《斯穆特—霍利关税法》不仅恶化了世界经济危机,而且还招致各国竞相提高关税,引发了日渐激烈的关税战和贸易战,美国自己也备尝苦果。为缓解国内经济危机,打开国外市场,对美国的关税和贸易政策进行调整已是势在必行。随着罗斯福政府在1933年上台执政,经国务卿赫尔的积极倡议和罗斯福总统的鼎力支持,美国国会最终于1934年6月通过了《1930年关税法修正案》并经罗斯福总统签署生效,这就是著名的《互惠贸易协定法》。克莱顿从一开始就对赫尔的"互惠贸易协定计划"持由衷的支持态度,《互惠贸易协定法》的颁布也使克莱顿深受鼓舞,并一改反对罗斯福政府及其"新政"政策的立场,转而积极支持罗斯福的竞选连任。从此以后,克莱顿全身心地投入到倡导自由

---

① Gregory A. Fossedal, *Our Finest Hour*, p. 64.

贸易和推动"互惠贸易协定计划"的事业中,并不止一次地强调指出,美国巨大的经济成就首先应归功于各州之间毫无关税壁垒。以此为根据并推而广之,克莱顿认为,"整个世界将从广泛的削减或取消关税壁垒中获益匪浅。自由贸易将是现代人类的试金石"。更为重要的是,在克莱顿看来,基于强大的政治经济实力、独特的地理位置以及"天定命运"的思想,并以《互惠贸易协定法》为武器,"美国将义不容辞地承担起反对贸易壁垒的十字军的领导责任"①。

四、关于战后国际经济秩序

随着第二次世界大战的爆发,克莱顿敏锐地意识到"山姆大叔"再次迎来了重塑世界秩序的良机,并为此奔走呼号。在进入政府部门工作之前,克莱顿已经就第二次世界大战对战后国际贸易的影响进行了深入思考,初步提出了自己的观点,认为美国面临的首要问题就是确定自己的国际政策目标并加以精心的设计和有效的组织。② 具体地讲,此时克莱顿有关战后世界秩序的观点主要包括三个方面:

(1)关于拉丁美洲问题。克莱顿明确指出,进一步强化"门罗主义"对于战后美国的对外政策而言是极其重要的,"美国应当致力于全面加强同拉美国家间业已存在的贸易和睦邻关系"。为此,克莱顿主张美国必须着重深化同拉美国家的经济贸易往来,寻求同拉美国家建立长期的互补性贸易关系,并加大向拉美国家投资的力度,进而巩固美国在拉丁美洲的地位,防止拉美国家脱离美国

---

① Fredrick J. Dobney, ed., *Selected Papers of Will Clayton*, pp.6—7.
② Ibid., p.49.

克莱顿

的控制或奉行亲欧洲的政策。克莱顿强调指出,鉴于拉美国家同欧洲有着传统的种族、文化和语言联系,因此,美国必须设法阻止欧洲同拉美国家进一步发展密切的经济联系,因为"欧洲和拉美国家间紧密的经济关系的发展无疑将伴随着更紧密的政治联系,这将使美国强化'门罗主义'的努力变得更加困难"①。

(2)关于欧洲问题。克莱顿首先指出,长期以来,美国向欧洲的出口一直大于美国从欧洲的进口,美国在对欧贸易中一直处于顺差地位,"当世界大战结束之际,这种贸易失衡必将予以纠正",其原因主要有两点:一方面,克莱顿预言,随着战争的结束,美国必然将拥有大量的剩余农产品和工业品并急需寻找国外市场;另一方面,如果任由美欧间的贸易失衡持续下去,欧洲国家将因缺乏美元而无力购买美国的商品,并势必寻求其他的商品供应和贸易渠道,"这对于美国的整个国内经济而言无疑将是一个沉重的打击",因为欧洲是美国最主要的贸易伙伴,"失去欧洲市场对美国来说是无法承受的"。有鉴于此,克莱顿认为美国战后贸易政策的首要目标就是调整美欧贸易关系,"美国应尽最大的努力以确保欧洲市场",而唯一切实可行的途径就是"通过削减关税以增进和扩大美欧间的贸易规模"。②

(3)关于贸易秩序问题。在思考战后国际经济秩序的过程中,克莱顿多边自由贸易思想的基本轮廓日渐清晰。克莱顿明确指出,"美国长期坚持多边贸易原则,反对所谓的易货贸易制度"。基于多边自由贸易的信念,克莱顿对传统的双边贸易和易货贸易均

---

① Fredrick J. Dobney, ed., *Selected Papers of Will Clayton*, pp. 52—53.
② Ibid.

持全面否定的态度,认为"国际贸易中的双边贸易方式和易货贸易方式妨碍甚至破坏了正常的贸易往来和贸易秩序……进而导致了世界贸易的严重萎缩以及生活水平的急剧下降"。有鉴于此,克莱顿深信,为促进世界贸易的发展和生活水平的提高,建立一套行之有效的国际贸易规则是十分必要的,而贸易规则的基础就是"多边主义和自由交换"。换言之,克莱顿所期待的战后贸易秩序是建立在多边和自由贸易的基础之上的。不仅如此,克莱顿还明确预见到美国将在多边贸易规则和多边贸易秩序的建立中发挥积极的主导作用,声称"美国完全可以利用其巨额的黄金储备以确保并推动多边贸易秩序的运转"①。

综上所述,克莱顿的童年生活及从商经历对克莱顿经济思想的形成和早期的社会活动产生了巨大的影响,这种影响主要体现在以下几个方面:首先,童年的苦难生活培养了克莱顿不畏艰难和善于钻研的勤勉品质,同时也铸就了克莱顿靠个人奋斗改变命运的拼搏精神。正因为如此,尽管克莱顿并没有受到过正规的高等教育,但克莱顿依靠个人的不懈努力和连续拼搏,最终脱颖而出并成为一名叱咤商海的风云人物和"一代棉王";艰苦创业的精神亦成为童年经历留给克莱顿的一笔宝贵财富。其次,早年的从商经历培养了克莱顿善于把握时机的商业气质。长期从事棉花贸易的经历使克莱顿深切体会到美国棉花贸易制度中存在的重大弊端,并敏锐地意识到这种弊端实际上也潜藏着巨大的商机。因此,凭借过人的商业天赋和智慧,克莱顿果断地创建了自己的棉花公司,并利用美国棉花公司倒闭和第一次世界大战爆发的机遇,迅速将

---

① Fredrick J. Dobney, ed., *Selected Papers of Will Clayton*, p.53.

克莱顿

安德森—克莱顿公司发展成为美国最大的棉花公司。显然,安德森—克莱顿公司的成功与克莱顿执着的创业意识和商业智慧是密不可分的。再次,对美国传统的棉花贸易制度的挑战体现了克莱顿勇于变革的创新精神。尽管美国传统的棉花贸易制度体系严重制约甚至阻碍了南部棉花产业的正常发展,但在克莱顿之前却无人敢于对此提出变革的想法并发起挑战。克莱顿凭借雄厚的经济实力、深邃的商业智慧和坚韧的创新精神,虽历经磨难却最终成功地赢得了"南方交货"之战的胜利,这不仅为安德森—克莱顿公司创造了巨大的商业财富,亦再次为克莱顿赢得了广泛的社会声誉。更为重要的是,"南方交货"之战的胜利突出地体现了克莱顿勇于挑战旧制度、创建新规则的创新精神和胆略。总之,个人奋斗的执着品质、深谋远虑的商业智慧、运筹帷幄的组织才能、勇于变革的创新精神,所有这些均对克莱顿日后的政治生涯产生了极其重要的影响。也正是在商海博弈的磨炼中,克莱顿的自由经济思想逐步形成并成为他恪守不渝的基本信条。

在克莱顿早期的自由经济思想中,对自由资本主义制度的坚定信仰是贯穿始终的基础和主线。从某种意义上讲,克莱顿实际上将其成功的商业经历主要归功于自由竞争的资本主义制度,并据此认为自由资本主义制度是最具活力和最富效率的经济制度。同时,克莱顿亦明确表示并不赞同自由放任式的资本主义,并不反对必要和有限的国家干预。克莱顿主张国家干预的主要形式就是制定市场规则以维护正常的经济秩序,坚持认为有限的国家干预的根本出发点就在于促进自由资本主义的发展,这就集中体现了克莱顿对国家与市场关系的辩证思考。正是基于对自由资本主义制度的坚定信仰,克莱顿对严重制约甚至妨碍自由竞争的高关税政策,尤其是美国的保护性高关税政策持强烈的批评态度,明确主张削减或取消所有的保护性关税以促进自由贸易和自由竞争。因此,反对高关税政策和支持互惠贸易计划就成为克莱顿早期自由贸易思想及其实践活动的主要内容。作为善于把握机遇的成功实业家,克莱顿敏锐地预见到第二次世界大战将成为塑造"美国世纪"不可多得的历史性转折点,并对战后国际经济秩序的重建提出了初步的设想,强烈主张增进美国与欧洲国家间的贸易并确保欧洲市场,尤其是西欧市场对美国的开放,呼吁在战后世界建立多边的自由贸易体系并制定多边自由贸易的制度规则。更为重要的是,克莱顿始终坚信,作为"山巅之城"的美国负有领导世界的责任,战后国际政治经济秩序,包括多边自由贸易秩序必须由美国主导建立并接受美国的领导。诚然,克莱顿早期的自由经济思想只是一个雏形,但它却奠定了克莱顿多边自由贸易理念的基础,并对克莱顿日后的政策设计和政策实践活动产生了深远的影响。

第二章　初涉政坛崭露经济外交才华

第一节　初涉政坛的风雨历程

随着第二次世界大战的全面爆发,美国的一些有识之士已明确意识到希特勒统治下的德国是对民主制度的严重威胁,并认为美国将最终卷入战争。尽管此时美国国内,尤其是美国国会仍然弥漫着孤立主义情绪,但克莱顿却竭力主张美国应毫不犹豫地向英国及其盟国提供及时和有效的援助。实际上,"促使美国尽早为战争做好准备是克莱顿在 1940 年再次支持罗斯福的主要原因之一"①。不仅如此,克莱顿还利用其广泛的社会影响,并会同其他有识之士,展开了一场声势浩大的援助英国的运动。1940 年春,当德国准备进攻瑞典、挪威、丹麦和法国时,克莱顿与迪安·艾奇逊 (Dean Acheson) 等人就在纽约发表了一份联合声明,呼吁美国立即向英国提供驱逐舰以及其他军事装备的租借援助。与此同时,

---

① Gregory A. Fossedal, *Our Finest Hour*, p. 65.

克莱顿本人还慷慨地向红十字会、盟国救济基金会等捐助了数千美元,因为克莱顿坚信,援助英国及其盟国就是为保卫民主制度而战。应当看到,尽管克莱顿等人的呼吁并非是首倡,但这种呼声对于唤醒公众舆论却起到了至关重要的作用。在声援英国的运动中,克莱顿最大的贡献应是成功地说服潘兴将军公开表示支持向英国提供援助。约翰·潘兴(John J. Pershing)是久负盛名的一代名将,在第一次世界大战期间曾任美国远征军总司令,在美国公众中享有极高的声望和影响力。克莱顿曾专程登门拜访,以期赢得潘兴将军的支持。在克莱顿的努力下,潘兴将军终于打破沉默,公开呼吁美国政府立即向英国提供援助。潘兴将军的呼吁在第一时间就成为全美国的头条新闻,并被视为是唤起公众舆论以支持英国的声援运动的转折点。① 不容否认,自欧洲战争爆发以来,罗斯福总统就一直密切关注战事的发展并早已倾向于向英国及其盟国提供援助。但同样应当承认,来自商界、军界和外交界的广泛支持确实增强了罗斯福总统排除国会的干扰并作出决断的信心,这里面自然有克莱顿的一份功劳。

在克莱顿看来,第二次世界大战不仅为"山姆大叔"开创"美国世纪"提供了历史性的机遇,而且亦为他本人施展政治抱负创造了不可多得的机会。于是,像其他有识之士纷纷齐集华盛顿一样,克莱顿也毫不犹豫地来到了美国的首都以寻求政治上的发展,并成为罗斯福政府的积极支持者。另一方面,为具体实施对英援助以及为战争作准备,罗斯福政府也急需广揽群贤并扩大其政治基础,而且,动员国内生产能力以应对战争的关键因素之一就在于吸引

---

① Gregory A. Fossedal, *Our Finest Hour*, pp.66—67.

克莱顿　商界精英参与政府工作。鉴于克莱顿曾有在美国战争工业委员会工作的经历,并具有广泛的社会影响力,因此,克莱顿自然被列入了罗斯福的后备名单。

除了援助英国及其盟国之外,1940年对于美国政府而言,当务之急就是设法进一步改善和巩固美国同拉美国家的政治经济关系,而德国向拉美地区的政治、经济和文化渗透更增强了美国采取有力措施的愿望。实际上,自20世纪30年代以来,德国政府便采取了积极的外交政策和政治攻势,加紧了在拉丁美洲地区同美国的争夺。第二次世界大战爆发之后,拉美地区的局势变得更加扑朔迷离。一方面,欧洲战争的爆发使拉美国家失去了传统的欧洲市场,本已十分脆弱和疲惫的拉美国家经济由此日趋恶化。另一方面,纳粹德国此时亦加强了对拉美国家的外交宣传攻势,并积极寻求同拉美国家,尤其是阿根廷和巴西订立经济同盟关系。更为重要的是,罗斯福政府担心绝望中的拉美国家因经受不住纳粹德国的诱惑而向其出售重要的战略物资。应当看到,尽管罗斯福的"睦邻政策"在一定程度上缓解了拉美国家对美国的反感,但美国政府动辄进行军事干涉的行径对拉美国家而言仍记忆犹新。有鉴于此,罗斯福政府认为,为抵消德国的渗透并防止西半球分裂为相互敌对的集团,美国应积极展开对拉美国家的外交活动并适时提供经济援助。①

长期以来,美国政府的相关部门——如商务部、财政部、国务院、农业部等——均为争取美国对拉美国家政策的主导权而争吵不休。为避免政府部门间的勾心斗角,罗斯福总统于1940年6月

---

① Gregory A. Fossedal, *Our Finest Hour*, p.68.

指示其特别助理詹姆斯·福里斯特尔(James Forrestal)就援助拉美国家问题起草一份具体的行动计划。福里斯特尔随即向罗斯福总统建议设立一个新的办公室以作为协调美国对拉美国家政策的机构,并举荐纳尔逊·洛克菲勒(Nelson A. Rockefeller)和克莱顿作为该机构的负责人。福里斯特尔指出,之所以选择克莱顿,是因为他具有商业天赋,同拉美国家有着广泛的业务往来并熟悉拉美事务。经罗斯福总统斟酌并批准,一个非正式的但直接对罗斯福总统负责的美洲国家间事务协调员办公室(Office Coordinator of Inter-American Affairs,该机构实际上是美国美洲国家间事务办公室的前身)宣布成立,由洛克菲勒担任协调员,克莱顿担任副协调员。①

但克莱顿对此并不感兴趣,因此只答应暂时就任,直到洛克菲勒找到合适的人选。应当看到,尽管克莱顿在美洲国家间事务协调员办公室担任副协调员的任期不长(从 1940 年 8 月至 10 月),但他提出的诸多政策建议——其中最重要的一份报告就是"行动计划"——却大部分被罗斯福总统接受和采纳,并在很大程度上对美国的拉美政策产生了重要的影响。这些政策建议主要包括:

(1)进一步增进美洲国家间的自由贸易。罗斯福总统同意设立美洲国家间事务协调员办公室的一个重要初衷就是试图调整美国对拉美国家的经济政策,以此作为改善美国与拉美国家政治关系的突破口。克莱顿在提交给罗斯福总统的报告中坦陈,美国的信贷政策和关税政策,尤其是以《斯穆特—霍利关税法》为基础的

---

① Arnold A. Rogow, *James Forrestal: A Study of Personality, Politics, and Policy*, New York: Macmillan, 1963, pp. 89—91.

高关税政策,是造成拉美国家面临巨大经济压力的主要原因之一。因此,克莱顿建议美国应加大向拉美国家提供直接援助的力度,扩大美国进出口银行的贷款权限和贷款额度以推动美洲国家间的自由贸易。

(2)实施战略物资购买和储备计划。这是克莱顿向罗斯福总统提交的报告中最具战略性意义的内容。克莱顿指出,为确保拉美国家不向纳粹德国提供原材料,美国应立即实施排他性的购买计划,尤其是购买和储存具有军事意义的战略物资和原材料,以此隔断纳粹德国从拉美地区获得这些战略物资的渠道。克莱顿进而认为,实施战略物资购买和储备计划的最恰当的机构就是杰西·琼斯(Jesse H. Jones)领导下的复兴金融公司(Reconstruction Finance Corporation,RFC)。

(3)以战略物资购买和储备计划作为推动美洲国家间自由贸易的有效工具。克莱顿充分认识到,为满足战时工业生产的紧迫需要以及实施战略物资购买和储备计划,美国将大量从拉美国家进口战略物资和原材料,但在战争结束之前,美国将不可能向拉美国家出口大量的消费品。因此,相对于拉美国家而言,美国将在战后拥有相当数量的贸易赤字。与此相对应的是,持有美元和债务证券的拉美国家将有能力在战后购买美国的商品,这无疑将有利于促进美国与拉美国家的自由贸易。

(4)寻求建立固定汇率货币体系并稳定美元币值。克莱顿强调指出,美国应在战争期间就着手考虑建立正常的国际收支结算安排,即建立一个固定的国际货币汇率体系,这将有助于确保拉美国家相信他们所持有的美元币值是稳定和有保障的。克莱顿认为,鉴于美元在30年代初期的放任贬值曾使拉美国家蒙受了重大损失,因此,固定汇率体系的建立将有助于重振美元信用,能有力地推动美洲国家间的自由贸易。①

  由此可见,尽管克莱顿担任美洲国家间事务副协调员的时间非常短暂,但他提出的"行动计划"及相关政策建议却具有不容忽视的意义。换言之,克莱顿提出的战略物资购买和储备计划、促进美洲国家间自由贸易的设想以及建立固定汇率体系的主张与美国的政策规划是完全一致的,而战略物资购买和储备计划更是对美国的政策设计产生了重要的影响。实际上,克莱顿正式步入政坛的第一项工作就是主持战略物资的购买和储备。

  在仅仅担任了两个月的美洲国家间事务副协调员之后,克莱顿便携妻子及儿女回到了休斯敦。但刚进家门,克莱顿就接到了琼斯从华盛顿打来的电话,邀请他前往复兴金融公司担任要职,并告知罗斯福总统希望由他主持原材料购买计划。克莱顿遂以妻子健康状况不佳为由婉言谢绝。此后,罗斯福总统亲自致电克莱顿请其出山,并任命他为复兴金融公司所属联邦信贷管理处副处长。克莱顿于是接受了罗斯福总统的邀请,同时辞去了安德森—克莱顿公司董事会主席一职。② 从此以后,克莱顿结束了商业生涯,开始正式步入政坛。

  受命赶往华盛顿的克莱顿立即投入到了紧张的工作中,全力以赴地组织实施战略物资和原材料的排他性购买计划。根据克莱顿起草的计划方案,美国政府明确规定排他性购买计划的主要目标是:(1)抢在德国和日本之前紧急购买并储存战略物资和原材

---

 ① Gregory A. Fossedal, *Our Finest Hour*, pp. 71—72.
 ② Ellen Clayton Garwood, *Will Clayton*, pp. 109—110.

克莱顿

料,即尽可能地阻止德国和日本从其他国家或地区获得必要的战略物资和原材料。(2)为美国参战提供必要的商品和物资保障,如石油、橡胶、钢铁、铝材、特殊合金和燃料等。(3)为拉美国家提供相应的市场,以阻止拉美国家与纳粹德国开展贸易往来,同时推动美国与拉美国家的自由贸易。在克莱顿的精心设计和安排下,排他性购买计划有条不紊地组织实施。根据排他性购买计划所涉具体业务的不同,克莱顿亦身兼数职,他担任的主要职务有:战争损害赔偿公司董事长;防务补给品公司、防务金属公司、航空信贷公司、橡胶开发公司以及美国贸易公司董事会主席;美国进出口银行副行长兼董事。[1] 所有这些机构均致力于具体实施排他性购买和储备计划,而克莱顿则成为这场被称之为"物资储备之战"(Warehouse War)的具体设计者和组织者,其商业天赋和组织才能再次得到了充分的展现。

毫无疑问,克莱顿所领导的"物资储备之战"对于美国及其盟国最终赢得第二次世界大战的胜利具有不容低估的意义。一方面,战略物资的排他性购买和储存导致德国和日本无法获得相关的资源,从而极大地制约了德国和日本的军事生产能力和武器装备能力,并最终严重削弱了德、日两国的作战能力。诚然,"物资储备之战"促使战略性矿产资源和原材料的价格不断攀升,但美国却更有能力消化成本上升的压力,正如迪安·艾奇逊所言,产品的短缺导致"价格上涨,这对于拥有雄厚财力的美国而言是有利的"[2]。

---

[1] Gregory A. Fossedal, *Our Finest Hour*, pp. 73—75.

[2] Dean Acheson, *Present at the Creation: My Years in the State Department*, New York: W. W. Norton, 1969, p. 53.

另一方面，战略物资的排他性购买和储备使美国及其盟国获得了稳定可靠的物资供应和后勤保障，有效地提高了美国及其盟国的军事生产能力和作战能力，从而最终有助于美国及其盟国打败德国和日本，赢得世界反法西斯战争的伟大胜利。正是从这个意义上讲，"克莱顿及其物资储备斗士的事业取得了完全的成功"①。

需要指出的是，克莱顿所领导的"物资储备之战"不仅有力地支持美国和其他反法西斯国家赢得了战争的胜利，而且还有效地带动了一系列新兴工业部门的发展，如美国合成橡胶产业的发展。众所周知，橡胶是一种重要的原材料，同时也是现代战争不可或缺的重要战略资源之一。早在第二次世界大战初期，琼斯和克莱顿就组建了橡胶开发公司以购买和储存天然橡胶。但另一方面，琼斯和克莱顿极富远见地意识到，随着亚洲地区天然橡胶资源供应的中断以及南美洲地区天然橡胶农场的大量消失，天然橡胶资源将严重短缺，远远不能满足盟国进行战争的需要。为此，琼斯和克莱顿提出了一项应急方案，建议美国政府加紧合成橡胶的研制、开发和生产，以此缓解天然橡胶供应严重不足的局面。但琼斯和克莱顿的建议却在美国政府内部招致了相当的质疑，伯纳德·巴鲁克领导的橡胶监督委员会（Rubber Survey Committee）甚至断定合成橡胶的开发和生产至少需要十几年的时间，因此，琼斯和克莱顿的建议是不切实际的。面对重重阻力和压力，琼斯和克莱顿仍然力主美国应尽早从事合成橡胶的开发和生产。经过积极的筹备和紧张的施工，美国第一家合成橡胶生产企业于1943年6月11日正式建成投产。从此以后，一种新兴的产业——合成橡胶——应战

---

① Gregory A. Fossedal, *Our Finest Hour*, p.75.

克莱顿

争之需而蓬勃发展并迅速成为美国重要的军事工业之一。到第二次世界大战结束时,美国所使用的橡胶中87%为合成橡胶,而几乎所有的合成橡胶均产自美国政府创办的企业。① 诚然,合成橡胶产业的兴起在一定程度上为盟国的军事胜利奠定了重要的物质保障,但另一方面,合成橡胶亦对天然橡胶产业的发展构成了严峻的挑战。换言之,在战争期间迅速发展起来的美国合成橡胶产业,在战后却对南亚、东南亚以及南美国家的天然橡胶产业构成了严重威胁,并成为后来克莱顿主持谈判关贸总协定制度期间必须应对的棘手问题之一。

克莱顿(左)同农业部长华莱士(中)等在一起

"物资储备之战"是克莱顿初涉政坛所从事的第一项工作,同时,"物资储备之战"也使克莱顿第一次体验了美国政府内部争斗

---

① Bascom N. Timmons, *Jesse H. Jones: the Man and the Statesman*, New York: Henry Holt, 1956, pp. 301—311.

的政治风险。事实上,自排他性购买和储备计划酝酿之日起,琼斯与亨利·华莱士(Henry A. Wallace)之间就围绕该计划的控制权展开了一场激烈的斗争。作为该计划的领导者之一和具体实施者,克莱顿亦不可避免地卷入了这场政治纷争的旋涡,这对克莱顿的从政经历产生了重要的影响。

出生于1888年的华莱士是一位成功的农场主,他创办的公司所生产的杂交玉米曾经占据了美国玉米产量的25%。罗斯福于1933年上台执政时,华莱士出任农业部长(华莱士的父亲在1921—1924年间也曾担任哈定政府和柯立芝政府的农业部长),并随即成为罗斯福"新政"的积极支持者。在罗斯福于1940年历史性地第三次竞选连任总统之后,作为深得罗斯福信赖的竞选伙伴,华莱士于1941年出任副总统,并开始积极寻求掌管处于起步阶段的排他性购买和储备计划。

"物资储备之战"为美国提供了充足的战略物资装备

出生于1874年的琼斯同样来自富裕的农场主家庭,在从政之

克莱顿　前不仅成功地经营着自己的木材帝国,而且还将触角延伸到了银行业和新闻业。琼斯的崛起,尤其是琼斯在银行业的成功业绩引起了华盛顿的关注。面对"大萧条"的困难局面,赫伯特·胡佛总统于1932年1月发起组建了复兴金融公司,其主要目的就是试图以政府贷款的形式挽救濒临倒闭的银行和其他企业。在复兴金融公司成立之际,琼斯应邀进入公司董事会,并以其管理金融的独特才能成为复兴金融公司的实际领导者。罗斯福于1933年就任总统后,旋即任命琼斯为复兴金融公司董事会主席,并于1940年任命琼斯兼任商务部长。

面对德国在欧洲以及日本在亚洲的疯狂侵略,美国政府深切感受到战争正日益临近,并着手考虑储备战略资源。1941年6月25日,罗斯福总统正式签署了经国会两院一致通过的一项法案,授予琼斯和克莱顿所领导的复兴金融公司及其附属机构近乎无限的权力以购买和储存战略物资。① 但身为副总统的华莱士对这一安排却极为不满,华莱士及其支持者认为,鉴于"物资储备之战"涉及政府内跨部门的事务,因此理应置于副总统的监督和管理之下。面对需要作出明确决断的压力,罗斯福总统采取了息事宁人的做法,于1941年7月30日发布总统行政命令,授权成立经济战委员会(Board of Economic Warfare, BEW),并任命华莱士为委员会主席。② 华莱士随即以经济战委员会作为平台,向琼斯和克莱顿发起了面对面的挑战。在指责琼斯和克莱顿工作不力的同时,华莱士

---

① Gregory A. Fossedal, *Our Finest Hour*, p. 89.
② Bascom N. Timmons, *Jesse H. Jones: the Man and the Statesman*, pp. 280—281.

继续要求罗斯福总统赋予经济战委员会以更明确和更广泛的权力。在华莱士的一再请求下,罗斯福总统遂于1942年4月再次通过行政命令的方式授予华莱士及其经济战委员会以购买和储存战略物资的权力。但罗斯福此举并未消除琼斯和华莱士之间的争斗,因为琼斯和克莱顿所领导的复兴金融公司及其附属机构的战略物资购买权是建立在国会法案的基础上的,所有的购买经费亦由国会直接划拨给复兴金融公司,因此,复兴金融公司及其附属机构仍然保有战略物资购买和储备的法定权力;而罗斯福总统的行政命令又将战略物资的购买权和储备权赋予华莱士及其经济战委员会,从而导致战略物资的购买和储备实际上出现了两个政府机构同时负责且权力相互重叠的局面。从这个意义上讲,罗斯福总统的行政命令无疑促使政府内部的纷争和倾轧更加复杂化。事实也正是如此。从1942年4月到1943年夏,琼斯和华莱士之间的争斗达到了白热化程度,进而导致双方最终摊牌。

  引发这场权力之争达到高潮的核心就是资金划拨问题。按照国会法案的规定,购买战略物资的经费均由国会直接划拨给复兴金融公司及其附属机构,而华莱士的经济战委员会则没有战略物资购买经费的掌管权。正因为如此,即使是经济战委员会谈判的战略物资购买合同亦必须经由复兴金融公司签署并付款,克莱顿认为这种局面是"相当糟糕的"①。为摆脱缺乏资金的尴尬困境,华莱士竭力主张战略物资的购买经费应由经济战委员会负责管理,琼斯和克莱顿则以国会授予的资金掌管权颉颃华莱士及其经济战委员会,双方为此唇枪舌剑,争论不休。1943年6月,琼斯和华莱

---

① Fredrick J. Dobney, ed., *Selected Papers of Will Clayton*, p.66.

克莱顿　士分别致函罗斯福总统,两人的信中均充满了相互攻讦和诋毁之词,华莱士甚至明确请求罗斯福游说国会,力主将战略物资的购买经费直接划拨给经济战委员会。但华莱士的呼吁和请求并未得到罗斯福总统的积极响应。于是,华莱士决定擅作主张,在未事先通知罗斯福总统的情况下致函参议院拨款委员会,并将信函内容通报了新闻界。华莱士在信中严厉指责复兴金融公司及其附属机构未能切实履行购买和储备战略物资的神圣职责,公开批评琼斯和克莱顿"正在妨碍美国的战争努力",呼吁国会直接向经济战委员会拨款。作为回应,琼斯和克莱顿当天就明确向新闻界表示,华莱士的指责是蓄意和恶毒的,并要求国会对此展开调查。①

政府内部矛盾的公开化显然激怒了罗斯福总统,琼斯—华莱士之争也走到了彻底摊牌的关键时刻。罗斯福总统严厉批评琼斯—华莱士之争"必将损害美国的战争努力,削弱公众对政府的信任"②。为解决政府内部在战略物资购买问题上的纷争,罗斯福总统于1943年7月15日发布行政命令,解除了琼斯和华莱士在国外购买战略物资的权力,并解除了克莱顿在美国贸易公司、美国橡胶开发公司和美国进出口银行所担任的职务;行政命令同时保留了复兴金融公司及其部分附属机构处理国内战略物资购买和储备问题的权力,撤销了华莱士所领导的经济战委员会,代之以利奥·克劳利(Leo Crowley)领导的经济战办公室。③ 由此可见,对于琼斯、

---

① Bascom N. Timmons, *Jesse H. Jones: the Man and the Statesman*, pp. 325—330.

② John Morton Blum, ed., *The Price of Vision: The Diary of Henry A. Wallace*, 1942—1946, Boston: Houghton Mifflin Company, 1973, pp. 221—227.

③ Bascom N. Timmons, *Jesse H. Jones: the Man and the Statesman*, p. 330; John Morton Blum, ed., *The Price of Vision*, p. 233.

华莱士和克莱顿而言,纷争与内讧的代价都是非常高昂的。尽管华莱士仍然是副总统,但却在很大程度上失去了罗斯福的信任,在1944年总统选举中,罗斯福没有继续选择华莱士作为竞选伙伴,而是选择了哈里·杜鲁门(Harry S. Truman)。在琼斯—华莱士争斗风波之后,琼斯仍然暂时担任商务部长和复兴金融公司董事会主席,但时间并不长,因为罗斯福在赢得1944年总统选举之后随即就解除了琼斯的商务部长之职,并任命华莱士为商务部长。面对来自各方面的压力,琼斯不得不辞去了复兴金融公司董事会主席的职务,回到了休斯敦的老家,从此黯然退出政坛。

琼斯—华莱士之争也给克莱顿的政治生涯带来了一定的影响,1943年秋对于克莱顿而言是一个赋闲和等待的季节。尽管克莱顿被任命为商务部长助理,但却失去了掌管"物资储备之战"的权力。面对从政后所经历的第一次沉重打击,克莱顿一度萌生退意,并于1944年1月辞去了所有的政府职务。但就在这时,伯纳德·巴鲁克的一项建议却将克莱顿留在了华盛顿。1944年初,巴鲁克向罗斯福总统建议设立一个剩余战争财产管理局(Surplus War Properties Administration,SWPA)以负责处理战争期间积累起来的大量商品、设备以及其他物资,并建议由克莱顿具体负责和领导这项工作。巴鲁克强调指出,鉴于克莱顿具有过人的商业天赋和组织才能并与国会山的议员们建立了良好的关系,因此,克莱顿将是胜任这项工作的最佳人选,由他提出的剩余战争财产处置方案将会顺利地赢得国会的支持。罗斯福总统对此表示赞同并

克莱顿　批准了巴鲁克的建议。① 但克莱顿最初对这项新的工作却婉言拒绝。于是,罗斯福总统亲自在白宫召见克莱顿,在劝说无果的情况下,罗斯福总统遂于 1944 年 1 月 20 日亲笔致函克莱顿夫人休·克莱顿,希望通过她帮助说服克莱顿接受新的工作安排。② 罗斯福的"夫人路线"取得了意料之中的效果,克莱顿最终接受了罗斯福总统的挽留,于 1944 年 2 月开始着手筹建剩余战争财产管理局并出任局长。根据罗斯福总统的指示,剩余战争财产管理局的职责主要有两项:一是制定剩余战争财产处置的相关政策并协调政府相关部门的工作;二是指导和监督剩余战争财产的处置与分配。③

克莱顿受命筹建剩余战争财产管理局的首要任务就是起草有关剩余战争财产管理的立法文件。鉴于刚刚经历了一场伤筋动骨的政府内部争斗,克莱顿决意使即将成立的剩余战争财产管理局免遭行政权力重叠和职责不清而引发纷争的厄运,因此,克莱顿主张剩余战争财产管理局的领导者应拥有作出决定的权力,而且这种决定权应当是充分的和强有力的。在国会围绕剩余战争财产管理举行的立法听证会上,克莱顿强烈呼吁剩余战争财产立法"必须具有管理上的可操作性",并赋予剩余战争财产管理局局长以"相当的自由裁量权"。但国会两院通过并经罗斯福总统于 10 月 3 日签署的《1944 年剩余财产法》(Surplus Property Act of 1944)却对剩余战争财产管理局局长的权限作出了诸多限制,并同时设立了一个由三人组成的剩余财产委员会,这与克莱顿的初衷相去甚远。

---

① Bernard Baruch, *Baruch*: *The Public Years*, New York: Holt, Rinehart and Winston, 1960, pp. 330—333.
② Ellen Clayton Garwood, *Will Clayton*, p. 19.
③ Fredrick J. Dobney, ed., *Selected Papers of Will Clayton*, pp. 79, 82.

克莱顿认为,该法对剩余战争财产管理局局长和剩余财产委员会的职责以及权限并没有作出明确的界定,因而是难以实施的,并且也是难以发挥有效作用的。有鉴于此,克莱顿遂于《1944年剩余财产法》签署生效的当天辞去了剩余战争财产管理局局长的职务。① 尽管如此,克莱顿并没有立即离开华盛顿,因为克莱顿坚信,随着世界反法西斯战争的顺利进行,尚有许多重要经济事务的处理可以让他充分发挥才干。② 事实表明,克莱顿的判断是正确的,机会并未让他等待太久。

到1944年底,世界反法西斯战争的胜利已初现曙光,而在战后建立一个新的世界经济秩序则成为克莱顿最为关注的问题之一。不仅如此,从政四年的经历也使克莱顿对建立一个美国领导下的战后世界经济秩序有了更进一步的认识,其多边自由贸易的思想也更趋完善。具体地讲,克莱顿对战后国际经济秩序和美国战后对外经济政策的思考更多的是从关注现实问题入手,并主要体现在四个方面:

1. 关于就业、生产与贸易的关系问题。克莱顿首先指出,美国战后的就业问题更多地依赖于扩展世界经济和世界市场,为将战后的就业水平维持在一个令人满意的状态,美国就必须增加对外贸易。具体地讲,美国在战后将主要面临两个方面的经济问题:(1)维持战时高度扩张了的经济生产能力和生产规模;(2)在维持现有就业水平的同时进一步创造就业机会以解决复员军人的就业问题。这就意味着美国将生产出更多的产品,而这些产品将远远

---

① Fredrick J. Dobney, ed., *Selected Papers of Will Clayton*, pp. 84—86.
② Gregory A. Fossedal, *Our Finest Hour*, p. 106.

克莱顿

超出美国国内的市场容量和消费水平,因此,克莱顿深信美国"必须寻找新的国外市场";与此同时,其他国家的经济重建和经济发展也"创造了新的市场",这就为美国资本的投资提供了难得的机会;而且,在战后初期的特殊条件下,这些投资将主要表现为商品的形式而不是货币的形式。克莱顿进而强调,在扩大美国的对外投资与对外贸易的同时,美国亦必须相应地增加进口,以此增强其他国家的贸易能力和支付能力并推动美国的商品出口。① 就贸易问题而言,克莱顿认为,扩展世界贸易的基本途径从根本上讲就是削减贸易壁垒,赫尔的互惠贸易协定计划已经充分证明了这一方法的有效性。为此,克莱顿强烈呼吁互惠贸易原则应适用于美国战后国际经济政策的规划,即依据互惠原则削减国家间的关税和贸易壁垒,以此扩大世界贸易并提高世界各国的生活水平。②

2. 关于贸易与和平的关系问题。克莱顿始终坚信自由贸易是实现并维持世界和平的必要前提。在分析世界历史上有关战争的起因时,克莱顿指出,"几乎所有的重大战争都存在经济根源……只有通过取消贸易壁垒并让世界上所有国家均享有平等的经济机会时,持久的世界和平才有可能变成为现实"③。正因为如此,克莱顿认为仅仅依靠军事手段或政治手段是不足以实现并维持世界和平的,因为国家间的经济战或贸易战将会最终破坏所有的和平努力并使和平成为泡影。克莱顿始终坚信,"在市场上作为敌人的国

---

① Fredrick J. Dobney, ed., *Selected Papers of Will Clayton*, pp. 71—73, 76—77, 91—92.
② Ibid., p. 94.
③ Ibid., pp. 81, 87.

家永远不可能成为会议桌上的朋友"①。有鉴于此,克莱顿强调美国的战后对外政策设计应包括政治、军事以及经济等诸多方面,并对《大西洋宪章》和《租借协定》第7条大加赞赏,认为这两个文件所宣布的世界贸易平等原则、削减关税和贸易壁垒原则以及取消歧视待遇原则"对于实现世界和平是必不可少的"②。克莱顿进而指出,"自由贸易的多边体系在平等的基础上向世界各国敞开了市场的大门……因此,该体系是最适合于推进世界和平与繁荣的"③。不仅如此,克莱顿还坚持认为,经济自由和政治自由、自由贸易制度和民主制度是密不可分的,"自由贸易将推动民主制度的建设,而民主制度又将促进人员、思想和商品的自由流动"④。基于此,克莱顿明确指出,"为维护民主制度,战后世界必须有效地组织起来以提供合理的保证,经济壁垒必须予以削减以使整个世界被视为共同的市场"⑤。

3. 关于美国领导权问题。构筑美国领导下的战后世界经济秩序始终是克莱顿恪守的一个基本观点,也是克莱顿思考美国战后国际经济政策的一个重要内容。克莱顿认为,到第二次世界大战结束之际,"美国将拥有巨大的威望和实力",这为美国谋求世界领导地位提供了千载难逢的时机。进而言之,克莱顿深信,"到战争结束之时,美国将面临如此巨大的责任和机遇,这种责任和机遇将最大限度地激发美国的远见卓识、胆略气魄和领导能力……美国

---

① Lloyd C. Gardner, *Architects of Illusion: Men and Ideas in American Foreign Policy*, 1941—1949, Chicago: Quadrangle Books, 1970, p. 123.
② Fredrick J. Dobney, ed., *Selected Papers of Will Clayton*, pp. 75, 101.
③ Ibid., p. 160.
④ Gregory A. Fossedal, *Our Finest Hour*, p. 107.
⑤ Fredrick J. Dobney, ed., *Selected Papers of Will Clayton*, p. 84.

克莱顿

绝不应坐失(领导世界的)良机"。有鉴于此,克莱顿明确指出,"美国必须现在就确定在世界上的正确地位,勇敢地承担世界领导责任,并制定未来和平的路线与进程"①。由于贸易关系是国际经济关系中最基本和最关键的组成部分,克莱顿对美国战后贸易政策的规划表现出了尤为浓厚的兴趣,并依据美国的经济实力作出了深信不疑的预言,即"美国在世界贸易中所处的利益攸关的地位并不仅仅意味着和平时期生产和就业的巨大扩展,它还代表着美国以及世界对和平的新希望"②。有鉴于此,美国必须以实力地位为基础,尽早设计制定多边自由贸易的政策计划,进而谋求美国在战后国际贸易领域的领导地位。

4. 关于相互依赖问题。基于对两次世界大战灾难性后果以及世界经济秩序混乱的深刻反思,克莱顿指出,随着现代工业和现代文明的发展,"世界正迅速地变得越来越小",这一日益增长的趋势"使得人与人之间、国家与国家之间变得越来越相互依赖"。因此,"为了相互的安全与繁荣,所有国家都必须学会合作共处;否则,所有文明将被彻底摧毁,整个人类又将回到黑暗时代"③。克莱顿进而明确指出,"所有国家间在政治、军事和经济领域的相互依赖就是为了维护世界和平"。更具体地讲,国家间的相互依赖就是为了创造这样一种环境,以便"提高生活水平,促进商品和服务的生产、分配和消费,并通过国际合作以改善劳动标准以及健康和社会条件"。与此同时,克莱顿还将国家间的相互依赖与多边自由贸易联

---

① Fredrick J. Dobney, ed., *Selected Papers of Will Clayton*, pp. 74, 88, 91.
② Ibid., p. 77.
③ Ibid., p. 130.

系起来,强调国家间的相互依赖,迫切要求有关国家"通过国际协定以取消一切形式的贸易歧视,削减关税和其他贸易壁垒"。在谈到相互依赖、多边自由贸易与美国的关系时,克莱顿认为,美国政府战后对外经济政策的总体目标就是"实现世界经济的大规模发展",当世界上其他地区陷入萧条之际,美国将不可能独自享有高水平的就业与繁荣。换言之,克莱顿坚信,在一个相互依赖的世界里,美国的繁荣与和平同世界上其他国家和地区的繁荣与和平是紧密联系在一起的。但克莱顿同时又表示,鉴于美国在世界经济中所占有的独特地位,美国的繁荣是世界上其他国家获得繁荣和高水平就业并确保国家间相互依赖局面的一个至关重要的因素。正因为如此,美国应努力维持强大的经济和金融实力,否则,世界上其他国家和地区将难有繁荣的机会。①

正是抱着自由贸易的信念和参与构筑美国领导下的战后世界经济秩序的愿望,克莱顿决意在战后世界经济秩序的设计和建设中有所作为,而第二次世界大战的临近尾声也恰恰为克莱顿施展自由贸易的理念和政治抱负提供了绝好的机会。

1944年11月,美国自由贸易政策的积极倡导者和领军人物赫尔因健康原因宣布辞去国务卿一职,罗斯福总统随即提名小爱德华·斯退丁纽斯(Edward R. Stettinius, Jr.)继任国务卿并得到了国会的批准。鉴于美国正面临重塑国际经济秩序的重任,罗斯福总统深感国务院需要一位熟悉国际经济事务的官员以负责处理头绪纷繁的经济规划问题。于是,在提名斯退丁纽斯继任国务卿的同时,罗斯福总统还提名由克莱顿担任"负责对外经济事务"的助

---

① Fredrick J. Dobney, ed., *Selected Papers of Will Clayton*, pp. 119, 234.

克莱顿

克莱顿(左起第三人)宣誓就任助理国务卿

理国务卿,该项提名于1944年12月19日获得了参议院对外关系委员会的批准。① 在国务院随后进行的具体分工安排中,作为负责对外经济事务的助理国务卿,克莱顿同时兼任美国对外经济政策执行委员会主席,并负责管辖国务院所属三个重要的经济政策设计部门,即国际贸易政策办公室、金融与开发政策办公室以及运输和通讯政策办公室。② 至此,克莱顿终于进入了美国政府政策设计和决策的核心圈,并全力以赴地投入了擘画美国领导下的战后世界经济秩序的工作之中。鉴于货币和金融政策已由美国财政部具体主持设计,因此,作为负责对外经济事务的助理国务卿,克莱顿的主要任务就是具体设计和制定美国的战后国际贸易政策计划,

---

① World Peace Foundation, *Documents on American Foreign Relations* (cited as DAFR), Vol. Ⅶ, 1944—1945, pp. 48—49.

② DAFR, Vol. Ⅶ, 1944—1945, p. 52.

而克莱顿领导下的对外经济政策执行委员会和国际贸易政策办公室以及该办公室下设的贸易政策科（其职责主要是设计和制订美国的关税和贸易政策，并负责贸易协定的谈判与管理①）则成为美国战后贸易政策规划设计的核心机构。

需要特别指出的是，在克莱顿就任负责对外经济事务的助理国务卿之前，包括美国在内的44个国家的代表就已经于1944年7月在美国新罕布什尔州的布雷顿森林聚会，谈判并最终签署了《国际货币基金协定》和《国际复兴开发银行协定》（即《布雷顿森林协

1944年布雷顿森林会议

定》），由此构筑了战后国际货币金融体系，即布雷顿森林体系的基本框架，并为战后多边自由贸易的推进创造了必要的条件，同时标志着美国战后对外经济政策的设计和实施取得了阶段性的重大成果，美国的战后国际金融政策目标基本实现。尽管战后美国的国

---

① *DAFR*, Vol. Ⅶ, 1944—1945, p. 66.

克莱顿

际货币金融政策是由财政部主持设计的,但在布雷顿森林体系的谈判和建立过程中,克莱顿同样扮演了不容低估的重要角色,始终是"怀特计划"和布雷顿森林体系的积极支持者和拥护者。

第二节　支持布雷顿森林体系的建立

在思考战后国际经济秩序时,克莱顿明确指出,"国际贸易和金融关系是美国战后国际经济政策规划的关键"①。换言之,克莱顿认为美国战后国际经济政策的设计应主要包括贸易政策和金融政策两个方面。不仅如此,克莱顿还认识到,在塑造美国领导下的国际经济秩序的进程中,有关国家就货币金融政策先期达成协议是实现多边自由贸易和国际经济合作的必要条件。② 正是以此作为思想基础,克莱顿对美国的"怀特计划"和《布雷顿森林协定》持积极的支持态度。

凭借强大的实力,美国致力于在战后国际金融秩序的重建中承担领导责任。③ 早在第二次世界大战爆发初期,美国财政部高级顾问哈里·怀特(Harry D. White)就开始着手研究战后国际货币金融秩序问题。1941年12月"珍珠港事件"后,财政部长小亨利·摩根索(Henry Morgenthau, Jr.)旋即任命怀特为财政部长助理并主持美国战后国际金融政策的规划工作,指示怀特"考虑并准备一份有关建立盟国间稳定基金的计划",以便"为战后国际货币

---

① Fredrick J. Dobney, ed., *Selected Papers of Will Clayton*, p. 71.
② Gregory A. Fossedal, *Our Finest Hour*, p. 117.
③ B. H. Beckhart, "The Bretton Woods Proposal for an International Monetary Fund", *Political Science Quarterly*, Vol. 59, No. 4, 1944, p. 528.

的安排奠定基础"。① 1942年4月,怀特正式向摩根索提交了"联合国家稳定基金和联合国家及联系国复兴开发银行初步计划草案"②,此即"怀特计划"(稳定基金计划和复兴开发银行计划的统称),而稳定基金计划则是其核心部分。具体地讲,稳定基金计划规定:(1)稳定基金的资本总额为50亿美元,由成员国认缴的黄金、本国货币和政府债券组成;(2)稳定基金将向成员国提供短期贷款以帮助其平衡贸易收支;(3)成员国必须放弃外汇管制措施和双边货币协定,奉行并恪守自由的关税和贸易政策;(4)稳定基金有权规定黄金比价和外汇汇率,成员国汇率的变动仅限于修正基本的贸易失衡,且需经稳定基金同意;(5)成员国应接受稳定基金对其经济政策的监督和指导;(6)稳定基金的管理权应授予由成员国组成的理事会,投票权依据各国的认缴额确定。复兴开发银行计划则规定:复兴开发银行的资本总额为100亿美元,由成员国认缴的黄金、本国货币和政府债券组成;复兴开发银行将向成员国提供重建和经济发展所需之资金并有权提供低息长期贷款;成员国依据其认缴额决定投票权;复兴开发银行的主要任务之一就是为私人对外投资提供保证。

毋庸置疑,"怀特计划"是以美国作为世界上最大的债权国、国际收支大量顺差以及拥有巨额黄金外汇储备为基本前提的,该计划实际上确立了战后美国的国际金融战略目标:首先,"怀特计划"规定的认缴制是经济实力的较量,它不仅含有由成员国分担出资风险的意图,而且还便于美国发挥经济优势,体现实力地位。其

---

① U.S., Department of State, *Foreign Relations of the United States* (cited as *FRUS*), 1942, Vol. I, p. 172.

② *FRUS*, 1942, Vol. I, pp. 178—190.

次,稳定基金和复兴开发银行中各成员国的投票权均与认缴额挂钩,在美国拥有绝对经济优势的情况下"保证了美国的主要发言权"①,从而为美国控制国际金融组织、谋求国际金融领域的领导地位提供了有效手段。再次,"怀特计划"赋予稳定基金监督成员国经济政策的权力,为美国借助稳定基金之名干预他国内政开了方便之门。由此可见,"怀特计划"意在凭借美国的强大实力,问鼎战后国际金融领域的霸权地位。换言之,"怀特计划"的战略意图是,作为实力最为强大的国家,美国必须在货币金融稳定计划中承担领导责任。②

在"怀特计划"制定完成之后,美国随即展开了积极的外交活动,始终围绕"怀特计划"组织和推进有关谈判进程,最终促使44个国家于1944年7月22日在美国的布雷顿森林草签了《国际货币基金协定》和《国际复兴开发银行协定》。就《国际货币基金协定》而言,该协定基本上沿袭了"怀特计划"的主要原则,具体表现在:(1)国际货币基金组织采用认缴制。基金组织的资本金由成员国按份额认缴的黄金、本国货币和政府债券组成。(2)各国货币同黄金和美元挂钩。"各成员国之法定币值应用黄金作为共同的单位,或用1944年7月1日所用成色重量之美元表明之"③。(3)确定基金组织对各国货币政策的控制。成员国法定币值的变更需经基金组织协商或同意。(4)投票权与认缴额挂钩。每一成员国应有250

---

① John Morton Blum, ed., *From the Morgenthau Diaries: Years of War, 1941—1945*, Boston: Houghton Mifflin Company, 1967, p. 231.
② John H. Williams, "The Postwar Monetary Plans", *The American Economic Review*, Vol. 34, No. 1, 1944, p. 375.
③ 《国际条约集 1945—1947》,北京:世界知识出版社1959年版,第132页。

票,此外,根据其在基金组织中的认缴额,每 10 万美元应增加 1 票。① 这就是所谓加权投票权。以此推之,在基金组织最初的 88 亿美元资本金中,美国出资 27.5 亿美元,约占总数的近 1/3,从而使美国控制了近 1/3 的投票权。(5)严格规定了成员国的义务。成员国不应从事不公平之货币交易,不得参加歧视性货币协定,成员国还有义务向基金组织提供下列信息:黄金及外汇存量、国际收支状况、物价指数、外汇管理制度等。此外,《国际复兴开发银行协定》在认缴制、投票权和任务宗旨方面也基本采纳了"怀特计划"的有关规定,从而实现了美国的政策目标。总之,《国际货币基金协定》和《国际复兴开发银行协定》(史称《布雷顿森林协定》)是以美国的"怀特计划"为基础的,其所包含的原则、规范、规则和决策程序同"怀特计划"的原则宗旨和主要内容是基本一致的,因而充分体现了美国的利益目标和政策意图,"具有无可辩驳的美国烙印"②。该协定通过黄金——美元制,最终确立了美国在战后国际金融领域的霸权地位;通过认缴制和投票权制等相关内容,为美国控制国际金融组织、维护霸权地位提供了有力的机制保障。1945 年 12 月,28 个国家在华盛顿正式签署了《布雷顿森林协定》,国际货币基金组织和国际复兴开发银行(即现在通常所称的世界银行)宣布成立。这样,美国领导下的战后国际货币金融体系——布雷顿森林体系终于建立起来。③

---

① 《国际条约集 1945—1947》,第 147 页。
② John Morton Blum, ed., *From the Morgenthau Diaries*, p.271.
③ 有关布雷顿森林体系建立的详细过程,可参见舒建中:《布雷顿森林体系的建立与美国外交》,载于朱瀛泉主编:《国际关系评论》第 3 卷,南京:南京大学出版社 2003 年版,第 78—99 页。

克莱顿

　　诚然,布雷顿森林体系的设计和建立是由美国财政部牵头并由怀特及其工作班子负责具体制定和实施的,但基于建立稳定的货币金融秩序以推进自由贸易的理念,克莱顿对"怀特计划"仍然持积极的支持态度。需要指出的是,除了赞同"怀特计划"的基本原则和政策意图之外,克莱顿更加注重从实现多边自由贸易和重塑美国领导下的战后经济贸易秩序的角度看待"怀特计划"的实施和布雷顿森林体系的建立。有鉴于此,克莱顿在布雷顿森林体系建立过程中所发挥的作用就主要体现在两个方面:一是公开拥护和竭力支持"怀特计划";二是积极呼吁美国国会批准《布雷顿森林协定》。

（一）支持"怀特计划"的实施

　　1929—1933年世界经济"大萧条"的重要后果之一就是国际金融秩序的全面瓦解和崩溃,随之而来的是世界各国政府纷纷采取货币贬值的措施,试图以此刺激出口。为保护本国市场,各国同时又竞相提高关税税率,高筑关税壁垒,最终导致国际贸易市场处于封闭甚至割裂的状态,世界贸易秩序陷入一片混乱。基于对"大萧条"灾难性后果的深刻反思,克莱顿明确指出,"一个稳定的货币体系是拓展国际贸易的关键"①。在克莱顿看来,战后国际经济领域将至少有两个问题与稳定的货币体系直接相关:(1)国际债务问题。克莱顿指出,在战争结束之后,国际债务问题将随之凸现。如果能够建立一个稳定的货币机制,所有的国际债务问题就可以得到有效的管理。随着各国货币以稳定的汇率同黄金挂钩,债务国

---

① Gregory A. Fossedal, *Our Finest Hour*, p.118.

将不会遭遇20世纪20年代那样的货币贬值，因此，债务国就没有必要恶意拖欠应偿还的贷款，高筑关税和贸易壁垒，或从事严格的货币管制以暂时减轻债务压力。（2）贸易收支和资本流动的严重失衡问题。克莱顿明确意识到，在战后初期，世界各国间将存在严重的贸易收支和资本流动的不平衡。鉴于战争期间形成的巨大的生产能力，美国将不得不积极开拓出口市场；同时，欧洲的重建也需要大量进口美国的商品和输入美国的资本，而这又将加剧美欧间业已存在的贸易收支失衡状况。正因为如此，美国和欧洲都需要一个稳定的货币机制，以此确保贸易往来和资本流动不致因货币或汇率的不稳定而陷入停滞甚至混乱的境地。基于上述缘由，克莱顿坚信，设计并建立一个稳定的战后国际货币金融体系是美国必不可少的政策和战略选择。①

"怀特计划"公布后，克莱顿立即作出了积极的响应。就稳定基金计划而言，克莱顿认为，怀特的创新设计就在于稳定基金将致力于运用短期贷款的形式以帮助缺乏外汇的国家平衡贸易收支，从而避免有关国家"任意改变汇率或实施外汇管制"。就复兴开发银行计划而言，克莱顿指出，怀特设计的成功之处就在于复兴开发银行将通过提供贷款担保以促进私人借贷和融资而非提供资金清算，从而有助于避免将复兴开发银行变成一个事实上的货币膨胀机构。换言之，稳定基金的汇率稳定功能和复兴开发银行的贷款担保功能均将有助于推动自由贸易和自由投资的发展，因此，克莱顿对"怀特计划"的原则宗旨均持积极拥护和支持的态度。② 更为

---

① Gregory A. Fossedal, *Our Finest Hour*, p. 119.
② Ibid., pp. 120, 122.

克莱顿

重要的是,正如怀特以及其他美国官员所抱有的信念一样,克莱顿对稳定基金计划亦寄予厚望,并将其视作构筑美国领导下的战后国际货币金融体系的核心。因此,克莱顿对认缴额与投票权挂钩的设计尤为赞赏,坚信在美国拥有最大比例认缴额的情况下,此种安排将足以确保"山姆大叔"在稳定基金以及国际货币金融体系中扮演"决定性的角色"。①

在积极支持"怀特计划"的同时,克莱顿还充分利用直接参加有关谈判的机会,竭力推进"怀特计划"的实施。1943年10月11日,美英两国在华盛顿就复兴开发银行计划举行了首次正式会谈,参加会谈的有美国的怀特和英国的凯恩斯②、罗宾斯等,克莱顿以商务部长助理的身份参加了此次谈判并发挥了积极的作用。会谈开始后,怀特首先介绍了复兴开发银行计划。凯恩斯随即提出了两个问题:(1)英国首先关心的是复兴开发银行资本金的构成和数额,希望就此展开讨论;(2)确定复兴开发银行与贸易收支平衡问题的关系。凯恩斯进而指出,美国的计划没有考虑到债务国与债权国的不同地位,英国对复兴开发银行资本金的认缴将恶化英国的贸易收支状况;同时,英国认为复兴开发银行对贷款的使用限制过多,强调借款国

怀特(左)与凯恩斯

---

① Gregory A. Fossedal, *Our Finest Hour*, p. 130.
② 约翰·凯恩斯(John M. Keynes),英国著名经济学家,"凯恩斯主义"经济理论体系的创立者,长期供职于英国财政部并担任高级顾问,第二次世界大战期间致力于英国战后国际金融政策和国际经济秩序的研究,并提出了"国际清算联盟计划"。

应有自由使用贷款的权力。

面对凯恩斯的质疑,怀特作出了针锋相对的回答。怀特指出,复兴开发银行并非旨在解决贸易收支平衡问题,而将主要致力于促进私人投资并提供担保,贸易收支平衡问题将由稳定基金负责调整;怀特同时强调,出于政治方面的原因,复兴开发银行无疑将对贷款的分配和使用作出限制。克莱顿对怀特的观点表示赞同并强调指出,复兴开发银行计划的有关条款已经为贷款的自由使用规定了相应的空间。①

实际上,凯恩斯的质疑也反映了英国在战后国际金融领域最为关切的两个问题,即贸易收支平衡问题和国际清算能力问题,解决这两个利益攸关的问题正是凯恩斯提出"国际清算联盟计划"(又称"凯恩斯计划")的意图所在。② 令凯恩斯沮丧的是,"国际清算联盟计划"因遭美国拒绝而搁浅。但凯恩斯竭力维护英国利益的立场仍旧坚定不移,即使是在谈判复兴开发银行之际依然希望建立一个拥有更多资本金和更多自由权的复兴开发银行。

10月11日的谈判因怀特和凯恩斯的争论而陷入了拉锯式的争吵。考虑到英国的实际困难并为打破谈判僵局,克莱顿建议美国方面适当调整过于僵硬的条款,放宽对贷款使用的限制,以期弥合美英分歧,推动复兴开发银行计划的谈判。③

怀特经斟酌后最终接受了克莱顿的建议,对"怀特计划"作出了相应调整:(1)增加稳定基金的资本总额以加强其平衡贸易收支

---

① *FRUS*,1943,Vol. I,pp. 1092—1093.

② 有关"国际清算联盟计划"的详细内容,可参见 *FRUS*,1942,Vol. I,pp. 203—221。

③ *FRUS*,1943,Vol. I,p. 1095.

克莱顿　的能力,同时增加美国在稳定基金和复兴开发银行中的认缴额。克莱顿对此表示赞同,因为这符合克莱顿的信念,即美国应在战后世界中承担起领导责任。克莱顿还认为,增加美国的认缴额同样有助于扩大美国的出口贸易。克莱顿指出,"为使美国充分利用国外的潜在市场,帮助其他国家获得美元以恢复贸易支付能力是十分必要的"①。此外,克莱顿明确意识到,为确保稳定基金长期发挥取消外汇管制和促进世界贸易的作用,作为世界上最大的债权国,美国也应当增加其在稳定基金中的认缴额。②(2)调整"稀缺货币条款",增加贸易收支顺差国在恢复贸易收支平衡中的义务。调整后的该条款规定:当稳定基金持有的某国货币低于该国认缴额的15%并呈继续下降的趋势时,该货币便成为稀缺货币,稳定基金将与该国共同采取措施予以纠正,其中不排除允许其他国家对该国的贸易实施一定程度的歧视。克莱顿对新的"稀缺货币条款"亦持理解态度,认为它有助于防止有关国家采取通货膨胀或通货紧缩的货币政策。③(3)明确规定了复兴开发银行资本金的具体用途和适用比例,适当放宽了复兴开发银行计划对贷款使用的严格限制。按照调整后的复兴开发银行计划的有关条款,复兴开发银行80%的资本金将被指定用于为私人投资提供担保,其余20%可用于复兴开发银行的直接投资。该项规定在坚持复兴开发银行计划的基本原则的同时,在一定程度上满足了英国对增加国际清算能力的迫切需求,因而得到了英国的认可。从中不难看出,克莱顿的建议

---

① Gregory A. Fossedal, *Our Finest Hour*, pp. 130, 135.
② Fredrick J. Dobney, ed., *Selected Papers of Will Clayton*, pp. 100—101.
③ Gregory A. Fossedal, *Our Finest Hour*, p. 135.

对于缓解英国方面的抵制和不满、推动"怀特计划"的谈判进程和贯彻实施、促成《布雷顿森林协定》的签署起到了不容忽视的作用。

1944年12月,克莱顿就任负责对外经济事务的助理国务卿。在致前国务卿赫尔的一封信中,克莱顿明确表示将为自由贸易而战。① 1945年初,《布雷顿森林协定》正式提交美国国会审议批准。出于推进多边自由贸易的坚定信念,克莱顿旋即投入了呼吁国会批准《布雷顿森林协定》的行列之中。

(二) 呼吁美国国会批准《布雷顿森林协定》

按照约定的程序,《布雷顿森林协定》将分别由签署各国议会批准并符合协定规定的条件后方可正式生效。于是,美国战后国际金融政策的设计和谈判者在完成了"怀特计划"的谈判之后,随即又马不停蹄地展开了游说国会的努力。

1945年2月12日,罗斯福总统正式将《布雷顿森林协定》提交国会参众两院审议批准。在致国会的咨文中,罗斯福总统首先阐述了国际货币基金组织和国际复兴开发银行对于维护世界和平与繁荣的重要意义并指出,"和平的制度建设必须建立在国际政治和国际经济合作的牢固基础上",从这个意义上讲,国际货币基金组织和国际复兴开发银行将成为"国际经济合作的奠基石"。罗斯福总统尤其强调了《布雷顿森林协定》在确立美国金融领导地位中的重要作用,并明确指出,"现在正是美国履行领导职责、确立国际经济合作原则的良机……《国际货币基金协定》则是旨在维持外汇汇率稳定的金融制度……它为国际汇率和国际货币领域确立了一套

---

① Gregory A. Fossedal, *Our Finest Hour*, p.136.

克莱顿

基于一致同意基础上的原则、规范和行为规则"。有鉴于此,罗斯福总统呼吁国会尽快采取行动以批准《布雷顿森林协定》,并批准美国成为国际货币基金组织和国际复兴开发银行的成员国。①

3月7日—4月11日,美国众议院银行和货币委员会就《布雷顿森林协定》的审议批准举行了一系列听证会。财政部长摩根索一马当先,在听证会的第一天就率先发出了请求批准《布雷顿森林协定》的呼吁。摩根索指出,政治安全和经济安全是相互联系、缺一不可的,"《布雷顿森林协定》就是实现政治和经济安全总体规划的一部分"。摩根索进而阐明了《布雷顿森林协定》在战后国际政治经济关系中的重要作用,指出为避免"大萧条"悲剧的重演,"有关国家的政府必须首先达成货币稳定的协议",而提交审议的《布雷顿森林协定》,尤其是其中的《国际货币基金协定》"则为国际汇率的稳定提供了手段和工具……并将成为迈向取消国际贸易中最危险的限制措施的重要步骤"②。

紧随摩根索之后,助理国务卿艾奇逊和克莱顿,财政部长助理怀特等亦先后前往国会山作证并支持《布雷顿森林协定》的批准。除此之外,为确保《布雷顿森林协定》顺利获得批准,艾奇逊、克莱顿和怀特等三人还通力合作,设计了详细周密的游说战略并进行了具体的分工:怀特主要负责撰文宣传《布雷顿森林协定》并争取新闻界的合作与支持,艾奇逊致力于游说国会议员以争取更多的赞成票,克莱顿则毫不犹豫地承担了在全美各地进行巡回演讲以

---

① *DAFR*, Vol. Ⅶ, 1944—1945, pp. 512—515.
② Ibid., pp. 510, 520—525.

赢得公众舆论的重任。①

基于商定的分工程序，除在听证会上请求批准《布雷顿森林协定》之外，克莱顿更多地利用巡回演讲之机向美国公众发出了支持《布雷顿森林协定》的呼吁。例如，在底特律经济俱乐部的一次演讲中，克莱顿就对《布雷顿森林协定》的作用进行了全面深入的分析。克莱顿首先指出，美国在战后将有大量剩余产品亟待寻找出口市场，而世界上其他国家，尤其是欧洲国家则需要进口美国的产品，但战后进出口贸易问题的关键就在于美元支付能力。由于众所周知的原因，目前这些国家尚无力支付从美国的进口，有鉴于此，如何解决美元支付和汇率稳定问题就成为美国设计和谈判《布雷顿森林协定》的重要考虑之一。在谈到国际货币基金组织时，克莱顿认为，"国际货币基金组织旨在防止国际经济战的重演"。鉴于两次世界大战之间国际经济战最糟糕的表现形式就是外汇管制以及歧视性和竞争性的货币贬值，因此，《国际货币基金协定》所规定的汇率稳定和取消外汇管制条款正是为了防止这类性质的经济战。克莱顿表示相信，《国际货币基金协定》的制度原则"构成了国际货币秩序稳定的基本要素并提供了游戏规则，加入国际货币基金组织的国家将承诺遵守这些规则并为共同利益采取一致行动"。克莱顿进而从政治层面进一步阐述了国际货币基金组织的作用，指出"国际货币基金组织将有利于促进集体安全，因为它寻求在国际金融和经济领域重建秩序，而该领域的秩序同其他（国际政治经济）秩序是密不可分的"。在谈到国际复兴开发银行时，克莱顿表示，国际复兴开发银行将通过提供贷款担保以促进国际投资，但这

---

① Gregory A. Fossedal，*Our Finest Hour*，p.140.

克莱顿

绝不意味着国际复兴开发银行将取代私人投资,因此,国际复兴开发银行对于有效保护美国在战后的私人国外投资具有不容置疑的重要意义。总之,克莱顿深信,"布雷顿森林制度的基础……就是通过一致行动以促进世界经济的发展和集体安全"①。此外,在呼吁国会批准《布雷顿森林协定》的一次广播演讲中,克莱顿还严厉斥责了国际货币秩序混乱和外汇管制措施的弊端,并指出,"《布雷顿森林协定》的目标就是旨在摈弃外汇管制等阻碍贸易发展的限制条件,以此促进所有国家间的商品和服务贸易往来"。克莱顿认为,"为确保民主制度和私有企业制度在世界上的继续生存,有关国家就必须采取切实有效的措施以防止国际经济战和货币战的幽灵重现,因为在两次世界大战的间隔期间,所有国家实际上均沉溺于此"②。从实际效果上看,克莱顿所发表的一系列富有针对性的演讲与包括克莱顿在内的美国政府官员在国会的努力两相呼应,对于唤起美国公众舆论支持《布雷顿森林协定》无疑产生了积极的影响。克莱顿的演讲不仅进一步表明了他对《布雷顿森林协定》的明确支持和拥护,同时也再次体现了他在推动布雷顿森林体系建立过程中所发挥的特殊作用。值得注意的是,在呼吁批准《布雷顿森林协定》的同时,克莱顿亦不失时机地为即将出台的"多边自由贸易计划"作了相应的舆论铺垫,认为"《布雷顿森林协定》的成功将在很大程度上取决于贸易歧视的最终取消和贸易壁垒的普遍削减……否则,《布雷顿森林协定》所带来的有益成果将会是昙花一

---

① Fredrick J. Dobney, ed., *Selected Papers of Will Clayton*, pp. 132—134.
② Gregory A. Fossedal, *Our Finest Hour*, pp. 118—119.

现或代价高昂的"①。

在克莱顿等人的努力下,《布雷顿森林协定》在美国众议院的审议并没有遇到太多的纠葛和麻烦。6月7日,众议院以绝对多数票通过了《布雷顿森林协定》。②

1945年7月,《布雷顿森林协定》提交美国参议院审议批准,其间,以资深参议员罗伯特·塔夫脱(Robert A. Taft)为代表的国会保守势力对《布雷顿森林协定》发起了一场严厉的责难。塔夫脱认为,美国在国际货币基金组织中的认缴额实际上就是"将金钱投入老鼠洞";美国不仅"扮演了圣诞老人的角色",而且,这一角色还是通过一个美国在其中只有1/3投票权的国际组织才得以实现的。有鉴于此,塔夫脱声称《布雷顿森林协定》本应设计一个特别条款,借此阻止拒不采取任何措施以促进货币稳定和自由贸易的国家擅自分配美国在国际货币基金组织和国际复兴开发银行中的认缴额。③ 为反驳塔夫脱的指责,艾奇逊、克莱顿和怀特再次不厌其烦地向参议院解释国际货币基金组织和国际复兴开发银行的作用与意义,指出塔夫脱等人对《布雷顿森林协定》的理解是片面的和错误的。克莱顿进而坦陈,其他国家无疑将从《布雷顿森林协定》中获益,但美国的对外经济政策中"并非只有圣诞老人哲学的单一因素。恰恰相反,除去未来的和平问题之外,美国将是《布雷顿森林协定》的主要受益者之一"④。克莱顿等人的努力显然收到了积极

---

① Richard N. Gardner, *Sterling-Dollar Diplomacy in Current Perspective: The Origins and the Prospects of Our International Economic Order*, New York: Columbia University Press, 1980, p. 136.

② *DAFR*, Vol. Ⅶ, 1944—1945, p. 511.

③ Gregory A. Fossedal, *Our Finest Hour*, pp. 138—139.

④ Fredrick J. Dobney, ed., *Selected Papers of Will Clayton*, p. 131.

克莱顿

的成效。在参议院正式审议《布雷顿森林协定》之际,塔夫脱有关推迟审议的动议被当场否决。随后,塔夫脱又提出了两项修正案:一是规定国际货币基金组织成员国在取消所有的货币和贸易限制之前将无权享受基金的资源;二是建议将《布雷顿森林协定》退回银行和货币委员会并删除有关国际复兴开发银行的所有条款,只保留有关国际货币基金组织的条款。塔夫脱的这两项修正案均被参议院否决。1945年7月19日和20日,美国两院分别通过了《布雷顿森林协定法》(Bretton Woods Agreements Act),并同意美国成为国际货币基金组织和国际复兴开发银行的成员国,杜鲁门总统随即于7月31日签署了该法案。① 至此,美国国内围绕批准《布雷顿森林协定》的争论终于画上了句号,美国由此成为第一个完成《布雷顿森林协定》审议批准程序的国家。

在美国国会审议批准《布雷顿森林协定》期间,第二次世界大战宣告结束,罗斯福总统在战争胜利来临之前却溘然病逝,杜鲁门宣布继任美国总统。与此同时,大西洋彼岸的英伦三岛亦经历了一场政局变化,丘吉尔领导的保守党政府在7月的选举中失利,艾德礼领导的工党政府上台执政。新的英国政府一方面开始实施大规模的国有化计划;另一方面,日渐恶化的经济形势也使艾德礼政府无暇他顾,并不得不再次向美国发出了求援的呼吁。因此,直到1945年11月,英国仍然没有批准《布雷顿森林协定》。

作为负责对外经济事务的助理国务卿,克莱顿对英国这个最重要的盟国的经济困难给予了极大的关注。为避免英国经济在战后陷入崩溃甚至破产,克莱顿力主美国应以贷款的方式援助英国

---

① *DAFR*, Vol. Ⅶ, 1944—1945, pp. 511—512, 537.

并借此全面推进美国的战后对外经济战略和政策计划。于是,在克莱顿的竭力倡导下,一场影响深远的对英贷款谈判逐渐拉开了帷幕。

第三节　倡导对英贷款谈判以推进多边贸易政策

以美国提出的削减贸易壁垒和取消歧视待遇原则为基础重塑战后国际贸易秩序是美国既定的战略目标。随着《布雷顿森林协定》的签署,美国领导下的战后国际货币金融体系即将建立。在这种背景下,切实推进美国倡导的多边自由贸易政策以构筑美国领导下的战后国际贸易秩序就成为美国政府的一项迫在眉睫的任务。换言之,鉴于国际贸易政策与国际金融政策之间存在着千丝万缕的内在联系,《布雷顿森林协定》的签署进一步增强了多边自由贸易政策的紧迫性。克莱顿就明确指出,多边自由贸易是实现《布雷顿森林协定》政策目标的必要条件;如果有关国家不能在尽可能短的时间内就削减贸易壁垒和取消歧视待遇原则达成相应协议,《布雷顿森林协定》将变得"毫无意义"①。为此,包括克莱顿在内的美国政策设计者深感必须采取有效措施以加速推进多边自由贸易政策的谈判进程。

除了确保实现《布雷顿森林协定》的政策目标之外,推进多边贸易政策的紧迫性还与美国对美英贸易政策谈判的经验总结密切相关。自1941年《大西洋宪章》发表以来,美英两国就战后贸易政

---

① Fredrick J. Dobney, ed., *Selected Papers of Will Clayton*, pp. 133—134.

克莱顿

策问题进行了长达4年的磋商。美国竭力主张战后国际贸易秩序的设计必须坚持削减贸易壁垒和取消歧视待遇的多边自由贸易原则,而英国出于捍卫帝国特惠制的考虑却始终拒绝对此作出承诺。巨大的政策分歧和利益冲突导致美英贸易政策谈判没有取得任何实质性进展。有鉴于此,克莱顿认为对英贷款不仅是帮助英国摆脱经济困境的手段,更是迫使英国接受美国多边自由贸易政策原则的有力筹码。进而言之,作为贸易政策谈判的主要对手,酝酿对英援助为"山姆大叔"敦促英国接受美国的政策原则、实质性地推进贸易政策的谈判进程提供了难得和有利的契机。正是基于推进多边贸易政策的战略考虑,克莱顿在对英贷款和贸易政策谈判中发挥了积极的主导作用。

就英国方面而言,面对满目疮痍的家园国土和捉襟见肘的财政经济,英国政府深知获得美援是英伦三岛摆脱经济困境和实现战后重建的必要条件,因此,美英两国早在1945年夏就已经着手考虑战后援助问题,积极寻求达成援助协议的方式和条件。在此进程中,克莱顿发挥了积极的政策设计和政策推动作用。1945年6月25日,克莱顿就美国的战后对英援助问题提出了一个原则性的政策方案,由此开启了美国酝酿对英援助的进程。克莱顿首先明确指出,鉴于英国在美国对外政策中的特殊地位,美国战后对外经济政策的推进首先必须取得英国的合作,但另一方面,英国严峻的财政经济困难已经成为实现多边自由支付和削减贸易壁垒的最大障碍,并有可能严重损害美国战后对外经济政策计划的最终成功,从这个意义上来讲,向英国提供财政援助毫无疑问是符合美国的利益的。但克莱顿随即强调,美国拟议中的对英援助绝不是"随意施舍的礼物",它必须附带相应的条件,以"确保稳步推进美国的战后目标"。基于此种政策考虑,克莱顿建议,这些附带条件主要应当包括两点:(1)英国必须承诺终止英镑区的美元共享政策,并实现经常项目下英镑的非歧视自由兑换。(2)英国必须承诺取消或实质性削减帝国特惠关税并承担非歧视贸易的义务,这一承诺必须在多边贸易协定中予以明确规定。总之,在克莱顿的政策设想中,美国向英国提供援助的基本目标就是敦促英国遵守《布雷顿森林协定》的规定并重新回到多边主义的轨道上来。① 克莱顿还特别指出,英国在非共产主义世界经济体系中处于关键地位,是美国最重要的西方盟国,但如果没有美国提供的过渡时期援助,"英国政府将不可能接受(自由贸易的)多边主义"②。由此可见,克莱顿有关对英援助设想的重要意义就在于,它实际上奠定了美国对英援助政策的基本立场,即战后财政援助与贸易政策挂钩。

此时,大洋彼岸的英国也在考虑向美国提出战后财政援助的请求。随着欧洲战争接近尾声,英国的财政和经济压力日渐加大,寻求美援随即成为英国政策议程的重中之重。面对难以回避的财政经济压力,英国首相丘吉尔也不得不改变多年来一直面对美国的经济政策攻势所采取的消极和拖延态度,主动提出与美国协商战后经济问题,期望借助美国提供的援助以缓解英国的经济困难。于是,在美、英、苏波茨坦会议期间,丘吉尔于7月24日致函杜鲁门总统,建议由英国政府于9月初派遣一个拥有一定授权的代表团

---

① *FRUS*, 1945, Vol. Ⅵ, pp. 54—56.
② Randall B. Woods, *A Changing of the Guard: Anglo-American Relations, 1941—1946*, Chapel Hill and London: The University of North Carolina Press, 1990, p. 329.

克莱顿

赴华盛顿与美国方面探讨租借援助之后的财政安排问题。① 7月29日,杜鲁门回函丘吉尔的继任者艾德礼,明确表示接受英国方面的建议,并指派克莱顿于8月初前往伦敦商讨有关安排。②

克莱顿出席波茨坦会议

根据美英首脑在波茨坦会议期间达成的共识,克莱顿受命于8月初赶赴伦敦,其重要使命之一就是敦促英国政府接受财政援助与贸易谈判挂钩的方案,以便为迫使英国接受美国的多边贸易政策原则创造条件。克莱顿抵达伦敦之时,美英官员围绕战后贸易政策的磋商仍在紧张继续,克莱顿凭借提供财政援助的谈判授权,旋即加入了同英国官员的激烈争论。8月3日,风尘仆仆的克莱顿同凯恩斯等英国官员举行了伦敦之行的首次会谈。克莱顿在会谈开始时就抢先提出了财政援助与贸易谈判挂钩的设想,明确阐述了美国政府以财政援助促贸易谈判的原则立场。克莱顿进而强调

① *FRUS*, 1945, The Conference of Berlin (Potsdam), Vol. Ⅱ, pp. 1180—1181.
② Ibid., p. 1184.

指出,财政援助与贸易政策挂钩是美国政府坚定不移的谈判方针,杜鲁门总统、国务院和财政部已就此达成了一致意见;不仅如此,美国国会亦会将美英就多边贸易政策达成协议作为批准对英贷款的前提。面对克莱顿咄咄逼人的态度,凯恩斯除了反复强调英国的财政困难之外别无他法;对于克莱顿提出的贷款条件,凯恩斯声称在请示新内阁之前将无权对此作出任何承诺。① 在等待了十余天之后,克莱顿与凯恩斯等英国官员于8月14日再度会晤。克莱顿重申了将财政援助与贸易政策挂钩的谈判议程设想并敦促英方给予明确答复,凯恩斯则继续辩称,鉴于新内阁刚刚组建以及战后诸多事务的繁重压力,英国政府目前还没有时间研究这一广泛的政策问题。随后,凯恩斯试探性地提出了英方的看法,力图割断财政援助与贸易谈判的联系,即财政援助谈判应是美英两国优先考虑的问题,贸易政策谈判则可推迟到1946年。显然,英国方面的提议有违美国政府的谈判初衷,因而遭到了克莱顿的断然拒绝,称英国的建议毫无谈判基础,完全背离了美国政府所设计的议程。凯恩斯旋即威胁道:"如果这就是美国的态度,那么,英国将被迫选择双边主义的贸易政策。"克莱顿毫不示弱地以对英贷款的筹码回敬了凯恩斯:"如果英国希望讨论新贷款,它就必须放弃此种立场。"② 由此可见,双方的观点可谓南辕北辙:英国方面仅仅关心尽快获得美国的财政援助,但对贸易政策谈判却采取了搪塞的态度;美国方面则坚持将财政援助谈判与贸易政策谈判挂钩的立场,认为美英就贸易政策达成协议是提供贷款援助的先决条件和前提,

---

① *FRUS*, 1945, Vol. Ⅵ, pp.79—85.
② Ibid., pp.97—100, 104.

克莱顿明确反对英国割裂财政援助谈判与贸易政策谈判关联性的政策意图。

鉴于英国对美国的政策松动仍然抱有幻想,拒绝对克莱顿的建议作出明确表态,美英伦敦谈判一时难以推进。为配合克莱顿在伦敦的政策攻势,加大向白厅施压的力度,迫使英国方面接受美国提出的谈判议程和谈判原则,美国政府不失时机地拿出了租借援助的王牌。8月21日,白宫突然发表声明,宣布终止租借援助①,从而向英国发出了强烈的信号。进而言之,美国政府选择此时发表这一声明无疑具有策应克莱顿的政策意图,但"约翰牛"对美国政策的具体落实仍然抱有延宕的侥幸心理,对克莱顿在伦敦提出的财政援助—贸易政策谈判挂钩的建议仍然不置可否,谈判前景仍不明朗。于是,美国政府再次决定采取进一步的外交强制措施以廓清伦敦谈判的局势。一方面,国务卿贝尔纳斯(James F. Byrnes)于8月27日亲自致电身处谈判前沿阵地的克莱顿,明确表示坚决支持克莱顿的观点,即如果美英不能就贸易政策达成相应的协议,过渡时期的财政安排就无从谈起。与此同时,贝尔纳斯还要求克莱顿转告英国方面:美国政府的谈判立场决不会改变,"英国人必须明白,不仅财政安排与贸易政策应当紧密地联系在一起;而且,如果不能将贸易政策的讨论作为整个谈判议程的一部分同时进行,财政对话就不会取得任何成果"②。另一方面,美国对外经济管理署署长克劳利亦于8月31日正式通知英国财政部驻美官员,宣布美国将立即停止向英国提供一切租借物资,同时要求英方

---

① *FRUS*,1945,Vol. Ⅵ,p. 109.
② Ibid.,p. 110.

"在数小时内予以答复"①。美国政府的外交努力收到了立竿见影的效果，英国的谈判立场应声而变，因为除了必须争取美国的财政援助以应对每况愈下的财政状况之外，美国所提供的粮食、燃料以及其他物资亦是英国维持最基本的生活水平所不可或缺的，面对几近崩溃的经济状况，英国除了接受美国的条件之外别无选择。换言之，"对战后贷款的如饥似渴的需求是英国愿意重开与美国的贸易对话的主要原因"②。于是，英国政府不得不迅速调整谈判立场，决定接受克莱顿所提出的财政援助—贸易政策谈判挂钩的议程安排。英国首相艾德礼旋即于9月1日致电杜鲁门总统，表示同意美国提出的谈判议程，即美英华盛顿谈判应包括租借援助的清算及其处理条件、租借援助之后的财政安排和贸易政策三大部分。③ 由此不难看出，美国利用英国的经济困境，采用强制外交的手法最终敦促英国接受了由克莱顿提出的财政援助与贸易政策挂钩的谈判议程安排，迫使英国重新回到了贸易政策的谈判桌上，并为美国创造了有利的谈判转折点。同时应当看到，在实现这一谈判转折的过程中，克莱顿可谓功不可没。

在完成了伦敦之行的使命之后，克莱顿随即赶回华盛顿，全力投入了多边自由贸易具体计划的拟定以及贸易政策谈判的准备工作之中。实际上，在担任助理国务卿之初，克莱顿就将多边自由贸易计划方案的起草作为工作的重点，并组织其贸易政策设计班子在吸取美英贸易政策谈判经验的基础上，围绕具体落实削减贸易壁垒和取消歧视待遇原则展开了认真细致的研究。经过半年多的

---

① *FRUS*, 1945, Vol. Ⅵ, p. 113.
② Randall B. Woods, *A Changing of the Guard*, pp. 217—218.
③ *FRUS*, 1945, Vol. Ⅵ, pp. 113—115.

克莱顿

精心酝酿和论证,美国具体的多边自由贸易计划终于初现端倪。1945年9月7日,由克莱顿担任主席的美国对外经济政策执行委员会正式提出了一份"关于建立国际贸易组织的计划",以"作为同英国官员进行决定性谈判的基础"。9月11日,杜鲁门总统批准了该计划[①],这就是通常所称的"国际贸易组织计划"。该计划是在克莱顿亲自主持下制定完成的,是克莱顿及其贸易政策设计班子集体智慧的结晶,并且是美国政府根据多边自由贸易政策原则提出的第一个初具规模的计划。它在削减贸易壁垒和取消歧视待遇原则的基础上更加详细地阐述了美国多边自由贸易的立场观点和政策主张,并随即作为政策文件递交给英国政府,成为美英华盛顿贸易政策谈判的基础。

在起草并提出具体的贸易政策计划的同时,克莱顿还积极参与了美英华盛顿谈判的筹备工作。根据克莱顿以及国务院的建议,美国政府按照所涉及的内容将华盛顿谈判分为四个专门小组并任命重要官员负责:(1)由新任财政部长文森(Fred M. Vinson)担任小组主席的金融小组将主要讨论战后过渡时期的财政安排以及美国提供的财政援助问题、英镑区美元共享问题以及《布雷顿森林协定》所规定的货币自由兑换问题。(2)由克劳利主持的租借小组将着重讨论与租借援助以及租借援助清偿有关的问题。(3)由克莱顿担任主席的贸易政策小组将主要围绕美国方面提出的"国际贸易组织计划"展开磋商与讨论,以便为全面推进美国的多边自由贸易政策铺平道路。(4)由剩余财产委员会主席赛明顿(W. Stuart Symington)担任小组负责人的剩余财产处置小组将主要讨

---

① *FRUS*, 1945, Vol. Ⅵ, pp. 117—119.

论其他相关问题。① 至此,美国政府从政策设计到组织安排等方面完成了美英华盛顿财政和贸易谈判的筹备工作,有关的议程安排也充分体现了克莱顿所竭力主张的财政援助与贸易政策挂钩的谈判程序设计。

凭借财政援助与贸易政策挂钩的谈判原则,华盛顿方面已然摆开决战的架势以期推动美英贸易政策谈判取得突破性进展。对此,伦敦方面心知肚明却又疑虑重重。虽然迫于美国的外交压力,英国最终接受了将财政援助与贸易政策谈判挂钩的议程安排,但英方的矛盾心理却是不言而喻的。换言之,英国的矛盾心理主要体现在两个方面:首先,随着租借援助的戛然终止,本已左支右绌的英国财政更是雪上加霜,因此,寻求美国的财政援助以确保国内基本的生活水平和经济重建就成为刚刚组阁不久的工党政府的紧迫之务,故英方急于同美国展开财政援助对话。其次,鉴于美国坚持财政援助与贸易政策挂钩的谈判原则,作为有求于美国的一方,英国官员又始终担心没有足够的谈判筹码以维护英国的利益;不仅如此,伦敦方面还深知美国将会充分利用提供财政援助之机以迫使英国接受"山姆大叔"的贸易政策原则和计划②,有鉴于此,英国政府对贸易政策谈判又表现得举棋不定。在这种背景下,英国于9月初就组成了财政代表团赴美并于9月11日开始与美方进行财政谈判。③ 对于贸易政策谈判,英国则想方设法地寻找理由予以拖延,称由于熟悉贸易政策的官员需留在伦敦向内阁解释美国的"国际贸易组织计划"并进行政策研究,因此,在英国内阁就美国的

---

① *FRUS*, 1945, Vol. Ⅵ, pp. 121—122.
② Ibid., pp. 94, 135.
③ Ibid., p. 122.

克莱顿

计划作出正式决定之前,贸易代表团将不可能被派往华盛顿。① 对于英国方面仍然试图寻找回旋余地并蓄意拖延的企图,美国政府表现出强烈不满并采取了相应的措施。9月6日,即英国财政代表团抵达华盛顿的当天,代理国务卿艾奇逊和助理国务卿克莱顿就迫不及待地联名致电美国驻英大使怀南特,指示其向白厅施压并重申美国政府的原则立场,即"贸易政策谈判必须与财政谈判同时进行……英国贸易代表团不应再行拖延,而且,贸易代表团必须与财政代表团一样具有同等级别并获得授权,以便就所有的贸易政策问题进行详细的讨论。否则,财政对话只会是浪费宝贵的时间"②。

面对美国的步步紧逼,英国已经毫无招架之功,特别是财政谈判将无果而终的威胁更如一柄利剑直击英国的要害,除了作出妥协之外英国已别无选择。于是,英国政府最终决定在9月下旬派出贸易代表团赴华盛顿参加谈判,并向美国重申了在英联邦特惠制问题上"毫不妥协的立场"。鉴于英联邦特惠制事关英国的核心利益,因此,英国认为特惠谈判必须与关税谈判挂钩,"特惠必须纳入关税谈判的框架之内。如果没有关税谈判的总体方案,也就不会有特惠制的谈判方案"。英方强调指出,"谨慎处理特惠制问题的政治重要性将是英国首要的政策考虑"③,这就表明英联邦特惠制问题将再度成为美英贸易谈判的焦点。

随着英国贸易代表团抵达华盛顿,美英贸易谈判旋即拉开了帷幕。10月1日,由美英贸易代表团组成的美英贸易政策委员会

---

① *FRUS*, 1945, Vol. Ⅵ, p. 116.
② Ibid., pp. 116—117.
③ Ibid., pp. 127—128.

(US-UK Committee on Commercial Policy)在克莱顿的主持下举行了第一次会谈,着重讨论了相关的程序安排问题,并就贸易政策多边安排的谈判程序和实施步骤达成了一致。美英初步商定拟议中的贸易和就业国际会议将于 1946 年 6 月举行,此前则应先期举行由主要贸易国家参加的筹备会议。①

10 月 2 日,美英贸易政策委员会举行第二次会谈,双方围绕取消特惠制问题展开了一场激烈的拉锯战。克莱顿明确表示,美国政府已对"国际贸易组织计划"作了进一步补充和完善,其有关关税与特惠的条款应当作为处理特惠制问题的基本原则,有关国家应同意采取迅速有效的政策措施以期实质性地削减进口关税和取消特惠关税。克莱顿进而详细解释了美国提出的有关关税与特惠的具体规则:(1)禁止增加所有的特惠关税差额幅度;(2)特惠关税差额的削减或取消应与最惠国关税的削减相适应;(3)全面废除维持特惠差额的现行国际义务,并禁止谈判和规定此类新义务;(4)作为关税和特惠谈判的一部分,有关国家应作出明确的安排以尽速取消尚存之特惠关税。英国方面则依据关税与特惠挂钩的立场试图最大限度地捍卫帝国特惠制,声称削减特惠关税差额(而非取消特惠制)已经构成了英国重要让步的基础,并应以此作为对其他国家关税减让的交换,从这个意义上讲,最惠国关税的削减不应作为取消特惠制的足够交换条件,因为"全面取消特惠制将使英国在贸易谈判中处于没有任何保护的境地"②。由此不难看出,美国"国际贸易组织计划"中有关关税与特惠的条款已经承认了关税和特惠

---

① FRUS, 1945, Vol. Ⅵ, p. 137.
② Ibid. , p. 138.

克莱顿　挂钩的原则,美英双方分歧的侧重点有所转移:美国坚持主张现在就应对全面废除帝国特惠制作出有关安排;而英国则仅仅同意以削减特惠差额交换关税减让,拒绝对全面取消特惠制作出任何承诺,至此,美英贸易政策谈判完全僵持在是否应就全面取消特惠制作出明确规定上。此间的一段插曲从一个侧面说明了谈判的艰苦程度。在英国驻美大使馆举行的一次招待会上,克莱顿夫人与英国代表团的核心谈判代表凯恩斯不期而遇。克莱顿夫人问道:"您好,凯恩斯勋爵,请问您何时返回英国?"凯恩斯微笑着回答:"当我挨过您固执的丈夫之际。"克莱顿夫人亦巧妙地应对道:"噢,尊敬的凯恩斯勋爵,我真高兴您也发现他如此固执。"① 妙语玄机之中,美英华盛顿财政与贸易谈判的艰难曲折可见一斑。

在随后的会谈中,根据克莱顿的建议,美英绕开特惠制这一引发争议的问题,转而就国有贸易、外汇管制、补贴、卡特尔等问题展开了有惊无险的讨论,双方各自表述了自己的观点:(1)补贴。美国主张允许初级产品的出口补贴;英国则以其农业补贴计划为由强调了国内补贴措施的重要性。(2)外汇管制。英方指出,《国际货币基金协定》已就该问题作出了具体的规定,因此,多边贸易政策协定不应对此作出重复安排。(3)国际卡特尔。对于美国提出的有关国际卡特尔及其限制性商业措施的方案,英国表示原则同意,但强调了个案处理的必要性。(4)国有贸易。英方基本同意美国提出的国有贸易规则。②

由此可见,美英贸易政策谈判中争论的症结仍然是英联邦特

---

① Gregory A. Fossedal, *Our Finest Hour*, p. 114.
② *FRUS*, 1945, Vol. Ⅵ, pp. 140, 144, 149.

惠制问题。为寻求化解分歧的途径,调整各自的立场并避免争论升级,美英贸易政策委员会自10月11日之后没有再举行会谈,有关问题交由附设的技术小组研究处理。① 事实上,尽管美英两国在特惠制问题上再次爆发了激烈的争论,但双方均有达成妥协的迫切愿望。就英国方面而言,力争最大限度地维护英联邦特惠制固然重要,但如果因为特惠制之争而导致贸易政策谈判陷于拖延甚至濒临破裂,那么,财政援助谈判亦有累卵之危,英国方面急切盼望的财政援助也将因此而化为乌有,这既有违英国参加华盛顿谈判的初衷,同时也是伦敦方面所难以承受的。就美国方面来说,借华盛顿财政和贸易谈判之机迫使英国接受美国的多边自由贸易政策以及"国际贸易组织计划"是美国的首要目标,但鉴于特惠制问题牵扯到关乎英国核心利益的敏感而重要的政治因素,美国亦认为必须在坚持原则的前提下作出适当的灵活处理,如果任由特惠制的争论漫无止境地对峙下去,迫使英国就多边自由贸易承担义务的机会将稍纵即逝,美英贸易政策谈判的僵局将有可能重演,从而危及美国多边自由贸易政策计划的推进。有鉴于此,就特惠制问题寻求妥协方案就成为美英双方必须面对的选择。

  正是基于上述政策考虑,美英双方最终在10月31日前根据克莱顿的建议就特惠制问题达成了妥协,这就是所谓的"华盛顿方案",又称为"关税—特惠处置条款",其主要内容为:(1)贸易政策协定应承认关税与特惠制的联系并规定实质性削减关税壁垒和取消特惠关税的条款;(2)有关最惠国关税税率的削减将自动导致特惠关税差额的削减或取消的规定应被视为是取消特惠制的进程中

---

  ① *FRUS*, 1945, Vol. Ⅵ, p. 152.

克莱顿

的第一步,现存国际义务不应成为取消特惠制的障碍;(3)特惠关税的最终取消应与世界贸易壁垒的实质性削减相适应。① 总的来看,"华盛顿方案"基本上认可了克莱顿主持拟定的"国际贸易组织计划"中有关进口关税与特惠制的主要原则,因而仍然在很大程度上体现了美国的政策意图,即"华盛顿方案"确立了取消特惠制的最终目标,规定了最惠国关税税率的削减将自动适用于特惠关税的削减或取消的条款。同时,鉴于英国所面临的严重的财政经济困难以及英联邦特惠制问题对英国的政治敏感性,"华盛顿方案"亦对特惠制问题作出了更具灵活性的处理,即特惠制的削减或取消可分阶段进行,同时承认了特惠制的最终取消与关税减让以及其他贸易壁垒的削减之间的联系。

随着特惠制争论的平息,美英贸易政策谈判迎来了走出低谷的曙光。至10月底,美英贸易政策委员会附设的技术小组就"国际贸易组织计划"的其他问题达成了原则协议。关于外汇管制问题,美英原则上同意贸易政策协定中应包含外汇管制条款,该条款将参照《国际货币基金协定》的有关规定。关于卡特尔问题,美英认为确立有关卡特尔及其限制性商业措施的规则是必要的,但具体适用时应采取个案处理的方法。与此同时,英国再次提出了战后过渡时期的特别措施问题,即在战后过渡时期面临贸易收支平衡问题时,有关国家应拥有自由实施歧视性进口数量限制措施的权利,美国则称此项规则尚需进一步研究。②

华盛顿谈判的阶段性成果明显增强了美英双方的信心,两国

---

① *FRUS*, 1945, Vol. Ⅵ, pp. 152, 160—161.
② Ibid., pp. 152—153.

均对谈判前景表现出了乐观的态度,认为贸易政策谈判已经取得了重大进展,双方在所有的关键性问题上已经或即将达成共同或相近的看法。至 11 月初,美英两国终于就贸易政策达成了初步一致,这主要表现在:(1)关于程序性问题。美英双方共同认可了美国提出的谈判和实施多边贸易政策协定的主要步骤,即①美国政府将于 1945 年 12 月公布由其拟定的"供贸易和就业国际会议审议之计划"。②美国政府将邀请 13—14 个核心国家出席拟定于 1946 年 3 月举行的多边国际会议,以便就美国提出的"供贸易和就业国际会议审议之计划"中的贸易政策部分进行谈判并寻求达成一个多边贸易协定,美国政府将根据《互惠贸易协定法》的授权促使该多边贸易协定顺利生效。③美国政府计划于 1945 年 12 月正式向联合国提交议案,呼吁联合国在 1946 年 6 月发起召开贸易和就业国际会议;核心国家(即主要贸易国家)在 3 月的会议上所达成的多边贸易协定将提交贸易和就业国际会议审议。(2)关于实质性问题。美英双方已经就"国际贸易组织计划"中的特惠制、国有贸易、外汇管制、卡特尔等问题达成了原则性一致,其他有关问题也有望在近几天内谈判解决。①

作为对美英贸易政策谈判的回应,美国方面在吸收并总结美英贸易政策谈判成果的基础上对"国际贸易组织计划"进行了必要的调整和修改,并在克莱顿的主持下于 11 月 5 日起草完成了"供贸易和就业国际会议审议之计划"(美国国务院在 12 月初公布时将名称改为"扩展世界贸易和就业计划")。该计划在坚持削减贸易壁垒和取消歧视待遇原则的基础上对就业政策、国际卡特尔、国际

---

① FRUS, 1945, Vol. Ⅵ, pp. 153, 155—156.

克莱顿 商品协定、贸易政策(含关税政策、特惠制、补贴、外汇管制、国际贸易组织等)均作了更加明确的规定。① 至此,美国多边自由贸易计划的总体框架基本定型。

12月1日,美英贸易政策委员会举行了最后一次会议,作为委员会主席的克莱顿因病未能出席,美国国务院国际贸易政策办公室主任威尔科克斯(Clair Wilcox)受克莱顿之托主持了此次会议。由于双方此前举行的一系列会谈已就谈判涉及的有关贸易政策问题达成了基本共识,因此,此次会议经双方协商后一致通过了两个文件,即(1)"供贸易和就业国际会议审议之计划";(2)"谈判和实施'供贸易和就业国际会议审议之计划'的程序"。会议还决定,美英贸易政策委员会将向美英两国政府建议批准上述两个文件,并希望有关的国际谈判能够最终获致成功。与此同时,英方成员对克莱顿"充满智慧和耐心的领导"表示了由衷的感谢。最后,威尔科克斯宣布美英贸易政策委员会已经成功履行了所担负的使命②,美英贸易政策华盛顿谈判鸣金收兵。

与此同时,美英财政委员会有关财政援助的谈判在经历了紧张激烈的讨价还价之后最终于12月5日宣布结束。作为谈判的成果,美英两国于12月6日在华盛顿签署了《美英财政协定》,其主要内容为:(1)英国政府将获得美国政府提供的低息贷款共计37.5亿美元,年利息为2%;美国方面重申该项贷款的主要目的之一就是"推动英国政府承担多边贸易的义务"。(2)作为取得美国提供的低息贷款的附带条件,英国政府明确承诺将在本协定生效之后

---

① *FRUS*, 1945, Vol. Ⅵ, p. 160; *DAFR*, Vol. Ⅷ, 1945—1946, p. 624.
② *FRUS*, 1945, Vol. Ⅵ, pp. 178—184.

一年内取消英镑区美元共享政策,并同时实现英镑的非歧视的自由兑换。(3)该协定第9部分特别规定,美英两国可在一定条件下实施符合非歧视原则的进口数量限制措施,此项条款将在1946年12月31日之前生效。①

在《美英财政协定》签署的同一天,美国政府不失时机地公布了"扩展世界贸易和就业计划"。与此同时,在美国的坚持和推动下,美英两国政府亦于12月6日发表了一份联合声明,该声明构成为美国推进多边自由贸易政策计划整体步骤中的又一个重要组成部分。换言之,美国通过联合声明的方式成功敦促英国公开支持美国"扩展世界贸易和就业计划"中的"所有重要观点",承诺将在多边关税和贸易谈判中与美国协调一致,"尽其最大努力以使有关谈判获致成功协议";美英两国政府在联合声明中还对谈判和实施美国计划的程序表示完全支持。②

同样是在12月6日,美国总统杜鲁门和英国首相艾德礼亦发表联合声明,共同表达了对"扩展世界贸易和就业计划"的坚定支持,并认为两国就"扩展世界贸易和就业计划"所达成的广泛一致将为战后国际贸易秩序提供坚实的基础。③

由此不难看出,1945年12月6日在美国多边自由贸易政策计划的推进过程中具有非同寻常的特殊意义,《美英财政协定》的签署、"扩展世界贸易和就业计划"的公布以及美英两国的两份联合声明共同烘托出美国多边自由贸易政策在战后推进的第一个高

---

① *FRUS*, 1945, Vol. Ⅵ, pp. 193—194; *DAFR*, Vol. Ⅷ, 1945—1946, pp. 645—649.
② *DAFR*, Vol. Ⅷ, 1945—1946, pp. 627—628.
③ Ibid., pp. 649—651.

克莱顿

潮,标志着美国多边自由贸易政策计划的实施迎来了新的转折点。同样需要强调的是,美英贸易政策谈判所取得的重大成果与克莱顿的积极努力是密不可分的,正是克莱顿所提出的财政援助与贸易政策挂钩的谈判程序设计为美国多边自由贸易政策的突破性进展创造了有利的契机,进而推动英国政府最终基本接受并承诺支持美国的多边自由贸易政策计划。正因为如此,对英贷款谈判无疑是美国为推进多边自由贸易政策而对其权力的最具强制性的使用。[1]

综上所述,《美英财政协定》的签署标志着"山姆大叔"和"约翰牛"之间的贸易政策谈判终于摆脱了自《大西洋宪章》和《租借协定》签署以来持续三年多的胶着状态,美国成功运用对英贷款促使英国政府进一步明确承担了多边自由贸易的义务。正是基于推进多边自由贸易政策计划的视角,克莱顿提出的将财政援助与贸易政策挂钩的谈判策略取得了积极的成果,即美国不失时机地利用英国的困境,以财政援助作为谈判筹码,迫使英国承诺采取有效步骤以推进多边贸易并支持美国的计划。总之,《美英财政协定》"是寻求英国在未来的贸易谈判中支持(美国的)多边自由贸易计划的一个主要步骤"[2],凭借《美英财政协定》的签署以及英国承担的相关义务,美国赢得了推进"国际贸易组织计划"的重大转机。[3] 从这个意义上讲,《美英财政协定》无疑从一个侧面表明,美国是最善

---

[1] G. John Ikenberry, "Rethinking the Origins of American Hegemony", *Political Science Quarterly*, Vol. 104, No. 3, 1989, p. 384.

[2] John C. Campbell, *The United States in World Affairs: 1945—1947*, New York and London: Harper & Brothers, 1947, p. 384.

[3] John H. Ferguson, "The Anglo-American Financial Agreement and Our Foreign Economic Policy", *The Yale Law Journal*, Vol. 55, No. 5, 1946, p. 1156.

于运用经济手段以达到政治和战略目的的国家,国际金融和贸易政策往往成为美国推进外交政策的有力工具。

1945年12月中旬,英国议会上下两院在批准《美英财政协定》的同时亦批准了《布雷顿森林协定》。① 至此,英国能否切实履行《布雷顿森林协定》所规定的义务以及支持美国多边自由贸易政策计划的承诺的关键就在于美国国会能否批准《美英财政协定》。

作为《美英财政协定》的积极倡导者和美国战后国际贸易政策的主要设计者,克莱顿始终将《美英财政协定》的谈判和实施视为促使英国承担多边自由贸易政策义务的有力工具和必要措施,因此,在《美英财政协定》签署之后,克莱顿又不遗余力地投入了美国政府寻求国会批准《美英财政协定》的游说攻势之中。

1946年1月30日,杜鲁门总统正式将《美英财政协定》提交国会审议批准。在致国会的咨文中,杜鲁门总统认为,《美英财政协定》的主要目的之一就是敦促英国政府尽快取消外汇管制和歧视措施,以便为两国经济关系和世界贸易奠定牢固的基础。不仅如此,杜鲁门总统还特别强调指出,对于美国方面而言,《美英财政协定》最重要的意义就在于美国将以此"促使英国全心全意地支持美国提出的'扩展世界贸易和就业计划'并承认将其作为国际谈判的基础"。有鉴于此,杜鲁门总统呼吁国会尽快批准《美英财政协定》。②

但是,《美英财政协定》在美国国内所引起的反响却并不令人乐观。据盖洛普民意测验的调查结果显示,在所有的被调查者中,

---

① DAFR, Vol. Ⅷ, 1945—1946, p. 644.
② Ibid., pp. 651—652.

克莱顿

明确表示反对《美英财政协定》的竟然占到了60%之多,而支持《美英财政协定》的则仅占27%。① 以塔夫脱为代表的共和党保守势力更是毫不动摇地站在了反对《美英财政协定》的最前列。不仅如此,美国国会和商界中一些具有广泛影响力的领导人物,包括许多一贯支持《布雷顿森林协定》和互惠贸易协定计划的著名人士如琼斯、巴鲁克等,均对《美英财政协定》持反对或怀疑态度。由此可见,《美英财政协定》的审议批准面临着前所未有的巨大压力。

为确保《美英财政协定》能够顺利地获得国会的批准并实现美国的政策意图,美国政府官员展开了一系列积极的游说活动。1946年2月11日,国务卿贝尔纳斯在美国对外政策协会发表演讲,详细阐述了《美英财政协定》对美国的现实和长远意义,强烈呼吁国会尽快采取行动以批准《美英财政协定》。贝尔纳斯指出,"对英贷款是美国以达到长远利益为目标的巨大投资",因为《美英财政协定》要求英国政府尽快采取措施以放弃外汇管制制度、取消英镑区美元共享政策、切实废除排他性和歧视性的进口限制措施、积极参与削减世界贸易壁垒的多边谈判等;不仅如此,美国从《美英财政协定》中获得的"最大的利益"就是"英国政府承担了支持美国的贸易计划的义务"。②

紧随贝尔纳斯之后,克莱顿亦发表了一系列演讲,强烈呼吁美国国会和公众支持《美英财政协定》。实际上,早在1945年12月6日的记者招待会上,克莱顿就明确表示,对英贷款将促使英国与美

---

① Gregory A. Fossedal, *Our Finest Hour*, p. 192.
② *DAFR*, Vol. Ⅷ, 1945—1946, pp. 653—656.

国一道为构筑多边贸易体系展开全面合作。① 克莱顿始终坚信，《美英财政协定》为敦促英国奉行多边主义的战后经济政策提供了绝好的机会。克莱顿指出，《美英财政协定》的主要目的之一"就是促使英国能够向美国和其他国家开放其贸易，而不是将其限制在英帝国的范围之内"；如果不能获得必要的援助和贷款，英国方面将被迫作出唯一的选择，即"进一步强化帝国特惠体系"②。有鉴于此，克莱顿反复强调，推动英国奉行多边贸易的唯一途径就是批准《美英财政协定》并向英国提供贷款援助。③

在1946年2月15日的一次演讲中，克莱顿更是全面深入地分析了《美英财政协定》对美国的重要意义以及由此给美国带来的利益。克莱顿首先指出，鉴于英国在战争期间作出了巨大的牺牲，战后初期英国维持基本的生活水平仍需要美国提供援助，因此，对英贷款将主要用于英国进口必要的食物和原材料并弥补巨额的贸易赤字，以便顺利实现由战时生产向和平经济的过渡。在谈到美国向英国提供贷款的政策意图以及美国将获得的利益时，克莱顿坚持认为，就当前利益而言，由于所有的对英贷款将直接或间接地用于在美国购买食物和其他生活必需品，因此，美国的工业和农业都将从中获益。从长远来看，克莱顿坚信《美英财政协定》和对英贷款对美国具有更加重要的意义。首先，作为美国最大的贸易伙伴，英镑区美元共享的取消和英镑的自由兑换对美国的贸易扩展具有无可估量的价值。其次，通过《美英财政协定》的谈判，英国承诺支

---

① Robert R. Wilson, "Toward a World Conference on Trade and Employment", *The American Journal of International Law*, Vol. 41, No. 1, 1947, p. 127.
② Fredrick J. Dobney, ed., *Selected Papers of Will Clayton*, p. 152.
③ Lloyd C. Gardner, *Architects of Illusion*, pp. 131—132.

克莱顿持美国的多边自由贸易政策计划,并愿意同美国一道致力于建立一个多边贸易体系。在这样一个体系中,"世界市场的大门将向美国敞开",美国将毫无疑问地成为多边自由贸易体系的主要受益者。再次,尽管英国遭到了战争的削弱,但英国在世界贸易中仍然居于极其重要的地位,英帝国的贸易额占到了国际贸易的 1/3,因此,英国与美国的合作就显得十分必要,英国的支持是美国的多边自由贸易政策计划取得成功的必要条件和关键因素。克莱顿进而强调,如果美国拒绝批准《美英财政协定》,那么,英国政府将被迫采取以下措施:加强和巩固英帝国的经济联系,尤其是帝国特惠体系;强化英镑区美元共享的政策安排;继续实施歧视美国的进口政策和外汇管制措施。不仅如此,克莱顿还提醒美国国会和公众舆论注意这样一种趋势:随着时间的推移,英帝国特惠体系和英镑集团将更加根深蒂固而难以改变;英联邦国家的政治联系也将更加紧密,这无疑将严重损害美国的全球政治经济地位。正因为如此,美国必须采取一切手段敦促英国承诺取消或逐步取消英联邦特惠体系,进而承担多边自由贸易义务。克莱顿最后明确指出,第二次世界大战为美国领导世界重塑战后秩序创造了转瞬即逝的时机,美国必须寻求与英国的合作,以确保美国的政策计划和战略目标最终实现。有鉴于此,克莱顿强烈呼吁国会批准《美英财政协定》。①

在美国国内围绕是否批准《美英财政协定》而争论不休之际,国际局势和美苏关系亦发生了深刻的变化。从 1946 年初开始,美苏两国在东欧和中欧的对抗态势日渐加剧,在伊朗和土耳其的矛

---

① Fredrick J. Dobney, ed., *Selected Papers of Will Clayton*, pp. 153—161.

盾摩擦有增无减。正是在这种背景下,美国驻苏使馆临时代办乔治·凯南于1946年2月22日向国务院发出了一份长达8000字的电报(此即"凯南电报"),由此初步奠定了美国遏制政策的基础。3月4日,英国前首相丘吉尔在杜鲁门总统的陪同下在美国的富尔敦发表了著名的"铁幕演讲",从而发出了冷战的信号。不容置疑,美苏矛盾的发展和冷战的临近凸现了英国在美国全球战略和对外政策中的重要地位,从而为《美英财政协定》的批准创造了有利的时机。在美国决策者看来,英国是欧洲对抗共产主义的最后一道屏障,而对英贷款无疑是支撑英国这一重要盟国的有效手段。克莱顿不失时机地抓住了美国国会和公众舆论中的反苏倾向,竭力利用苏联威胁论以缓解美国国内对援助英国的抵制情绪并加速推动《美英财政协定》的批准。克莱顿明确指出,从经济上讲,作为欧洲和世界经济中的重要一员,英国是构筑新的自由贸易体系的关键国家;从政治上讲,作为美国最重要的盟国,英国又是自由资本主义制度在欧洲的堡垒。有鉴于此,批准《美英财政协定》并向英国提供财政援助就显得极其必要并且势在必行。①

经过克莱顿等人的艰苦努力,加上美苏矛盾的不断激化,最终扭转了《美英财政协定》审议批准所面临的不利局面。1946年5月和7月,美国参、众两院分别通过了批准《美英财政协定》的决议,7月15日,杜鲁门总统签署了该决议,《美英财政协定》正式生效。②

应当看到,对英贷款谈判是克莱顿担任助理国务卿之后全力参加的第一个具有重要意义的财政和贸易政策谈判。在此期间,

---

① Gregory A. Fossedal, *Our Finest Hour*, pp. 184—185, 196—198.
② *DAFR*, Vol. Ⅷ, 1945—1946, pp. 645, 656.

克莱顿兼权熟计的战略眼光和折冲樽俎的谈判才能再次得到了淋漓尽致的展现。具体地讲,克莱顿在《美英财政协定》谈判过程中的作用主要体现在以下三个方面:第一,率先倡导战后初期的对英援助,并明确提出了财政援助谈判与贸易政策谈判挂钩的策略构想,从而为美国战后对外经济政策的推进创造了条件;第二,主持美英贸易政策委员会的谈判,并在英联邦特惠制问题上适时作出折中,促成英国就遵循多边自由贸易的基本原则和支持美国的贸易政策计划承担了义务;第三,全力游说国会,并从美国全球战略的高度对《美英财政协定》作出了深入浅出的解释,促成了《美英财政协定》的批准与生效。总之,《美英财政协定》谈判第一次充分展示了克莱顿这位新任助理国务卿的政策设计和谈判才能以及战略远见,正如克莱顿的合作者、美国国务院金融与开发政策办公室主任伊米利奥·科拉多(Emilio G. Collado)所言,克莱顿是"1945年《美英财政协定》名副其实的设计师"[①]。随着《美英财政协定》的签署与生效,美国的多边自由贸易政策计划进入了全面推进的阶段,克莱顿也因此担负起了更加艰巨而重大的使命。

---

① Fredrick J. Dobney, ed., *Selected Papers of Will Clayton*, p. 11.

第三章 战略擘画：克莱顿与关贸总协定制度的设计

第一节 "多边自由贸易计划"出台的背景

随着第二次世界大战的爆发，"山姆大叔"认为创造"美国世纪"的时机已经到来，旋即开始擘画美国领导下的战后世界秩序，谋求美国的世界领导（霸权）地位亦成为美国战后世界蓝图规划的基本战略目标。罗斯福总统就曾毫不掩饰地指出："美国所拥有的道义、政治、经济和军事实力赋予美国以领导国际社会的责任。"① 作为美国设计的战后世界秩序的重要组成部分，按照美国的政策计划和制度模式塑造美国领导下的国际贸易秩序则是美国在战后国际贸易领域的战略目标。为此，互惠贸易协定计划和多边自由贸易的积极倡导者、国务卿赫尔于1941年5月18日首次公开宣布

---

① *DAFR*, Vol. Ⅶ, 1944—1945, p.5.

克莱顿　了美国政府关于战后多边贸易秩序的总体构想和基本原则,其核心就是削减贸易壁垒和取消歧视待遇。① 从此以后,削减贸易壁垒和取消歧视待遇就成为美国政府设计多边自由贸易政策的基本原则,并初步奠定了美国战后国际贸易秩序设计的政策基础。

毫无疑问,赫尔所宣布的贸易政策原则与其自由贸易思想和主张是密切相关的。早在1916年7月,作为美国国会众议院议员的赫尔就曾呼吁美国政府发起召开一次国际贸易会议,以便寻求建立一个永久性的"国际贸易联合会",到1925年以后,赫尔开始使用"国际贸易组织"一词),其主要目标就是谈判贸易协定并制定贸易规则,以期避免和消除经济战的恶果,促进国家间公平和友好的贸易关系。② 伴随着第二次世界大战所带来的契机,赫尔更是明确提出了削减贸易壁垒和取消歧视待遇的政策原则。同时应当看到,作为一项重要的贸易政策决策,美国政府之所以倡导在多边自由贸易的基础上重建战后国际贸易秩序,其根本原因就在于多边自由贸易是符合美国的政策目标和战略意图的。

实际上,早在第二次世界大战期间,美国决策者就已经意识到美国的战时经济向和平时期经济过渡的严峻性和紧迫性,并着手思考应对之策,以期在战后继续维持美国的经济繁荣和生活水平。副国务卿韦尔斯(Sumner Welles)就极富预见性地指出,第二次世界大战结束之后,美国"将面临艰难的国内问题",其中最紧要的经济问题就是:(1)经济繁荣问题,即维持战争时期扩张了的生产规

---

① *DAFR*, Vol. Ⅲ, 1940—1941, p. 452.

② Cordell Hull, *The Memoirs of Cordell Hull*, Vol. Ⅰ, New York: The MacMillan Company, 1948, pp. 81—82.

模和水平;(2)就业问题,这有两层基本含义,一是维持现有的就业水平,二是增加就业机会,吸纳复员士兵。面对维持经济繁荣和增加就业机会的双重压力,美国政府深深感到,要缓解上述难题和矛盾,美国必须借助于更为广阔的国外市场并积极拓展对外贸易。正因为如此,对于美国来说,"国际贸易在战后世界的扩展将是至关重要的"①。这是美国政府竭力倡导多边自由贸易政策的直接经济动因。多边自由贸易的积极倡导者和鼎力支持者、国务卿赫尔更是进一步明确阐述了多边自由贸易对美国的重要意义并强调指出,一方面,战后美国将面临着维持经济增长规模和保证充分就业的艰巨任务;另一方面,战后世界经济所面临的重新调整亦为美国实现长期的经济繁荣提供了新的机遇。因此,美国必须从自身利益考虑出发,积极创造有利于互惠贸易的国际环境,以期扩大美国的出口市场,实现美国对外经济政策的国内目标。② 简言之,美国决策者深信,为实现扩展对外贸易、维持经济繁荣、保障充分就业、巩固实力地位的政策目标,建立在多边自由贸易原则基础上的战后国际贸易制度和秩序对于美国而言是必不可少的,这也是美国政府提出多边自由贸易政策计划的近期目标。

在关注国内经济繁荣和对外贸易扩展等现实的经济利益的同时,美国政府更加注重从全球战略的层面设计多边自由贸易政策。美国决策者深信,强大的经济实力为美国运用经济手段以达到战

---

① *DAFR*, Vol. V, 1942—1943, p. 610.
② Ibid., p. 632.

略、政治和意识形态目标提供了"绝无仅有的机会"。① 因此,美国政府竭力主张依据美国的政策计划和制度模式,在多边贸易的基础上重塑贸易秩序的制度体系,创立符合美国全球利益的国际贸易规则,以期谋求美国的贸易领导(霸权)地位,从战略的高度看待多边自由贸易政策的设计与实施亦成为美国政府战后贸易政策的基本特征。国务卿赫尔明确指出,基于强大的经济实力,"贸易和其他经济领域的国际关系新体系的领导权将主要地被移交到美国头上"②。正因为如此,与美国全球战略目标相适应,在国际贸易领域,美国政策设计者以削减贸易壁垒和取消歧视待遇的多边自由贸易政策原则为基础,提出了多边自由贸易的详细计划和方案,深信美国的多边自由贸易政策计划"将描绘出战后世界经济的基本特征",因为美国决策者认为,在战后世界中,美国的经济实力将超过所有国家,美国的工农业生产能力将占据世界工农业生产能力的绝大部分,美国还将成为世界上最大的债权国家,因此,美国所追求和倡导的政策将决定战后世界经济的基本模式和发展方向。③ 由此可见,美国多边自由贸易政策的战略目标就是凭借强大的政治经济实力,将有关国家召集在美国倡导设计的多边自由贸易(即削减贸易壁垒和取消歧视待遇原则)的旗帜之下,用美国的制度模式、利益取向、价值观念和政策计划重塑战后国际贸易秩序、制定多边贸易规则、创立自由贸易制度,进而实现美国的贸易领导(霸

---

① Robert M. Hathaway, "1933—1945: Economic Diplomacy in a Time of Crisis", in William H. Becker and Samuel F. Wells, Jr., eds., *Economics and World Power: An Assessment of American Diplomacy Since 1789*, New York: Columbia University Press, 1984, pp. 279—280.
② *DAFR*, Vol. Ⅵ, 1943—1944, p. 328.
③ *FRUS*, 1945, Vol. Ⅵ, pp. 22—23.

权)地位。

作为赫尔的忠实追随者和负责对外经济事务的助理国务卿,克莱顿对赫尔提出的多边自由贸易原则持积极的支持态度。在谈到美国战后多边自由贸易政策的具体设计时,克莱顿明确指出,"削减贸易壁垒处于(美国战后对外经济政策)计划的中心地位"。换言之,美国战后贸易政策的总体目标"就是在竞争和非歧视的基础上实现世界贸易的扩展"。为寻求达到这一目标,克莱顿认为美国政府必须倡导并奉行削减贸易壁垒和取消歧视待遇的多边自由贸易政策原则;而实现美国贸易政策目标和原则的方法就是"通过国际协定"。克莱顿同时强调指出,实现美国倡导的多边自由贸易的政策目标并非可以一蹴而就,它仍将面临诸多意想不到的困难。但克莱顿坚信,美国的政策目标一定能够实现,因为任何人都不应低估美国的道义领导责任以及美国在世界事务中的影响力。[①]

同其他美国决策者一样,克莱顿确信美国将在战后国际贸易领域获得领导权。在谈到美国的世界地位时,克莱顿认为,美国将在战后世界中承担独特而重大的领导责任,美国的政治和经济实力将独占鳌头,因此,"没有美国的认可,任何关于未来的规划都不过是建筑师的梦想"。克莱顿进而指出,到第二次世界大战结束之际,美国将占有世界工业生产能力的50%以上;美国将成为世界上最大的债权国,拥有世界绝大部分的黄金储备;美国将是世界上最大的出口国,并且将是世界技术进步的源泉。正因为如此,克莱顿认为,"历史上很少有这样的转捩点,一个国家像我们今天这样充

[①] *DAFR*, Vol. Ⅶ, 1944—1945, p. 493; *DAFR*, Vol. Ⅷ, 1945—1946, pp. 607—608.

克莱顿

分准备好以接受领导权"①。

纵观克莱顿多边自由贸易思想的形成过程不难看出,克莱顿多边贸易思想的发展与美国战后贸易政策的酝酿进程和基本目标是完全一致的。随着战争临近尾声,克莱顿的多边自由贸易思想有了进一步的发展,其多边贸易理念日趋完整和成熟。概言之,克莱顿多边贸易思想的主要政策观点可以归纳为以下几个方面,即多边自由贸易秩序的建立将有助于维护世界和平与繁荣;战后国际贸易制度和秩序应建立在多边和非歧视的基础之上;战后国际贸易秩序的规划和设计应遵循美国提出的削减贸易壁垒和取消歧视待遇的基本原则;实现多边自由贸易政策目标的基本途径就是通过美国主导下的国际协定和国际机制;美国在战后国际贸易领域应义不容辞地承担起领导责任。正是基于多边自由贸易的坚定信念,在担任负责对外经济事务的助理国务卿之后,克莱顿旋即依据上述思想和政策观点,开始主持设计美国具体的多边自由贸易政策计划,并以此作为构筑美国领导下的战后国际贸易秩序的依据。

实际上,在以削减贸易壁垒和取消歧视待遇原则为基础的多边自由贸易政策目标明确提出之后,美国随即着手考虑将其纳入国际谈判的轨道并寻求达到这一目标的途径。鉴于挑战美国国际经济领导地位的"最大危险"将来自英国②,而且,英国亦是构筑战后多边贸易体系的关键③,于是,"山姆大叔"将谈判的主要对手锁

---

① *DAFR*, Vol. Ⅶ, 1944—1945, p. 493.

② John Morton Blum, ed., *From the Morgenthau Diaries: Years of War, 1941—1945*, p. 233.

③ Lloyd C. Gardner, *Architects of Illusion*, p. 114.

定在"约翰牛",而1941年8月的大西洋会议则是美英两国围绕指导战后国际经济关系的基本原则所进行的第一次重要交锋。

大西洋会议是美国总统罗斯福和英国首相丘吉尔在第二次世界大战爆发后举行的第一次首脑会晤,双方围绕战后经济政策问题展开了激烈的争论。① 经过艰苦的讨价还价,美英两国最终于1941年8月14日发表了《罗斯福总统和丘吉尔首相联合声明》,史称《大西洋宪章》,其中的"第4条"规定:"在适当尊重其现有义务的情况下,两国将致力于所有国家——不论大小、胜败——在平等待遇的基础上进一步享有获得对其经济繁荣所需之世界贸易和原材料的权利。"②9月,苏联、比利时、挪威、荷兰、波兰、卢森堡、捷克斯洛伐克、南斯拉夫、希腊等国在伦敦举行了一次同盟国会议,会议通过的决议明确指出,与会各国将"全力支持《大西洋宪章》所宣

大西洋会议与《大西洋宪章》(左坐者为罗斯福,右为丘吉尔)

---

① 有关《大西洋宪章》的谈判过程,可参见 FRUS, 1941, Vol. Ⅰ, pp. 353—365.
② FRUS, 1941, Vol. Ⅰ, p. 368.

克莱顿

布的政策原则,并将积极合作以实践这些原则"①。在此基础上,有关国家正式承担了遵守和履行《大西洋宪章》所规定的原则,包括"世界贸易的平等待遇"原则的国际义务,从而为贸易政策的磋商和多边贸易谈判的展开创造了条件。

应当看到,由于英国的竭力反对,《大西洋宪章》并没有按照美国方面的最初设想明确使用"非歧视"或"取消歧视待遇"的措辞,但《大西洋宪章》明确规定了"世界贸易的平等待遇"原则,从而在一定程度上为削减贸易壁垒和取消歧视待遇的多边谈判奠定了政策和原则基础。从词源意义上讲,歧视待遇的反义词实际上就是平等待遇,有鉴于此,《大西洋宪章》中的"平等待遇"无疑是"非歧视待遇"的另一种表述形式。正是基于这样一种政策含义,《大西洋宪章》在美国多边自由贸易政策计划的推进历程中仍然占有不容低估的重要地位,即有关国家,尤其是美英两国通过《大西洋宪章》共同确认了"世界贸易的平等待遇"原则在战后国际贸易以及经济政策规划设计中的法律地位,从而迈出了走向美国主导设计的战后多边自由贸易秩序的第一步。正是从这个意义上讲,《大西洋宪章》就是"美国领导下的自由资本主义世界的经济宪章"②。

鉴于美国既定的多边自由贸易政策原则是削减贸易壁垒和取消歧视待遇,因此,推动有关国家,尤其是英国就这一政策原则达成协议就成为美国政府在《大西洋宪章》发表之后所关注的重点。于是,凭借提供租借援助以及谈判《租借协定》之机,美国围绕多边

---

① FRUS, 1941, Vol. Ⅰ, p. 378.
② Lloyd C. Gardner, "The Atlantic Charter: Idea and Reality, 1942—1945", in Douglas Brinkley and David R. Facey-Crowther, eds., *The Atlantic Charter*, New York: St. Martin's Press, 1994, p. 51.

自由贸易政策再度与英国展开了一场掂斤播两的较量。换言之，美英《租借协定》谈判恰逢其时地为美国政府明确将削减贸易壁垒和取消歧视待遇的政策原则写进国际协议创造了更为有利的契机，租借援助谈判由此成为美国敦促英国作出让步，进而推进多边主义并实现经济扩展的有效工具。①

从1941年5月至1942年2月，美英两国围绕租借援助以及租借协定的签署在华盛顿展开了一场艰苦而漫长的谈判，双方的政策立场可谓泾渭分明，针锋相对：美国政府坚持主张租借协定中应明确规定削减贸易壁垒和取消歧视待遇的多边自由贸易原则，以便为战后国际贸易政策的谈判确立基本的政策指导方向并体现美国的政策意志；出于捍卫英联邦特惠制的战略和现实考虑，英国方面则竭力周旋，力图避免就非歧视原则承担明确义务。②但由于英国是有求于美国的一方，在谈判中处于明显不利的地位，因此，实力的天平最终倒向了美国一方。以提供租借援助作为谈判筹码，美国如愿以偿地将削减贸易壁垒和取消歧视待遇原则写进了《租借协定》第7条之中，迫使英国政府就此承担了正式义务，并通过具有约束力的国际协定的形式确保了美国的多边自由贸易政策原则在多边贸易谈判中的指导地位。

1942年2月23日，美英两国在华盛顿正式签署了《美利坚合众国政府与联合王国政府关于在进行反侵略战争中相互援助所适

---

① Warren F. Kimball, "Lend-Lease and the Open Door: The Temptation of British Opulence, 1937—1942", *Political Science Quarterly*, Vol. 86, No. 2, 1971, p. 241.

② 有关美英《租借协定》的谈判过程，可参见 FRUS, 1941, Vol. Ⅲ, pp. 7—45; FRUS, 1942, Vol. Ⅰ, pp. 525—536。

克莱顿

用原则的协定》,这就是通常所称的《租借协定》,其中的第 7 条明确规定,美国提供租借援助的条件"应包含关于美利坚合众国与联合王国采取一致行动的规定,并使具有同样理念的一切其他国家亦得参加。此项规定,通过适当的国际和国内措施……导向国际贸易中一切形式的歧视待遇的取消以及关税和其他贸易壁垒的削减;并一般地导向达到 1941 年 8 月 14 日美利坚合众国总统与联合王国首相联合声明中所阐明的所有经济目标。两国政府应尽早开始谈判,以便在目前经济条件下确定通过一致行动以实现上述目标以及寻求其他具有同样理念的政府采取一致行动的最佳方法"①。由此可见,《租借协定》第 7 条的秩序理念就是多边贸易。② 正因为《租借协定》第 7 条包含了美国多边自由贸易政策的基本原则,因而被美国视为该协定中最重要的条款。③ 与此同时,尽管英国对"第 7 条"的接受是迫于美国的压力,但作为第一个与美国签署《租借协定》的国家,英国毕竟就此正式承担了义务,因此,"第 7 条"在一定程度上也成为英国界定战后贸易政策目标的第一个步骤。④ 在美国随后同苏联、中国等国家签订的《租借协定》中,均含有内容基本相同的"第 7 条",由此标志着有关国家共同确认了美国提出的削减贸易壁垒和取消歧视待遇的政策原则。有鉴于此,

---

① *FRUS*, 1941, Vol. Ⅲ, pp. 45—46.

② Leicester Webb, "The Future of International Trade", *World Politics*, Vol. 5, No. 4, 1953, p. 424.

③ John H. Ferguson, "The Anglo-American Financial Agreement and Our Foreign Economic Policy", p. 1141.

④ Redvers Opie, "A British View of Postwar Trade", *The American Economic Review*, Vol. 33, No. 1, 1943, p. 330.

"第7条"实际上"构筑了战后国际经济领域政策规划的基本法律框架"①,成为塑造美国领导下的多边自由贸易秩序的关键性步骤之一;更为重要的是,在美国政策设计者和决策者看来,随着"第7条"原则的最终确立,"美国获得了国际金融和贸易谈判中的强有力地位,并可用以推动美国贸易原则的认同与接受"②。

罗斯福签署《租借法》

需要指出的是,《租借协定》第7条(亦称"第7条计划")对削减贸易壁垒和取消歧视待遇的规定仍然具有高度的原则性,有关国家亦承诺尽早就落实上述原则展开进一步的磋商与谈判。因此,在"第7条计划"确立之后,如何具体落实削减贸易壁垒和取消歧视待遇原则就成为美国推进多边自由贸易的政策计划所面临的一项紧迫任务。

但落实"第7条计划"的进程却历经波澜,直到1944年底,"第7条计划"的谈判仍然没有取得任何实质性进展。造成这种局面的原因,除了盟国方面均需将主要精力用于赢得战争的胜利这一共同目标之外,美英两国还受到了其他因素的干扰。就英国而言,出于捍卫帝国特惠制的战略考虑以及对战后经济形势的担忧,英国政府对贸易政策的谈判始终抱有顾虑并采取了拖延和推诿的态

---

① Richard N. Gardner, *Sterling-Dollar Diplomacy in Current Perspective*, p. 54.

② Karin Kock, *International Trade Policy and the GATT:1947—1967*, Stockholm:Almqvist & Wiksell, 1969, p. 25.

克莱顿

度,力图最大限度地争取周旋空间。就美国而言,由于国内立法因素的限制和影响,"美国政府尚未就讨论的问题制定出详细的政策计划"①,进而导致多边贸易谈判无法深入展开。换言之,美国政府未能及时提出多边自由贸易的详细计划在很大程度上受制于美国国内立法因素。

按照《美国宪法》的规定,贸易立法权属于美国国会。国会的贸易政策立法并不仅限于订立相关的法规,而且还包括制定关税细则(即规定具体的关税税率),因此,国会长期主导着美国的贸易政策,总统及其行政机构则扮演执行者的角色。由于国会长期以来一直奉行高关税政策,因此,美国的关税税率向来处于高位运行状态,美国的关税政策很少甚至根本没有顾及对世界贸易以及美国外部经济环境的影响。② 但面对"大萧条"的严峻形势以及美国高关税政策带来的危害,美国政府深感必须调整美国的关税和贸易政策以拓展国外市场并借此缓解国内经济危机。在这样的背景下,经国务卿赫尔的积极倡议,美国国会最终于1934年6月通过了《1930年关税法修正案》并经罗斯福总统签署生效,这就是著名的《互惠贸易协定法》。该法明确将关税谈判和签订贸易协定的权力授予总统,从而使美国政府获得了关税和贸易谈判的授权。与此同时,该法对授予总统的贸易政策权力亦作出了明确限制,这主要表现在三个方面:一是授权程度限制,即总统谈判降低关税的幅度不得超过现行关税税率的50%;二是授权时间限制,即总统谈判关

---

① *FRUS*, 1943, Vol. I, p. 1115.

② Percy W. Bidwell, "A Postwar Commercial Policy for the United States", *The American Economic Review*, Vol. 34, No. 1, 1944, p. 340.

税和贸易协定的授权期限为3年;三是关税谈判方式限制,即美国政府同外国进行关税谈判的途径必须是有选择的产品对产品的方式,这就是选择性关税削减法。① 由此可见,《互惠贸易协定法》是美国政府制定并提出贸易政策计划、从事关税和贸易谈判的国内立法依据;如果没有《互惠贸易协定法》,美国政府将无法在贸易政策领域有所作为。进而言之,《互惠贸易协定法》是美国政府所拥有的制定贸易政策的唯一工具,并为美国设计和参与多边贸易协定创造了必要的条件。② 同时应当看到,《互惠贸易协定法》中的授权限制,尤其是授权时间限制对美国贸易政策的规划和实施亦产生了不容忽视的影响。实际上,《互惠贸易协定法》需阶段性延期的约束是导致美国具体的多边自由贸易政策计划迟至1944年底仍然难以出台的一个关键因素。按照《1943年贸易协定延长法》的授权时间限制条款,美国总统在《互惠贸易协定法》下的关税和贸易谈判授权将于1945年到期。鉴于此期间美国政府的首要任务仍然是赢得战争的胜利,因此,在《互惠贸易协定法》顺利延期之前,美国政府将难以在短短两年的时间内制定出具体的多边自由贸易计划,即使制定完成也没有足够的时间有效地付诸实施;于是,以削减贸易壁垒和取消歧视待遇原则为基础的多边贸易谈判在1945年之前也因之难以推进。

进入1945年之后,美国贸易政策的未来走向再次聚焦于《互惠贸易协定法》的延期审议及其结果。为确保关税和贸易谈判的

---

① *DAFR*, Vol. I, 1938—1939, pp. 334—335.
② Percy W. Bidwell, "A Postwar Commercial Policy for the United States", pp. 344, 353.

克莱顿　尽早举行以及多边自由贸易政策目标的实现,国务院于 2 月 15 日提出了寻求国会延长《互惠贸易协定法》的建议方案,其主要内容为:(1)要求国会同意赋予总统的关税和贸易谈判授权延长三年。(2)期望国会批准 50% 的关税减让幅度修改为以 1945 年 1 月 1 日的关税税率作为起点,而不是以 1934 年 6 月 12 日《互惠贸易协定法》生效时所规定的关税税率为起点。(3)建议国会授予总统更广泛的方法以实现多边关税减让和消除贸易壁垒。① 但在征询意见时,部分国会领导人以及国会议员认为国务院建议中的第 3 条获得通过的前景不容乐观,并将使国务院建议中第 2 条的审议陷入争论的旋涡而变得复杂化,因此主张国务院放弃建议方案中的第 3 条。② 尽管美国政府认为按照统一的比例整体削减关税的方法或按照产品类别将关税税率降至统一水平的方法无疑更有助于消除关税贸易壁垒,但考虑到国会的压力以及巨大的立法障碍,美国政府不得不放弃水平式关税削减法,同意在多边贸易谈判中继续采用《互惠贸易协定法》所规定的选择性关税削减法及其最惠国待遇原则。③ 因此,在美国政府正式提交国会审议的政策方案中,国务院极不情愿地删去了第 3 条,仅保留了前两项要求。经过紧张的辩论,国会众、参两院分别于 1945 年 5 月和 6 月通过了延长《互惠贸易协定法》的法案并经罗斯福总统于 7 月签署生效。④ 至此,在国会授权的限定下,美国的关税谈判方式已无可更改,美国政府在进行关税和贸易谈判时必须遵循选择性关税削减法的规定,多边

---

① *FRUS*, 1945, Vol. Ⅵ, p. 27.
② Ibid. , pp. 27—28.
③ Ibid. , p. 45.
④ *DAFR*, Vol. Ⅶ, 1944—1945, pp. 480, 507.

关税减让谈判的基本模式亦由此圈定。

尽管英国方面在1944年的非正式磋商中出于要求美国削减其高关税的考虑而明确表示赞同水平式关税削减法,强烈反对选择性关税削减法,但随着美国《1945年贸易协定延长法》的生效,英国政府亦深切地意识到,选择性关税削减法是美国的贸易立法所明确规定的关税谈判方式,改变这一立法原则显然远非政府部门所能企及,于是,英国相应地调整了谈判立场。英国官员在8月15日的非正式磋商中表达了愿意在"双边—多边"的框架内与美方合作的意向,但同时提出了两个英国尤为关注的问题:一是"双边—多边"模式应明确关税与非关税问题的联系;二是特惠制应纳入关税谈判的范畴。英国认为,选择性方式应同等适用于关税谈判和特惠谈判;同时,鉴于关税与特惠制的紧密联系,英国对特惠制的让步将取决于关税减让的幅度。① 实际上,英方在会谈中已经不显山露水地表达了英国立场的变化所隐藏的更深层次的含义,即依据"双边—多边"模式进行的关税和贸易谈判必须确立特惠制与关税减让挂钩的谈判原则;而且,鉴于多边关税谈判将采用选择性关税削减法,特惠制的谈判因此必须是选择性的。基于此,英国的潜台词就是:在此前提下进行的多边关税和贸易谈判将不应导致帝国特惠制的全部取消。由此不难看出,英国政府的真实意图已经昭然若揭:英国将认可美国提出的"双边—多边"模式以及选择性关税削减法,并以此作为对最大限度地保留帝国特惠制的交换。毫无疑问,关税—特惠挂钩的联系原则再次表明了英国将在多边关税和贸易谈判中利用一切机会和手段以捍卫帝国特惠制的坚定

---

① *FRUS*, 1945, Vol. Ⅵ, p. 95.

克莱顿

立场。同样值得关注的是,美英分歧以及贸易谈判的举步维艰在很大程度上促使美国政府决定加快提出具体的多边自由贸易政策计划的步伐。另一方面,《1945年贸易协定延长法》的生效亦为美国政府适时推出详细的多边自由贸易政策计划创造了必不可少的条件。于是,克莱顿及其领导下的贸易政策设计班子不失时机地制定并提出了一系列的多边自由贸易政策计划方案。

第二节 "多边自由贸易计划"与"2·6备忘录"的提出

在《1945年贸易协定延长法》的规定下,美国多边自由贸易政策所包含的关税减让方式必须遵循选择性关税谈判原则。换言之,在国会的授权范围内制定多边自由贸易政策计划将是美国政府的必然选择。基于关税谈判方式的限制并为在《互惠贸易协定法》及其选择性关税削减法的框架内有效地推进美国的多边自由贸易政策,克莱顿领导的对外经济政策执行委员会旋即于7月21日制定了《关于拟议中的贸易政策多边协定中有关关税建议草案的几点意见》,从而在美国政府的多边贸易政策规划进程中首次就关税减让谈判方式提出了明确具体的政策建议,同时也是克莱顿主持战后贸易政策规划设计工作之后提出的第一个具体的程序方案。该建议草案主要依据《1945年贸易协定延长法》的有关原则规定,设计并提出了关税和贸易谈判的"选择性核心—多边法",其具体内容是:首先,美国将邀请约12个国家组成核心小组以展开关税谈判,并依据选择性关税减让原则谈判双边协定;其次,美国将负责起草一个涉及特惠关税以及非关税壁垒的多边协定,该多边协定将提交有关核心国家谈判并在达成一致后先期在核心国家间生效;在贸易和就业国际会议召开之际,该多边协定将提交会议作进一步审议。经国务院确认之后,该建议草案随即递交英国政府。① 应当看到,国务院贸易政策设计班子在克莱顿主持下拟定的"选择性核心—多边法"是程序性的,并不涉及贸易政策的原则问题。但"选择性核心—多边法"的提出仍然具有重要的意义:它是美国政府就关税和贸易谈判程序拟定的第一个初步方案,其有关选择性关税谈判方式、核心国家间先期谈判和签订多边贸易协定的策略构想对美国的贸易政策规划和贸易谈判程序设计均产生了重要的影响。不仅如此,克莱顿以及对外经济政策执行委员会的建议还表明《互惠贸易协定法》决定性地限定了美国的多边自由贸易政策及其所包含的关税谈判方式,美国的贸易政策规划必须以严格遵循《互惠贸易协定法》的授权为前提,国务院官员莱迪因此将"选择性核心—多边法"称为"裁战后贸易政策之衣以适贸易协定法之体"②。

在勾画关税和贸易谈判的程序规则的同时,克莱顿领导下的贸易政策设计班子亦根据削减贸易壁垒和取消歧视待遇的基本原则,对美国多边自由贸易政策构想中的实体规则进行了具体规划。随着美英华盛顿财政和贸易谈判议程的敲定,美国多边自由贸易政策的推进迎来了新的重大转机。于是,由克莱顿担任主席的对外经济政策执行委员会于1945年9月7日提出了一份《关于建立

---

① *FRUS*, 1945, Vol. Ⅵ, pp. 74—75, 90.
② Susan Ariel Aaronson, *Trade and the American Dream: A Social History of Postwar Trade Policy*, Lexington: The University Press of Kentucky, 1996, p. 48.

克莱顿国际贸易组织的计划》,以"作为同英国进行决定性谈判的基础……在随后的多边谈判阶段,该计划将用以奠定贸易和就业世界会议的议程"。该计划首先指出,寻求签署一个多边贸易协定是美国多边自由贸易政策的基本目标,为实现这一目标,美国认为多边贸易谈判的议程应当包括就业政策、削减关税及其他一切形式的贸易壁垒、建立一个政府间国际贸易组织等三个主要方面。鉴于多边贸易谈判议程的广泛性,该计划就有关议程作出了详细的规划并提出了初步的政策建议。在谈到就业政策时,该计划认为,所有国家应同意采取"符合其政治和经济制度的"国内措施以维持充分就业;而美国之所以同意对就业政策作出规定,其主要原因之一就是试图以此"确保其他国家的合作以实现美国的贸易目标"。贸易政策是美国政府关注的重点,该计划因此提出了更为详细的方案并指出,配额、外汇管制等贸易壁垒严重限制了国际经济交往,故应予以实质性取消,其例外规则应建立在协商一致的基础上并应加以严格控制;进出口补贴措施、保护性关税等其他贸易壁垒应按照统一的规则予以削减;至于歧视性贸易待遇,包括特惠关税,有关国家则应同意予以严格禁止。该计划强调指出,为从组织机构上确保上述目标的实现,美国政府深感必须在联合国经济和社会理事会的主持下建立一个国际贸易组织以作为磋商国际贸易问题、协调贸易政策立场的多边论坛。9月11日,杜鲁门总统批准了该计划[1],这就是通常所称的"国际贸易组织计划"。它是克莱顿及其贸易政策设计班子就多边自由贸易政策的实体原则和规则提出的第一个初步的具体计划,集中体现了美国多边自由贸易的政

---

[1] *FRUS*, 1945, Vol. Ⅵ, pp. 117—119.

策目标,即依据削减贸易壁垒和取消歧视待遇原则以构筑战后国际贸易秩序。在美英华盛顿贸易政策谈判中,美国政府旋即将其作为谈判的基础。

1945年9—12月,在"山姆大叔"的积极敦促下,经克莱顿倡议和筹划的美英财政和贸易谈判如期在华盛顿举行。在此期间,由克莱顿担任主席的美英贸易政策委员会围绕美国提出的"国际贸易组织计划"展开了激烈的讨价还价和谈判折中。在吸收此次谈判成果的基础上,美国方面不失时机地对"国际贸易组织计划"进行了修改和完善,最终在克莱顿的亲自主持于11月5日起草完成了《供贸易和就业国际会议审议之计划》,并获得了英国方面的原则认可。12月6日,美国国务院公布了该计划并将其名称改为"扩展世界贸易和就业计划",这就是通常所称的"多边自由贸易计划",因其是在克莱顿的主持下制定完成的,故又称"克莱顿计划"。"多边自由贸易计划"首先指出,建立在削减贸易壁垒和取消歧视待遇原则基础上的多边贸易合作是国际经济合作的重要组成部分,是维护世界和平的有效方式。为寻求贸易和就业领域的国际合作,"多边自由贸易计划"对就业政策和贸易政策提出了明确的建议。关于就业计划,美国认为,国际贸易的扩展有赖于充分和稳定的就业水平,但另一方面,有关的就业政策亦应符合多边自由贸易的原则,因为充分就业的实现同样依赖于贸易壁垒的普遍削减。有鉴于此,就业计划认为有关国家应寻求达成以下共识:(1)维持充分和稳定的就业水平的政策措施应符合各国的政治和经济制度,同时应恪守多边自由贸易的原则;(2)任何国家所采取的国内就业政策措施均不应构成对其他国家就业水平的损害,均不应违背旨在促进多边自由贸易的国际协议与国际义务;(3)就业政策的

克莱顿

国际合作应在联合国经社理事会的主持下进行，联合国经社理事会应定期召集有关国家商讨就业问题和就业政策并互通信息。关于国际贸易组织计划，美国坚持认为，为确保国际范围内最大限度的就业、生产和消费，世界贸易的稳定增长和扩展将是至关重要的。另一方面，世界贸易的整体性和关联性亦要求有关国家共同采取切实有效的集体措施以促进世界贸易的恢复和发展，有鉴于此，在贸易领域建立一个永久性的多边贸易机制就显得尤为必要。该计划同时认为，多边贸易机制的基本原则应是美国倡导的削减贸易壁垒和取消歧视待遇，主要目的则是协调有关各国的贸易政策，并确立多边自由贸易的行为规则和协商程序。国际贸易组织计划特别强调指出，为确保美国提出的多边自由贸易政策原则的最终实现，有关国家应就关税政策和特惠制度、国内税和国内规章的国民待遇政策、进出口补贴措施、数量限制措施、外汇管制措施以及国际贸易组织机构达成一个多边协定。①

从政策制定的过程来看，"多边自由贸易计划"是由克莱顿主持起草和设计的，集中反映了克莱顿多边自由贸易的政策思想，展现了克莱顿为寻求构筑美国领导下的多边贸易体系所作出的积极努力。与此同时，作为美国政府就多边自由贸易政策公布的第一个系统方案，"多边自由贸易计划"集中体现了美国多边自由贸易的政策原则，充分展示了美国重塑战后国际贸易规则体系的政策意图（即在美国主导设计的政策原则的基础上确立多边自由贸易的制度规则，创建多边自由贸易的国际机制），并为美国多边自由贸易政策的全面推进提供了基本的原则框架，同时也为关贸总协

---

① *FRUS*, 1945, Vol. Ⅵ, p. 160; *DAFR*, Vol. Ⅷ, 1945—1946, pp. 624—627.

定制度奠定了原则基础。由此可见,"克莱顿计划"以削减贸易壁垒和取消歧视待遇为中心内容,充分体现了美国的政策目标和利益取向。① 在美国政府公布"多边自由贸易计划"的同时,美英两国政府亦发表联合声明,英国表示完全同意美国提出的"多边自由贸易计划"并支持将其作为国际谈判的基础。需要指出的是,由克莱顿主持起草的"多边自由贸易计划",明确建议由联合国经社理事会直接负责处理就业政策领域的国际合作,这实际上已经表明:尽管有关国家已经向美国表达了对战后就业问题和就业政策国际合作的高度关注,尽管美国方面已经认识到就业政策与贸易政策的紧密联系,但出于集中精力以切实推进多边自由贸易政策目标的考虑,美国政府已经明确将就业政策排除在多边贸易谈判之外,因此,"多边自由贸易计划"的核心就是制定贸易规则和创立贸易机制。

为进一步推进美国的政策计划并为拟议中的多边贸易谈判作出准备,在"多边自由贸易计划"公布之后,美国政府随即采取了积极的措施,通过互换照会的方式,敦促法国、捷克斯洛伐克、希腊、波兰、荷兰、比利时、土耳其等国共同认可并同意支持美国"多边自由贸易计划"的原则及其政策目标。② 从此以后,美国的多边自由贸易政策计划开始纳入了真正意义上的多边谈判的轨道。换言之,如果说此前的贸易政策谈判主要是在美英两国之间进行的话,那么,随着美国"多边自由贸易计划"的公布以及有关国家的原则

---

① 舒建中:《关贸总协定的建立与美国对外政策》,《世界历史》1999 年第 2 期,第 34 页。

② Clair Wilcox, *A Charter for World Trade*, New York: The Macmillan Company, 1949, p. 39.

克莱顿

支持,削减贸易壁垒和取消歧视待遇的谈判才开始真正具备了多边的意义。

随着"多边自由贸易计划"的正式形成与公布,美国政府旋即根据克莱顿提出的"核心—多边"关税和贸易谈判模式,着手筹划贸易和就业国际会议。1945年12月6日,也就是美国政府公布"扩展世界贸易和就业计划"的当天,国务卿贝尔纳斯和克莱顿联名以美国政府的名义向英国、苏联、中国、法国、加拿大、澳大利亚、新西兰、南非、比利时、捷克斯洛伐克、印度、荷兰、卢森堡、巴西、古巴等15个"核心国家"发出邀请并指出,鉴于拟议中的贸易和就业国际会议需要事先作好充分准备,包括制定具体的计划方案,因此,美国政府邀请上述国家参加定于1946年3月或4月举行的预备会议,其主要议程有二:一是根据削减贸易壁垒和取消歧视待遇原则就多边关税和贸易谈判的具体事宜展开磋商;二是根据美国政府的提议就贸易和就业国际会议的其他议程进行充分协商并寻求达成初步谅解。美国政府同时表示,为确保预备会议取得实效,避免有关谈判偏离"多边自由贸易计划"所规定的原则目标,美国拟于近期就预备会议的程序安排、预备会议所达成协议的性质以及预备会议与贸易和就业国际会议的关系等问题提出更加详细的方案。[①]

经过积极的外交努力,截至1946年1月17日,除苏联之外的其他14个国家均表示接受美国政府的邀请,出席美国召集的贸易和就业国际会议预备会议。但由于美国方面需要更多的时间以作好充分准备,包括确定预备会议的具体时间和地点,于是,美国政

---

① *FRUS*,1945,Vol. Ⅱ,pp. 1345—1348.

府旋即通知有关国家(包括苏联),称预备会议的准备工作十分繁重,议程安排纷繁复杂,因而建议将拟议中的预备会议推迟至1946年6月底或7月初。① 美国政府关于推迟预备会议日期的建议随即得到了有关"核心国家"的理解与认可。

1946年1月10日,第一届联合国大会第一阶段会议在伦敦举行,正式组建了包括经济和社会理事会(ECOSOC)在内的联合国有关组织机构。与此同时,为促成联合国经社理事会发起召开贸易和就业国际会议以推进美国的"多边自由贸易计划",克莱顿领导的国务院贸易政策设计班子于1月22日起草完成了拟提交经社理事会审议的决议案草案。该决议草案明确建议,依据《联合国宪章》第62条的有关授权,联合国经社理事会将发起召开贸易和就业国际会议并决定:(1)联合国贸易和就业国际会议的召开时间暂定在1946年。(2)经社理事会建议会议的主要议程是:在削减贸易壁垒和取消歧视待遇的多边自由贸易政策原则的基础上着重讨论影响国际贸易的各项规则并寻求达成相应的国际协议;寻求建立一个多边贸易机制——国际贸易组织——以作为联合国的专门机构;至于就业政策的国际合作以及就业问题的多边磋商,则应授权联合国经社理事会直接负责处理。(3)经社理事会建议成立一个筹备委员会以具体规划贸易和就业国际会议的相关议程,该筹备委员会将由参加贸易和就业国际会议预备会议的国家(即美国政府圈定的"核心国家")组成。② 由此可见,出于全面推进"多边自由贸易计划"的策略考虑(即寻求更加便于推进美国政策构想的有

---

① *FRUS*, 1946, Vol.Ⅰ, pp.1275—1276.
② Ibid., pp.1277—1280.

克莱顿

效途径),美国政府建议由联合国经社理事会出面发起召开贸易和就业国际会议,但美国"多边自由贸易计划"所规定的基本原则和议程安排等仍然实质性地包含在克莱顿主持起草的决议案草案之中,因此,美国的政策意图依然清晰可见,即通过国际会议和多边谈判以切实有效地推进美国的"多边自由贸易计划"、重塑美国领导下的战后国际贸易秩序及其规则体系。

1946年1月,联合国经济和社会理事会第一次全体会议开始在伦敦正式举行,美方遂将有关召开贸易和就业国际会议的决议草案递交经社理事会审议,并称该决议草案体现了美国为实施"多边自由贸易计划"所作的"不懈努力"。① 2月18日,联合国经社理事会以美国的决议草案为基础通过了有关召开贸易和就业国际会议的决议,其主要内容为:(1)经社理事会决定贸易和就业国际会议将在1946年内举行,其目的就是通过多边谈判以寻求解决现存的严重妨碍多边贸易发展的贸易壁垒和歧视待遇等问题。(2)经社理事会决定,大会议程的详细规划以及有关国际协议的起草将交由一个筹备委员会具体负责。(3)经社理事会决议完全采纳了美国所设计的贸易和就业国际会议议程安排,并决定以此作为筹备委员会进行议程规划和文件起草的基础。(4)经社理事会最后决定,筹备委员会应由美国以及美国邀请出席贸易和就业国际会议预备会议的15个核心国家组成,同时决定增加智利、挪威和黎巴嫩作为筹备委员会成员国。② 至此,美国的阶段性目标基本实现,有关召开贸易和就业国际会议及其预备会议的倡议获得了联

---

① *FRUS*, 1946, Vol. I, p. 1280; *DAFR*, Vol. VIII, 1945—1946, pp. 629—631.
② *FRUS*, 1946, Vol. I, pp. 1290—1292.

合国经社理事会的认可。更具重要意义的是,在联合国经社理事会决议的规定下,美国政府设计提出的"多边自由贸易计划"以及预备会议的议程安排成为国际谈判的唯一基础,真正意义上的关税和贸易多边谈判由此进入了实质性的筹备阶段。

随着联合国经社理事会决议的通过,贸易和就业国际会议筹备委员会的召开提上国际谈判的议事日程。为确保会议按照美国指定的方向发展,尽速确定筹备委员会的谈判框架和程序安排就成为美国政府必须面对的紧迫问题。另一方面,根据美国《宪法》以及有关法律的明确规定,美国政府谈判签署的贸易条约或公约必须经国会批准后方可生效;但贸易协定则无需国会批准就可按规定程序生效。因此,如何在《互惠贸易协定法》的授权范围内先行签署一个多边贸易协定并使其产生效力同样是美国政策设计者必须解决的重要问题之一。克莱顿敏锐地注意到国内立法因素对美国参与多边贸易谈判和缔结多边贸易协定的不利影响,并极富预见性地召集国务院贸易政策科进行了研究,最终设计出解决上述问题的方法。1946年2月6日,克莱顿亲自主持起草完成了"关于贸易和就业预备性国际会议的准备工作"的备忘录(此即影响深远的"2·6备忘录")[①],对美国"多边自由贸易计划"的推进程序再次作出了更加详尽的设计规划。该备忘录首先强调美国的目的就是寻求解决三方面的问题,即(1)对预备会议(即筹委会会议)的基本目标作出规定;(2)对达到上述目标的程序安排进行设计;(3)为推动预备会议的谈判成果实现多边化而设计具体的方法。随后,"2·6备忘录"对预备会议的谈判议程作出了深入细致且切实可行

---

① *FRUS*, 1946, Vol. Ⅰ, pp. 1280—1289.

克莱顿

的程序性安排,其主要内容包括:(1)为筹建国际贸易组织,有关国家应根据美国"多边自由贸易计划"的原则规定签署一个"国际贸易组织宪章";该宪章将提交贸易和就业国际会议审议并经有关各国批准之后生效。(2)出席筹备会议的国家应根据选择性关税削减法(即有选择的、产品对产品的关税谈判方式)达成多边关税减让协议并据此签署一个议定书。(3)宪章中的贸易政策条款(如最惠国待遇、国内税的国民待遇、数量限制等)应包含在议定书之内,并连同关税减让表一起独立于宪章而先期生效。1946 年 2 月 20 日,即美国提出的决议草案获得联合国经社理事会的通过之后,美国政府遂将"2·6 备忘录"递交 15 个"核心国家"。在随后的几天内,有关国家先后明确表达了对"2·6 备忘录"的支持。①

应当看到,克莱顿主持拟定的"2·6 备忘录"的重要意义丝毫不亚于"多边自由贸易计划"的提出,并再次体现了克莱顿在推进美国多边自由贸易政策计划中的组织才能和政策设计水平。进而言之,在推进美国多边自由贸易政策计划的进程中,克莱顿对有关的政策设计和推进步骤作出了有条不紊的安排。首先,通过 1945 年 12 月正式公布的"多边自由贸易计划",克莱顿就美国多边自由贸易的政策原则设计了第一个系统完整的方案,明确规定了美国倡导的多边自由贸易的基本原则。其次,通过 1946 年 2 月的"2·6 备忘录",克莱顿围绕实施"多边自由贸易计划"及其基本原则的有关安排设计并提出了具有可操作性的主要步骤,规定了多边关税和贸易谈判的基本程序。有鉴于此,克莱顿精心策划的"多边自由贸易计划"的基本原则与"2·6 备忘录"的程序安排是前后相继的

---

① FRUS,1946,Vol. I,p.1290.

有机整体。概言之,"2·6备忘录"在推进美国"多边自由贸易计划"进程中的重要性主要表现在四个方面:

第一,关税减让谈判是"2·6备忘录"规定的预备会议的主要任务之一,从而表明酝酿已久的多边关税谈判即将启动。美国"多边自由贸易计划"的重要内容之一就是削减关税贸易壁垒,寻求多边关税减让也是重塑美国领导下的战后国际贸易秩序的重要组成部分;而实现关税贸易壁垒削减的主要途径就是在有关国家间展开具有多边性质的关税减让谈判。有鉴于此,"2·6备忘录"对关税减让谈判的规定无疑具有重要的意义。

第二,选择性关税削减法在"2·6备忘录"中得到了进一步确认,由此表明多边关税谈判将纳入美国《互惠贸易协定法》所规定的范畴,即多边关税减让的方法必须符合美国的政策需要;与此同时,"双边谈判、多边有效"的关税谈判思路在"2·6备忘录"中得以清晰表述,从而确立了关税减让谈判的"双边—多边"模式。由此可见,"2·6备忘录"成功地将多边关税减让的谈判模式纳入了美国的政策轨道,并使其打上了美国烙印。

第三,在"2·6备忘录"中,"多边自由贸易计划"的具体实施步骤和程序首次得以系统筹划。为推动多边自由贸易政策的贯彻实施以及美国政策目标的实现,"2·6备忘录"对有关的程序步骤作出了层次清晰的安排,并以"多边自由贸易计划"为中心,对预备会议的谈判议程、预备会议与贸易和就业国际会议的关系等问题作了细致周密的部署,从而为稳步推进美国的"多边自由贸易计划"设计了一个切实可行的路线图。

第四,最具关键性意义的是,"2·6备忘录"为有关国家在预备会议上谈判缔结《关税和贸易总协定》提供了基本的政策路径,从

克莱顿

程序上为关贸总协定制度的建立铺平了道路。"2·6备忘录"指出,美国"多边自由贸易计划"的核心部分就是多边关税减让和非关税贸易壁垒规则。这也就意味着,如果美国政府能够通过多边贸易谈判先期获致多边关税减让和确立非关税贸易壁垒规则,那么,美国提出的削减贸易壁垒和取消歧视待遇的多边自由贸易的政策原则和目标就能基本实现。有鉴于此,"2·6备忘录"首次正式建议议定书(包括关税减让表和《国际贸易组织宪章》中的贸易政策条款)在预备会议结束时由与会各国签署并实现先期生效,从而有助于确保美国主要政策目标的基本实现。由此可见,美国政府已经清楚地预见到国际贸易组织前景莫测,因此建议议定书独立生效,从而为关贸总协定制度的建立埋下了伏笔。① 实际上,有关国家谈判和签署《关贸总协定》的依据就是来自"2·6备忘录"的程序设计,因此,"2·6备忘录"所蕴含的程序规划和策略考虑催生了建立关贸总协定制度的设想。进而言之,"2·6备忘录"是关贸总协定制度的设计源头,由此表明以关贸总协定制度为基础的多边贸易体系的建立正是基于美国的政策规划。

鉴于联合国经社理事会决议以及美国的"2·6备忘录"均未对筹委会会议的具体召开时间作出明确安排,因此,为最终确定筹委会会议的会期,专门被国务院派往伦敦负责与英国方面磋商贸易政策事务的公使衔经济参赞哈里·霍金斯(Harry C. Hawkins)于1946年2月23日致电国务院,认为筹委会会议面临繁重的事务压力,不宜仓促行事,且有关国家也需要足够的时间进行准备,因此建议将筹委会会议的召开时间推迟至1946年9月1日(在此之前,

---

① 舒建中:《关贸总协定的建立与美国对外政策》,第35页。

美国在向 15 个"核心国家"发出邀请时曾建议于 3 月或 4 月举行预备会议)。克莱顿以及国务院官员经认真研究后认为,筹委会会议的确尚存许多准备工作有待完善,因此接受了霍金斯的建议,认为 9 月 1 日的会期是可行的。与此同时,克莱顿以及国务院均倾向于在 6 月或 7 月召集一个筹备委员会成员国的短期会议,以便借此机会进一步向有关的"核心国家"灌输美国"多边自由贸易计划"和"2·6 备忘录"所包含的政策原则。①

但身在伦敦的霍金斯却对克莱顿的有关设想提出了不同的看法。2 月 28 日,霍金斯再次致电国务院,正式就预备会议的程序调整提出了建议。霍金斯指出,筹委会会议的推迟不仅仅是时间调整问题,而且还应是美国政策推进的内在要求,其准确的政策意义是:将预备会议推迟至 9 月的首要目的就在于利用这段时间以敦促"核心国家"就美国的"多边自由贸易计划"达成基本一致。霍金斯进而认为,有关国家将"不可避免"地对美国的计划提出各种各样的相反意见,预备会议上出现"冗长的争论"也应是意料中事。正是基于此种判断和预见,霍金斯指出,有关的原则争论必须在 9 月会议之前解决,否则,拟议中的关税谈判将受到严重干扰并导致 9 月会议"被不恰当地拖延下去";此外,如果一般原则条款的谈判同关税减让谈判在 9 月会议上同时进行,其他国家将毫不犹豫地以谋求最大限度地削减美国的关税作为接受美国"多边自由贸易计划"的条件,这不仅会影响谈判的进程,而且还将削弱美国的谈判地位,并"使 9 月会议陷入混乱状态"。有鉴于此,霍金斯认为克莱顿以及国务院所竭力主张的 6 月或 7 月的会议应是一个具有实

① *FRUS*, 1946, Vol. I, pp. 1292—1294.

克莱顿

质性谈判内容的正式的国际会议,通过这次会议,有关的"核心国家"应就美国的"多边自由贸易计划"达成严格的一致,进而为9月会议奠定可靠的基础。霍金斯指出,如果有关国家能先就美国"多边自由贸易计划"的一般原则达成一致,那么,"关税减让表的制定就有了足够的依据"。基于以上理由,霍金斯建议6月或7月的会议应称为"筹备委员会会议",经社理事会决议所指定的筹备委员会成员国均应参加此次会议。① 由此不难看出,"霍金斯方案"深中肯綮之处就在于:它强调应将多边关税减让谈判同"多边自由贸易计划"一般条款的谈判分开进行,建议预备会议(即筹委会会议)应分两步走,首先,有关国家应致力于就美国"多边自由贸易计划"的一般原则条款展开谈判并寻求达成一致;第二,以有关国家就美国"多边自由贸易计划"的基本原则所达成的初步一致为基础,有效地组织多边关税减让谈判。从这个层面上讲,"霍金斯方案"的政策意义就是对克莱顿主持设计的"2·6备忘录"所规定的预备会议的谈判程序作出了适当调整,其目的就在于更加顺利地推进美国的"多边自由贸易计划"。

在收到霍金斯的建议后,克莱顿及其贸易政策设计班子结合国际国内形势进行了认真的权衡和研究,并最终决定采纳"霍金斯方案"所作的程序调整。4月18日,威尔科克斯代表克莱顿致电霍金斯,充分肯定了"霍金斯方案"的政策意义,明确告知美国政府正式决定将多边关税减让谈判推迟至1947年。②

在作出推迟多边关税谈判的政策抉择的同时,克莱顿迅即指

---

① *FRUS*, 1946, Vol. I, pp. 1294—1297.
② Ibid., p. 1313.

示国务院贸易政策设计班子对预备会议的时间表作出了相应的调整。在征得克莱顿的同意后,威尔科克斯于4月25日将修改后的时间表通知了霍金斯,其主要内容为:(1)美国政府建议筹备委员会会议于7月1日举行,此次会议的主要目的是围绕美国的"多边自由贸易计划"展开谈判并寻求达成实质性一致;在吸收有关谈判成果的基础上,美国政府将拟定一份宪章建议案并在此次会议结束之时递交给筹委会所有成员国。(2)在筹委会成员国对美国提交的宪章建议案进行充分研究之后,筹委会将于1947年3月举行第二次会议以便对宪章建议案进行全面讨论,同时以有关国家就多边自由贸易政策所达成的原则一致为基础,开始关税贸易壁垒的谈判(即多边关税谈判)。(3)为作好充分准备以稳步有序地推进多边关税谈判,美国政府仍将积极敦促有关国家加紧制定各自的关税减让计划并在相互之间展开初步的磋商。① 由此可见,在仔细权衡了多边关税和贸易谈判所面临的国际国内形势之后,克莱顿以及国务院最终采纳了"霍金斯方案"的有关建议,对预备会议的时间表作出了适当调整,决定筹委会会议分两阶段进行,多边关税谈判相应推迟至1947年,由此进一步完善了克莱顿主持制定的"2·6备忘录"所设计的谈判程序安排,并有力地推动了筹委会会议的尽速召开。

  随后,美英两国围绕筹委会会议的召开日期进行了一系列的磋商并最终达成一致,即筹委会会议定于10月15日在伦敦举行。②

---

① *FRUS*,1946,Vol. I,pp. 1318—1320.
② Ibid.,pp. 1323—1325.

克莱顿

  在美英两国协商一致之后,联合国随即于 5 月 28 日发表声明,宣布由于准备工作面临纷繁复杂的局面,贸易和就业国际会议将推迟至 1947 年,其筹备委员会会议将于 1946 年 10 月 15 日在伦敦举行。① 这样,在克莱顿以及美国政策设计者的艰苦努力下,经过美英两国的反复酝酿和谈判磋商,筹委会会议的议程和日期最终得以敲定。

  总之,在美国政府的积极努力下,联合国经社理事会按照美国的政策意图顺利通过了有关决议,于是,美国政府随即开始策划筹委会会议的召开事宜。与此同时,为确保筹委会会议沿着美国确定的方向进行,克莱顿主持起草的"2·6 备忘录"对预备会议的谈判议程和程序安排提出了建议并获得了英国等有关国家的认可。② 此后,"霍金斯方案"对"2·6 备忘录"的程序安排作出了相应的调整,明确了贸易政策谈判原则与关税减让谈判的阶段性推进策略,将最具敏感性和争议性的多边关税谈判推迟至筹委会会议第二阶段进行,因而进一步完善了"2·6 备忘录"的程序设计;克莱顿以及国务院则以灵活务实的态度采纳了霍金斯的建议。与此同时,克莱顿还鼎力支持国务院官员游说英国政府,促使英国接受了"霍金斯方案"的程序调整,从而为推动筹委会会议的尽速召开作出了重大的贡献。随着筹委会会期的确定,围绕美国"多边自由贸易计划"的实质性多边谈判随即全面展开。

---

① *FRUS*, 1946, Vol. Ⅰ, p. 1325.
② *FRUS*, 1946, Vol. Ⅰ, p. 1303.

第三节 "国际贸易组织宪章建议案"的公布

在设计贸易和就业国际会议及其筹备委员会会议的程序安排的同时,美国政府还加紧了《国际贸易组织宪章》的起草和制定工作,其主要目的就是将"多边自由贸易计划"的基本原则发展成为具体的宪章条款和详细规则,进而提交拟议中的筹备委员会会议审议,以此作为构筑美国领导下的战后国际贸易秩序及其制度体系的基础。基于此种考虑,"2·6 备忘录"亦将《国际贸易组织宪章》的起草问题作为预备会议准备工作的重要组成部分之一。

作为美国战后贸易政策设计工作的主要决策者和组织者,克莱顿始终密切关注着贸易政策设计与实施的整个进程及相关重要环节,并对美国战后贸易政策的设计工作作出了紧凑有序的统筹安排。在"多边自由贸易计划"公布之后,克莱顿领导下的国务院贸易政策设计班子随即以此为指南加紧草拟《国际贸易组织宪章》条款。1946 年 2 月 28 日,国务院国际贸易政策办公室拟定了《国际贸易组织宪章》的第一个草案文本并将其提交由克莱顿担任主席的对外经济政策执行委员会作进一步研究。经克莱顿认可后,对外经济政策执行委员会于 3 月中旬将宪章草案文本分送各附属委员会讨论。① 5 月 27 日,各附属委员会如期完成了宪章草案的初步审议,并将题为"国际贸易组织宪章草案"的新文本再次提交给克莱顿。从 6 月至 7 月,克莱顿亲自主持了对外经济政策执行委

---

① *FRUS*, 1946, Vol. Ⅰ, p.1283.

克莱顿

员会全体会议,对"宪章草案"进行了全面审查,并于7月19日批准了"联合国国际贸易组织宪章建议草案"。① 至此,克莱顿及其贸易政策设计机构在"多边自由贸易计划"的指导下完成了《国际贸易组织宪章》的起草工作。由此可见,在《国际贸易组织宪章》草案的设计和制定过程中,克莱顿同样发挥了重要的作用。

在起草宪章草案的同时,克莱顿对筹委会会议的其他准备工作仍然予以高度重视,强调相关准备工作切不可放松。根据克莱顿的建议,美国政府于6月下旬通知有关国家,重申根据"霍金斯方案"的程序调整,筹委会第一次会议将于多边关税谈判之前举行,但这并不意味着美国改变了"多边自由贸易计划"的基本进程,"2·6备忘录"仍是多边关税和贸易谈判的程序指南。与此同时,为表明推进"多边自由贸易计划"的决心,美国政府宣布将于近期向有关国家送交并公布美国起草的宪章草案。②

对于美国所宣称的将在筹委会第一次会议召开之前公布"国际贸易组织宪章草案"的政策意图,英国明确表示反对。英国认为,美国此举将会严重影响其他国家的政策思路,迫使有关国家在即将举行的谈判中采取带有倾向性的立场。英国方面强调指出,鉴于筹委会第一次会议的主要任务是围绕美国"多边自由贸易计划"的一般原则展开磋商,而不是旨在讨论宪章草案条款,因此,宪章草案的公布实乃不急之务。与此同时,英国方面又表示愿意与美国政府就宪章草案问题展开进一步的双边磋商。③ 毫无疑问,伦

---

① *FRUS*, 1946, Vol. Ⅰ, pp. 1328, 1336.
② Ibid., pp. 1325—1326.
③ Ibid., pp. 1328—1330.

敦方面的答复含蓄地反映了英国政府的担忧,即在筹委会第一次会议之前公布美国的宪章草案将会挤压英国在多边谈判中的周旋空间。有鉴于此,出于摸清美国政策意图和政策走向的考虑,英国在反对美国公布宪章草案的同时又竭力主张美英两国应先期举行双边谈判。

实际上,英国方面所隐含的担忧正是美国政府所期望的结果。从外交政策推进的角度和方法来讲,为收先声夺人之效,在筹委会第一次会议之前(即1946年10月之前)公布由美国拟定的"国际贸易组织宪章草案"并将其作为谈判的基础正是美国的政策目标所在。为贯彻美国的政策意图,克莱顿指示国务院贸易政策科科长温思罗普·布朗(Winthrop G. Brown)于7月16日再次致电霍金斯,声称美国政府决定公布宪章草案的主要目的是保持多边贸易谈判的推动力,进一步阐明美国的"多边自由贸易计划",同时履行"2·6备忘录"所作出的向有关国家递交宪章草案的承诺。为此,克莱顿要求霍金斯尽最大努力以敦促英国政府接受美方的立场。根据克莱顿及国务院的指示,布朗在电文中还明确指出,美国政府已经深切地感受到,"为使'核心国家'和筹备委员会之间的关系规范化,应邀请智利、挪威和黎巴嫩参加(关税)贸易壁垒的谈判",道理很简单:"核心国家"和筹备委员会在成员组成上的不一致已经造成了筹委会会议准备工作的"尴尬与混乱"[1]。

在收到布朗的电文以及克莱顿的指示之后,霍金斯立即会晤了英国有关官员并与英方进行了讨论。在会谈中,霍金斯重申了美国政府拟公布宪章草案的原则立场,明确表示作为筹委会成员

---

[1] *FRUS*, 1946, Vol. I, pp. 1330—1331.

克莱顿

国、智利、挪威和黎巴嫩理应参加关税谈判。但英方却不为所动，对在筹委会第一次会议之前公布由美国起草的"国际贸易组织宪章草案"再次表示反对，对邀请智利、挪威和黎巴嫩参加多边关税谈判表示难以理解。①

　　另一方面，随着"宪章建议草案"的制定完成，克莱顿及其贸易政策设计班子从总体上完成了多边自由贸易政策计划的规划工作，"多边自由贸易计划"的基本原则由此转化为具体的政策规则。此后，美国展开了积极的外交努力，决定不顾英国的反对，按照"2·6备忘录"所设计的路线图推进"多边自由贸易计划"的贯彻实施。在克莱顿及其贸易政策设计班子的建议下，美国政府于7月23日正式通知其他15个"核心国家"，就"加紧（筹委会会议的）各项准备工作"提出了进一步的建议：(1)美国"2·6备忘录"所设计的程序安排和关税谈判方式仍将是多边关税谈判的基本依据。(2)美国政府已根据"2·6备忘录"的程序安排拟定了"宪章建议草案"，该建议案对涉及"多边自由贸易计划"的所有领域均提出了更为详细的条款，因此，美国拟于8月初将"宪章建议草案"递交有关"核心国家"并予以公布。(3)鉴于"多边自由贸易计划"、"2·6备忘录"和"宪章建议草案"均是美国多边贸易政策以及战后贸易秩序设计的重要组成部分，为协调政策立场，美国政府计划在8月和9月期间同有关国家围绕上述方案展开双边磋商。(4)美国政府认为，多边关税谈判是筹委会第二次会议将要面临的"最艰难和最复杂的问题"，为确保"多边自由贸易计划"和"2·6备忘录"所规定的多边关税减让谈判获致成功，所有"核心国家"都必须迅速采取有

---

① *FRUS*, 1946, Vol. I, pp. 1331—1332.

效措施以相互提供初步的关税减让表(包括关税减让项目以及关税减让税率);美国方面强调指出,为确保多边关税谈判能够如期举行,所有的关税减让表的提交都必须在1946年底之前予以完成。① 由此不难看出,在多边自由贸易政策计划的总体筹划和设计工作基本结束之后,基于推进关税和贸易谈判的考虑,美国政府根据克莱顿的建议毅然采取了有力措施。

伦敦方面对美国政府不顾英国的反对而一意孤行的做法表露出强烈不满,但美国政府却坚持认为,鉴于筹委会会议召开在即,美国"不能再有任何拖延","宪章建议草案"的公布必须按照美国既定的路线图尽速实施。在克莱顿和威尔科克斯的坚持下,国务院于8月2日致函英国政府,声称除非英国能够提供"具有说服力的"反对意见,否则,美国政府计划于8月5日将宪章草案通知有关"核心国家";美国政府同时声称对于宪章草案的公布"将自负其责,决不会以任何方式暗示英国就此承担了义务"。国务院还指出,美国政府打算立即将邀请智利、挪威和黎巴嫩参加多边关税谈判的决定通知其他"核心国家"。在函电的最后,国务院强硬地表示,上述决定不可更改,美国"不会接受任何反对意见"。②

不难看出,英国政府的强烈反对并未动摇包括克莱顿在内的美国决策者的决心,恰恰相反,美国政府坚持认为"宪章建议草案"的公布是美国贸易政策推进的必然之举,由美国单方面提出宪章草案"甚至是更好的选择"③,即可以充分展示美国的贸易政策立

---

① *FRUS*, 1946, Vol. I, pp. 1337—1338.
② Ibid., pp. 1340—1341.
③ Ibid., p. 1343.

克莱顿

场。正是基于全面推进"多边自由贸易计划"的考虑,美国政府按照既定路线图于 8 月 5 日将"宪章建议草案"正式通知了筹委会其他 18 个成员国,声称此举是为了进一步阐明"多边自由贸易计划"的原则规范和政策目标,推动筹委会会议的准备工作。美方同时强调指出,"宪章建议草案"仅仅是作为"国际谈判的基础",并不代表美国政府"固定不变的立场"。①

与此同时,美国还通知其他 15 个"核心国家",称根据经社理事会决议,智利、挪威和黎巴嫩均是筹委会成员国,因此,上述三国不应被排除在关税谈判之外,美国据此拟邀请其参加多边关税谈判。美国政府的建议立即获得了大多数"核心国家"的赞同,面对美国刻意营造的诸多压力,英国方面不得不改变立场,同意上述三国参加多边关税谈判。在征得绝大多数"核心国家"的同意之后,美国政府于 8 月 19 日正式邀请智利、挪威和黎巴嫩参加关税谈判,上述三国欣然接受了美国的邀请。②

以"国际贸易组织宪章建议草案"送交筹委会成员国为契机,"宪章建议草案"的公布自然是顺理成章。在克莱顿以及国务院的筹划下,美国政府于 9 月 12 日通报有关国家,宣布将于 9 月 20 日公布"宪章建议草案"③,从而再次表明了美国政府将遵循其政策路径和战略部署全力推进"多边自由贸易计划"的政治意愿。

1946 年 9 月 20 日,美国政府按照政策推进的阶段性步骤如期公布了宪章草案,其正式名称确定为"联合国国际贸易组织宪章建

---

① *FRUS*, 1946, Vol. Ⅰ, pp. 1339—1340, 1342—1343.
② Ibid., pp. 1343—1344.
③ Ibid., p. 1343.

议案"(简称"宪章建议案"),其主要内容为①:

1. 关于建立国际贸易组织的目的。"宪章建议案"指出,建立国际贸易组织的主要目的就是:通过削减关税和其他贸易壁垒及取消国际贸易中一切形式的歧视待遇以实现世界经济的发展,进而为维护世界和平奠定牢固的经济基础。

2. 关于一般贸易政策条款。"宪章建议案"规定:(1)成员国的关税政策应遵循最惠国待遇原则;(2)成员国应禁止增加新的特惠待遇措施并逐步取消尚存之特惠待遇;(3)最惠国待遇原则和国民待遇原则应普遍适用于国内税及国内规章。

3. 关于关税和特惠关税条款。"宪章建议案"规定:(1)成员国均应遵循互惠原则并以此为基础就削减关税和取消特惠关税展开谈判;(2)特惠关税差额应随着最惠国关税的削减而自动削减或取消。

4. 关于数量限制条款。"宪章建议案"确立了一般取消数量限制的基本原则,但允许有以下例外:(1)农产品数量限制,只要此种数量限制是出于国内政策的需要;(2)基于维护贸易收支平衡而实施的数量限制,但此种数量限制必须符合规定的条件。此外,所有数量限制例外措施的实施都必须遵循非歧视原则。

5. 关于紧急措施条款。"宪章建议案"所包含的免责条款明确规定,成员国可收回或修改业已作出的关税减让,其条件是:(1)必须事先书面通知国际贸易组织;(2)有证据表明业已作出的关税减让对国内产业造成了严重损害或严重损害的威胁,而收回或修改此种减让对于防止损害是必不可少的。

---

① Ibid., pp.1332—1336, 1343; *DAFR*, Vol. Ⅷ, 1945—1946, pp.628—629.

6.关于组织机构条款。"宪章建议案"明确设计规划了大会、贸易政策委员会、关税委员会、秘书处等国际贸易组织的主要机构。

由此可见,"宪章建议案"以"克莱顿计划"为基础,明确提出了具体实施多边自由贸易政策的详细条款①,因而是美国战后贸易政策设计的重要组成部分。同时应当看到,克莱顿在"宪章建议案"的制定过程中同样发挥了不容忽视的政策设计和决策作用,"宪章建议案"的具体条款不仅体现了美国多边自由贸易的政策原则和战略目标,同时也集中反映了克莱顿的多边自由贸易思想。随着"宪章建议案"的提出和公布,美国多边自由贸易政策的总体设计工作基本结束,"多边自由贸易计划"、"2·6备忘录"和"宪章建议案"在美国贸易政策设计中形成了三位一体的格局,共同构成为擘画美国主导下的多边贸易制度的指导性文件。具体地讲,"多边自由贸易计划"具有原则性和统领性的特征,即从总体上确立了美国多边自由贸易政策的基本原则;"2·6备忘录"和"宪章建议案"则分别具有程序性和规则性的特征,是对美国多边自由贸易政策的程序和规则界定。其中,"2·6备忘录"对"多边自由贸易计划"的谈判和实施程序作出了详细周密的规定,而"宪章建议案"则将"多边自由贸易计划"的基本原则发展成具体的规则条款,其贸易政策条款(即非关税贸易壁垒条款)基本奠定了关贸总协定制度的主体框架。

总之,在"多边自由贸易计划"制定完成并公布之后,克莱顿领导下的贸易政策设计班子旋即加紧制定完成了"宪章建议案",其

---

① 舒建中:《关贸总协定的建立与美国对外政策》,第36页。

目的就在于以此作为塑造美国领导下的战后国际贸易制度体系的规则基础,在更具操作性的规范框架内全面实施美国提出的"多边自由贸易计划"。同时,克莱顿主持制定的"宪章建议案"的公布也意味着"多边自由贸易计划"的基本原则终于转化为详细具体的规则条款,从而标志着美国的"多边自由贸易计划"进一步得到充实,其具体化和规范化程度明显提高。至此,美国政府将一个具有明确权利义务关系的"宪章建议案"摆在了筹委会成员国的面前,并使之成为国际谈判的重要基础。进而言之,随着克莱顿主持设计的"多边自由贸易计划"、"2·6备忘录"和"宪章建议案"的相继提出,美国基本上圈定了战后多边贸易制度体系的规则和程序框架。

纵观美国多边自由贸易政策计划,包括关贸总协定制度的设计过程,作为负责对外经济事务的助理国务卿,克莱顿发挥了至关重要的作用。具体地讲,克莱顿的作用主要体现在三个方面:第一,主持美国多边自由贸易政策计划的具体设计。在就任负责对外经济事务的助理国务卿之后,克莱顿立即带领其贸易政策设计班子——主要是美国对外经济政策执行委员会、国务院国际贸易政策办公室及其下设的贸易政策科——依据削减贸易壁垒和取消歧视待遇的多边自由贸易政策原则,着手规划美国具体的多边自由贸易政策计划,并先后起草制定了"多边自由贸易计划"、"2·6备忘录"和"宪章建议案",从基本原则、程序规则和具体规则等三个方面有条不紊且层次清晰地完成了美国多边自由贸易政策计划的整体规划和设计工作,为美国战后多边自由贸易政策的推进提供了主要的思路和蓝图,并为美国主导下的关贸总协定制度的建立开辟了现实和有效的途径。第二,美国的多边自由贸易政策计划反映了克莱顿的贸易思想。自由贸易是克莱顿长期信奉的理念,因

克莱顿

此,克莱顿对赫尔的互惠贸易协定计划和多边自由贸易的政策原则始终持坚定支持的态度。在具体设计美国战后多边自由贸易政策计划的过程中,克莱顿始终不渝地恪守在多边的基础上削减贸易壁垒和取消歧视待遇的原则宗旨,并将其融会贯通于政策设计的整个进程中,确保了美国多边自由贸易政策原则在整个政策计划设计中的中心地位。与此同时,为谋求美国的贸易领导权,克莱顿坚信应由美国主持设计战后国际贸易秩序,并为此提出了一系列的政策计划方案,充分体现了美国的战略意图和政策目标,从政策设计的角度完成了制定美国主导下的多边贸易制度规则并构筑美国领导下的国际贸易秩序的前期准备。第三,推动美国的多边自由贸易政策计划成为国际谈判的唯一基础。在主持制定多边自由贸易政策计划的同时,克莱顿还积极参与有关的外交活动和贸易谈判,按照美国政策设计的进程张弛有序地推动了美国多边自由贸易政策计划的逐步实施。首先,在"多边自由贸易计划"初步酝酿成熟之际,克莱顿率先倡导对英贷款和贸易谈判,并以此促使英国政府同意支持美国的"多边自由贸易计划",为美国多边自由贸易政策计划的顺利推进创造了重大的转机。随后,在联合国经社理事会决议的通过、"2·6备忘录"的程序调整以及"宪章建议案"的公布并获得有关国家的原则认可等方面,克莱顿均发挥了不容忽视的组织、策划和推动作用,最终促使美国的政策计划成为国际谈判的唯一基础和指导性文件,从而为美国主导下的多边关税和贸易谈判的全面展开创造了条件,同时亦为美国主导下的关贸总协定制度的建立铺平了道路。从这个意义上讲,克莱顿堪称关贸总协定制度的主要设计师。

毋庸置疑,自克莱顿担任助理国务卿并主持美国战后贸易政策的设计工作以来,美国多边自由贸易政策的推进确实取得了历史性的突破,克莱顿"惊人的工作业绩"亦博得了国务卿贝尔纳斯的高度赞赏。在国会的公开演讲中,贝尔纳斯对克莱顿大加褒扬,称赞克莱顿所承担的工作任务"超过了我所认识的任何一个人",但克莱顿"却用最富效率的方法成功履行了所有的职责"。正因为在主持设计美国多边自由贸易政策计划中的突出表现,克莱顿于1946年8月被任命为负责经济事务的副国务卿。① 此后,克莱顿便全力以赴地投入了筹建关贸总协定制度的多边谈判中。

---

① *DAFR*, Vol. Ⅷ, 1945—1946, pp. 51—53.

第四章 政策谈判：克莱顿与关贸总协定制度的建立

第一节 日内瓦会议召开的背景

随着联合国贸易和就业国际会议筹备委员会第一次会议的临近，美国与会的各项准备工作亦部署就绪。10月2日，杜鲁门总统根据国务院的建议正式授权组建了美国赴联合国贸易和就业国际会议筹备委员会第一次会议的代表团，并任命国务院国际贸易政策办公室主任威尔科克斯为代表团团长，美国驻英使馆经济参赞霍金斯为副团长（威尔科克斯和霍金斯均是多边自由贸易的积极支持者，美国多边自由贸易政策计划的重要设计者，被称为是克莱顿的左膀右臂）；除国务院官员外，其余的代表团成员则分别来自财政部、农业部、劳工部和美国关税委员会。① 至此，美国政府完成了筹委会第一次会议的全部准备工作。

---

① *FRUS*, 1946, Vol. Ⅰ, p.1351.

1946年10月15日—11月26日,联合国贸易和就业国际会议筹备委员会第一次会议在伦敦举行,出席会议的有筹委会18个成员国(苏联未出席会议)。在此期间,美国展开了积极的外交活动,进一步确保美国的"宪章建议案"成为伦敦会议讨论的唯一基础,促使贸易政策谈判取得了重大成果,推动与会各国就美国"宪章建议案"的大部分条款达成了相当的共识。具体地讲,在美国"宪章建议案"的89个条款中,伦敦会议就其中的74个条款达成了基本的一致,"这包含了所有最重要的实质性问题",正因为如此,伦敦会议所形成的宪章草案(简称"伦敦宪章草案")"充分体现了美国所倡导和坚持的基本原则"。进而言之,"伦敦宪章草案"的主要条款"几乎完全因袭了美国'宪章建议案'的规则模式,(美国)在基本的原则问题上没有作任何重要的让步"[①],由此表明伦敦会议与会国共同认可了美国"宪章建议案"所提出的基本原则和规则框架。

根据"2·6备忘录"的程序安排,美国政府明确建议筹委会成员国之间应签署一个包括关税减让表和非关税贸易壁垒条款在内的议定书并先行生效。为确保这一程序安排的顺利实现,美国在伦敦会议期间还积极推动有关国家就此展开了紧张磋商,竭力敦促筹委会成员国就"2·6备忘录"所规定的相关程序事宜达成了协议,这就是伦敦会议所确认的"伦敦报告附件10",其正式名称确定为"关于在筹委会成员国之间通过一个《关税和贸易总协定》以使《国际贸易组织宪章》的某些条款产生效力的程序的报告"。该报告的主要内容为:(1)伦敦会议与会各国一致认为,实现多边关税减让和取消特惠关税是关税谈判的首要目的。(2)伦敦会议与会

---

① *FRUS*, 1946, Vol.Ⅰ, pp.1359, 1364—1365.

克莱顿

各国确认多边关税减让谈判的方式应采用美国所主张的选择性关税削减法,即关税谈判应建立在有选择的、产品对产品的原则基础上。(3)伦敦会议与会各国认为,以最惠国待遇原则为基础,所有的关税减让成果应实现多边化适用,此即"双边—多边"模式。(4)伦敦会议与会各国一致同意,根据关税减让与特惠关税挂钩的原则,特惠关税差额应随着最惠国关税的削减而自动削减或取消,有关国家必须承诺约束特惠关税差额。(5)伦敦会议与会国经磋商后认为,筹委会成员国之间应先行签署一个《关税和贸易总协定》并使其生效,该协定将包括关税减让表和宪章中的非关税贸易壁垒条款。①

通过上述内容不难看出,"伦敦报告附件10"实际上采纳并确认了克莱顿主持设计的"2·6备忘录"所提出的谈判程序安排,从而为有关国家在日内瓦会议上谈判建立关贸总协定制度提供了进一步的依据。从美国多边自由贸易政策推进的进程来看,以有关国家共同认可的形式拟定的"伦敦报告附件10"中有关《关贸总协定》先期生效的程序安排对美国具有重要的意义。鉴于美国贸易法律制度的特殊性,美国政府是依据阶段性延期的《互惠贸易协定法》的授权进行关税和贸易谈判的,在此授权下签订的双边或多边贸易协定将无须提交美国国会审议批准而产生效力。由于《1945年贸易协定延长法》将于1948年6月到期,因此,为确保多边自由

---

① FRUS, 1946, Vol. Ⅰ, pp. 1359, 1365; William Adams Brown, Jr., *The United States and the Restoration of World Trade: An Analysis and Appraisal of the ITO Charter and the General Agreement on Tariffs and Trade*, Washington D. C.: The Brookings Institution, 1950, pp. 131—132; Karin Kock, *International Trade Policy and the GATT*, pp. 63—65.

贸易政策的实施,美国政府"抱有强烈的愿望以使《关贸总协定》在《互惠贸易协定法》到期之前发挥效力"①,而伦敦会议所形成的"伦敦宪章草案"以及"伦敦报告附件 10"则为美国实现这一目标开辟了途径。

为进一步推进多边关税和贸易谈判,伦敦会议根据美国的提议就下一步的谈判进程作出了具体安排,决定成立一个起草委员会,该起草委员会将于 1947 年 1 月在纽约聚会,其任务就是负责整理"伦敦宪章草案",并就伦敦会议尚存之分歧提出解决方案。伦敦会议还决定,筹委会将于 1947 年 4 月在日内瓦举行第二次会议,其主要议程是继续磋商并完善《国际贸易组织宪章》;与此同时,与会各国应根据初具规模的《国际贸易组织宪章》的原则精神,就削减关税和其他贸易壁垒以及导向取消特惠制进行谈判并寻求签署有关多边协定。②

克莱顿夫妇在前往日内瓦途中

---

① John H. Jackson, *The World Trading System: Law and Policy of International Economic Relations*, Cambridge and London: The MIT Press, 1997, p.39.
② *FRUS*, 1946, Vol. Ⅰ, pp.1358—1359.

克莱顿　　值得注意的是,作为负责经济事务的副国务卿,克莱顿尽管没有出席伦敦会议,但却时刻关注着会议的谈判进程。为敦促有关国家采取措施以推进伦敦会议,克莱顿于 11 月 13 日发表公开讲话,重申"放弃'多边自由贸易计划'是难以想象的,因为此举意味着历史的倒退,并将给世界和平带来严重的后果"①。在伦敦会议结束后,克莱顿立即指示国务院国际贸易政策办公室提交书面报告。12 月 5 日,国际贸易政策办公室将"伦敦宪章草案"及伦敦会议的相关文件提交克莱顿审阅并得到了克莱顿的认可。② 此后,克莱顿及其贸易政策设计班子迅速将目光投向了即将在日内瓦举行的筹委会第二次会议和多边关税谈判,并紧锣密鼓地开始了积极的筹划和准备,有关的工作重心亦转向提出美国的关税减让表。

　　应当看到,伦敦会议所形成的"伦敦宪章草案"及相关文件进一步确认并完善了美国提出的"宪章建议案"的总体框架,从而表明《国际贸易组织宪章》的最后制定"在形式和内容上均不会发生重大变化"③。因此,伦敦会议在推进美国"多边自由贸易计划"的进程中占有十分重要的地位。首先,美国"宪章建议案"的基础地位得到了伦敦会议的承认。美国战后贸易政策的重要目标之一,就是按照美国提出的计划制定削减贸易壁垒和取消歧视待遇的具体规则。在美国的积极推动下,伦敦会议与会各国围绕美国设计提出的"宪章建议案"展开了广泛讨论并就其中的绝大部分条款达成了初步一致,进而以美国的"宪章建议案"为基础拟定了共同认

---

① Robert R. Wilson, "Toward a World Conference on Trade and Employment", p. 131.
② *FRUS*, 1946, Vol. Ⅰ, pp. 1357—1359.
③ Ibid., p. 1360.

可的"伦敦宪章草案"。因此,伦敦会议的谈判成果意味着与会各国原则上接受了美国"多边自由贸易计划"和"宪章建议案"所界定的贸易政策规则,初步确立了美国提出的贸易政策原则和规则的主导地位。其次,美国"2·6备忘录"所设计的谈判程序安排得到了伦敦会议的正式确认。实现美国贸易政策目标的现实途径就是按照美国《互惠贸易协定法》所规定的贸易和关税谈判模式组织多边谈判,这也是克莱顿主持设计提出"2·6备忘录"的基本动因之一。在伦敦会议上,"2·6备忘录"的程序设计——如选择性关税削减法、"双边—多边"关税谈判与适用模式以及议定书(包括关税减让表和贸易政策条款)先期生效等——均为与会各国所接受并载入了"伦敦报告附件10";更为重要的是,"伦敦报告附件10"还明确提出通过《关税和贸易总协定》的形式落实"2·6备忘录"的程序安排,从而为美国"多边自由贸易计划"的实现以及关贸总协定制度的建立开辟了更为现实和有效的途径。总之,伦敦会议是全面推进美国"多边自由贸易计划"的第一次多边国际会议,作为这次会议的最重要的谈判成果,美国的"多边自由贸易计划"、"2·6备忘录"和"宪章建议案"在关税和贸易谈判中的主导地位首次在多边框架内获得了伦敦会议与会国的认可,正因为如此,伦敦会议就成为美国推进"多边自由贸易计划"的"一个重要步骤"①。

根据美国政府的提议以及伦敦会议的决定,由美国、英国、法国、加拿大、比利时、荷兰、卢森堡等国组成的起草委员会于1947

---

① John C. Campbell, *The United States in World Affairs*, p.390.

克莱顿

年1月20日—2月25日在纽约的成功湖畔如期举行了一次协调会议①,其主要任务就是进一步整理和完善"伦敦宪章草案"。作为此次会谈的成果,纽约会议形成了一个更为完整的宪章"修订草案",有关国家随即同意按照约定连同伦敦会议的其他文件一并提交筹委会第二次会议审议。②

随着伦敦会议的顺利结束,美国政府全面推进"多边自由贸易计划"的努力进入了关键性的冲刺阶段。但另一方面,第二次世界大战的硝烟尚未散尽,国际局势和大国关系却已发生了深刻而巨大的变化,特别是1946年以来美国国内形势的发展变化、美苏关系的日趋紧张,更使美国的"多边自由贸易计划"以及美国重塑战后国际贸易秩序的努力开始面临诸多新的不利因素和复杂局面,并将严重影响多边关税和贸易谈判的进程。在日内瓦会议开幕之前,推进"多边自由贸易计划"的阻力则首先来自美国国会。

在美国国内,对外贸易政策常常沦为民主党和共和党进行政治争夺的工具,第二次世界大战结束之后,国内政治因素对美国贸易政策的制约变得更加严峻。在1946年的国会中期选举中,历来主张贸易保护主义的共和党在国会参众两院均赢得了多数席位,从而使民主党政府的多边自由贸易政策开始面临空前的政治纷争和压力,美国的贸易政策走向迅速变得扑朔迷离。1947年初,共和党众议员詹金斯和共和党参议员巴特勒领导发起了一场对互惠贸易协定计划乃至多边自由贸易政策的猛烈攻击,要求国会重新通过法案或决议,以便终止总统的关税谈判授权并规定对外贸易协

---

① M. A. G. van Meerhaeghe, *International Economic Institutions*, Dordrecht and Boston: Kluwer Academic Publishers, 1987, p. 101.

② FRUS, 1947, Vol. Ⅰ, p. 909.

定需经参议院批准方可生效。①

美国政府顷刻之间意识到了问题的严重性,因为詹金斯和巴特勒的提议如果被国会所采纳并形成决议,那么,美国政府推进"多边自由贸易计划"、按照美国的意愿重塑战后国际贸易秩序的努力无疑将面临险境;特别是在日内瓦会议即将召开的情况下,上述提议的通过无疑将使美国政府实施"多边自由贸易计划"的所有成果前功尽弃。在此关键时刻,杜鲁门总统指示克莱顿等人紧急同国会领导人进行协商,要求克莱顿全力阻止国会通过任何终止总统关税谈判授权的决议。克莱顿等人受命后不遗余力地对国会展开了紧张的游说工作,并凭借与国会长期保持的良好工作关系,最终同国会领导人就关税和贸易谈判的授权等问题达成了妥协,这就是所谓的"米利金—范登堡妥协案"。

1947年2月7日,参议院财政委员会主席米利金和参议院对外关系委员会主席范登堡发表联合声明,就互惠贸易协定计划和美国的贸易政策之争表达了共同的观点。该声明首先指出,随着"多边自由贸易计划"的提出和实施,贸易政策已经成为美国外交政策的重要组成部分,同时也是美国寻求国际经济合作的重要基础。该声明进而强调,作为美国政策推进的必要步骤,国务院已经邀请了18个国家于4月同美国进行贸易协定谈判,为此,有关国家均已着手展开积极的筹备工作,美国国内的听证会已经开始进行,有鉴于此,"从美国的对外关系考虑出发,这些计划均不应加以放弃或被不必要地拖延"。但米利金和范登堡联合声明随即重申,"在美国国内存在着相当强烈的完善(贸易协定)程序的要求,以便

---

① *DAFR*, Vol. Ⅸ, 1947, p.440

克莱顿

进一步确保美国的国内经济免遭关税减让的损害"。为缓解国内对多边关税减让的担忧,该声明明确要求总统在行政授权范围内采取措施以避免关税减让对国内经济造成损害,即"在总统的提议下,今后美国签订或续签的每一个贸易协定中均应包含一项'免责条款'。如果在实践中美国作出的任何关税减让构成了对受影响的国内利益的损害,美国将可以自由地撤回或修改有关的关税减让"。这就是"米利金—范登堡妥协案"的主要内容,其目的就在于敦促总统采取"行政保障措施",以"排除关于立法行动的要求"①。作为美国政坛元老,米利金和范登堡的联合声明无疑极大地缓解了美国国会对互惠贸易协定计划的攻讦,避免了国会就终止《互惠贸易协定法》采取行动。但米利金和范登堡联合声明亦清楚地表明,面对国会的巨大压力,美国政府必须在贸易政策上作出让步与妥协。

为回应"米利金—范登堡妥协案"的要求,并作为履行克莱顿等人同国会所达成的政治妥协的必要步骤,杜鲁门总统在与克莱顿等国务院官员研究后于2月25日颁布了"关于互惠贸易协定计划的实施程序的规定",这就是对美国战后贸易政策产生了重要影响的"第9832号行政命令"。该行政命令宣布,"为了在贸易协定计划的实施中使美国各产业部门的利益得到有效的保护",美国政府根据《互惠贸易协定法》授权签订的每一个贸易协定均应包含一项"免责条款",即"如果由于未可预见的发展和美国对产品给予贸易协定所规定的减让,使这种产品正以使美国国内相同产品的生产者受到严重损害或损害威胁的增长数量和条件进口,美国可自

---

① *DAFR*, Vol. Ⅸ, 1947, pp. 440—442.

由地根据避免此种损害的必要程度和阶段全部或部分地撤回该减让或修订该减让"①。

应予强调的是，美国政府先期提出的"宪章建议案"亦包含了一项免责条款，但"宪章建议案"中的免责条款与"行政命令"所规定的免责条款却具有截然不同的性质。"宪章建议案"中的免责条款既含有贸易保护的意图，又在一定程度上带有以此为筹码推动多边关税谈判的成分，而且，作为政策建议，该条款尚需有关国家谈判协商方可最后确定；而"行政命令"中的免责条款却明确宣布其目的就在于保护美国的国内产业。不仅如此，由于"行政命令"的规定对美国政府具有法律上的规范性和强制性，必须在美国签署的贸易协定中有所体现，因此，美国政府在日内瓦会议上采取了毫不妥协的立场以贯彻此规定，迫使其他国家同意在多边关税和贸易协定中明确列入有关"免责条款"的规则，并使该规则完全沿袭了美国"行政命令"的制度模式，从而再次展示了美国贸易政策的影响力。

需要指出的是，在美国政府同国会展开的此番政治较量中，克莱顿亦发挥了积极而重要的作用。在《互惠贸易协定法》的关税谈判授权面临被终止危险的关键时刻，克莱顿受命同国会进行了紧急斡旋与磋商，并运用其耐心和毅力以及同国会领导人的良好关系，劝说国会领导人同意继续支持美国政府提出的"多边自由贸易计划"，支持即将举行的日内瓦多边关税和贸易谈判。作为克莱顿同国会达成妥协的一个重要结果，"行政命令"尽管强制性地要求在美国签订的贸易协定中增加"免责条款"，但此举毕竟成功阻止

---

① DAFR, Vol. IX, 1947, pp. 442—445.

克莱顿　了国会试图通过终止《互惠贸易协定法》授权的法案或决议，从而确保了美国能够如期参加即将举行的日内瓦关税和贸易谈判。从这个意义上讲，克莱顿同国会领导人的谈判仍然取得了有利于推进多边贸易政策的折中方案，同时也表明了克莱顿为捍卫"多边自由贸易计划"所作的巨大努力。

　　美国"多边自由贸易计划"的推进在1947年除了面临巨大的国内政治压力之外，还同时面对着瞬息万变的国际局势对美国政策计划的影响，美苏关系的急剧恶化更是成为制约美国贸易政策的重要环境条件，国际局势的风云开阖由此不可避免地波及即将召开的日内瓦会议以及美国的政策选择。自第二次世界大战结束以来，美苏关系的嬗变成为影响国际关系发展方向的关键因素。随着美苏在东欧以及德国问题上的战略对抗的进一步加剧，两国关系迅速趋于恶化；与此同时，美国以苏联扩张为由，在中东北部的伊朗和土耳其问题上对苏联采取了公开的强硬立场，导致美苏关系最终发生了根本性逆转，从昔日并肩作战的盟友演变成为针锋相对的冷战对手。作为美国政策转变的标志，在日内瓦会议召开前1个月的1947年3月，经过紧张酝酿的"杜鲁门主义"出笼，美苏冷战格局正式形成。从国际关系的总体层面上讲，冷战格局的形成对战后国际政治、经济和军事关系的影响是重大而深远的；同样值得重视的是，冷战格局的形成对日内瓦会议以及关贸总协定制度的影响亦是直接而深刻的。进而言之，美苏冷战格局的形成对1947年日内瓦会议以及关贸总协定制度的影响主要表现在两个方面：

　　首先，冷战格局的形成是促使美国加快组建关贸总协定制度的重要因素。随着冷战格局的形成，美国政府从遏制政策的战略考虑出发,积极寻求组建美国领导下的西方冷战同盟体系。同时应当看到,美国组织冷战同盟体系的政策不仅包括西方资本主义世界的政治军事联盟,而且还要求尽快将有关国家纳入美国主导下的国际经济(包括国际金融和贸易)秩序以"抵御共产主义",因此,"遏制政策和保护美国的资本主义生活方式刺激了贸易自由化的努力"①。换言之,冷战因素促使美国加紧在日内瓦会议上组建关贸总协定制度并以此为基础构筑美国领导下的战后国际贸易秩序。

其次,冷战格局的形成促使美国在关税和贸易谈判中寻求折中策略。在冷战格局的背景下,遏制政策成为美国对外政策的优先考虑,这种优先考虑同样影响到美国在日内瓦会议上的谈判立场。为避免因贸易政策的分歧而危及西方盟国的团结,美国在日内瓦会议上更多地奉行折中策略,在不违背美国"多边自由贸易计划"的基本原则的前提下有条件地允许例外规则,以此换取其他国家对日内瓦会议的积极参与以及对美国主导下的关贸总协定制度规则的总体认可。因此,维护西方资本主义世界的团结和加强冷战同盟的考虑是美国在日内瓦会议上寻求折中妥协的重要原因。

除了面临美国国内的政治压力和扑朔迷离的国际环境之外,日内瓦会议本身也必须面对诸多棘手的问题,尤其是关税谈判问题。鉴于多边关税谈判产品项目广泛,范围庞杂,且无先例可寻,因此,推进多边关税谈判的难度可想而知。换言之,出席日内瓦会议的 18 个国家将同时进行 100 多组关税谈判,日内瓦关税谈判将

---

① Thomas W. Zeiler, *Free Trade*, *Free World*: *The Advent of GATT*, Chapel Hill: The University of North Carolina Press, 1999, p. 77.

克莱顿

因之成为"人类历史上最复杂的一系列国际谈判"①。由此可见,日内瓦会议的多边关税和贸易谈判将是艰难曲折的。

尽管面临错综复杂的国际国内环境,美国政府仍表示将坚持"多边自由贸易计划"的政策原则,在即将召开的日内瓦会议上力争实现按照美国的政策计划重塑战后国际贸易秩序的战略目标。在1947年3月的一次公开演讲中,杜鲁门总统重申"未来国际经济关系的模式将取决于美国",强调"削减贸易壁垒是美国的既定政策……这一政策体现在美国提出的'国际贸易组织宪章(建议案)'之中,它是美国寻求和平的所有计划的基石之一"②,由此表明了美国政府朝着多边自由贸易的政策和战略目标坚定迈进的决心。

多边关税减让是日内瓦会议需要谈判解决的核心问题之一,为此,美国国务院贸易政策设计班子在克莱顿的主持下准备了详细的关税减让方案,并按照《互惠贸易协定法》所规定的程序组织了一系列听证会。经多方协商和周密权衡,美国拟提交日内瓦会议谈判的关税减让方案日趋完备。在日内瓦会议召开之前,国务院贸易政策科科长、政府部门间贸易协定委员会主席布朗代表国务院于1947年4月2日向杜鲁门总统正式提交了国务院准备的关税减让表,希望以此作为美国"讨价还价的基础",并同出席日内瓦会议的其他17个国家展开关税谈判,以期推动多边关税减让协议的达成和美国政策目标的实现。国务院提交的关税减让表主要由两部分组成,一是美国要求其他国家作出的关税减让(包括削减或取消针对美国的歧视性特惠关税);二是美国向其他国家作出的关

---

① *FRUS*, 1947, Vol. I , pp. 961—962.
② *DAFR*, Vol. IX , 1947, pp. 408—410.

税减让。布朗在提交关税减让表的报告中指出,美国提供的关税减让是"最低限度的",因此"不会对国内利益造成实质性损害"。但布朗同时极具针对性地预言,美国的关税减让"仍有可能招致国内利益集团的有组织的强烈反对"①。

为最终敲定美国的关税减让表,杜鲁门总统于4月3日特地召集克莱顿、艾奇逊和布朗等3人专门就国务院所提交的关税减让表进行了讨论。作为关税减让表拟定工作的主要组织者和决策者,克莱顿竭力向杜鲁门总统说明,国务院制定的关税减让表综合评估了美国各产业部门的具体情况,因而是切实可行的。在讨论过程中,羊毛关税问题引起了杜鲁门总统的特别关注。为打消杜鲁门总统的顾虑,克莱顿随即指出,国务院充分考虑了美国国内羊毛产业的现状以及国会对羊毛关税减让的普遍异议,始终认为美国的羊毛产业必须置于贸易及相关政策的适当保护之下,正因为如此,国务院在关税减让表中仅就羊毛及其产品作出了约束关税的承诺。克莱顿同时强调,羊毛问题"对日内瓦会议获致成功是至关重要的",与会者对此持有同感。最后,杜鲁门总统批准了美国的关税减让表并保证将"全力支持"。②

总之,作为日内瓦会议近期准备工作的重要组成部分,克莱顿在规定"免责条款"的"行政命令"的颁布以及关税减让表的制定过程中均发挥了举足轻重的作用,竭尽全力地主持完成了日内瓦会议的全部准备工作,为推动日内瓦会议的如期召开作出了积极贡献。

---

① *FRUS*, 1947, Vol. I, pp. 911—913.
② Ibid., pp. 913—915.

克莱顿

第二节　克莱顿与日内瓦会议的主要谈判进程

1947年4月10日,联合国贸易和就业国际会议筹委会第二次会议在日内瓦举行,美国政府派出了阵容强大的代表团,由负责经济事务的副国务卿克莱顿亲自担任团长,威尔科克斯任副团长①(在美国多边自由贸易政策计划的设计以及多边关税和贸易谈判中,威尔科克斯一直是克莱顿最得力的助手之一)。尽管日内瓦谈判头绪纷繁,但美国凭借在战后世界政治经济中的优势地位,始终以其政策立场极大地影响着谈判进程,日内瓦会议争论的重头戏亦因之集中在羊毛关税问题和英联邦特惠制问题上。在此期间,身为美国代表团团长的克莱顿坚持站在谈判的最前沿,凭借其横溢的外交才华、过人的外交胆识和娴熟的外交艺术运筹于帷幄之中,折冲于列国之间,同时与美方成员密切配合,协同作战,率领美国代表团紧紧围绕削减贸易壁垒和取消歧视待遇的原则以及重塑美国领导下的国际贸易秩序的战略目标,并结合日内瓦会议所面临的瞬息万变的国际国内形势,展开了积极的外交活动,最终促成了日内瓦会议的顺利结束和关贸总协定制度的如期建立,进而确保了美国主要政策及战略目标的实现。

一、克莱顿与"羊毛法案"之争

由于面临拓展对外贸易的艰巨任务,同时依托强大的经济优

---

① DAFR,Vol.Ⅸ,1947,p.424.

势,普遍削减关税贸易壁垒的最大受益者首先是美国;而且,通过关税谈判以实现多边关税减让亦是美国重塑战后国际贸易制度规则体系的重要组成部分。但正如克莱顿以及美国政府担心的那样,引发日内瓦会议谈判危机的导火索却恰恰来自美国的国会山。

第二次世界大战期间,克莱顿领导的"物资储备之战"政策性地购买和储存了大量战略原材料和战略物资,其中就包括羊毛及其制品。正因为如此,到战争结束之时,美国国内积压了大量的库存羊毛。而南部英联邦国家作为世界上主要的羊毛生产国和出口国,为维持战时扩张了的羊毛产业,则希望更多地拓展包括美国在内的国外市场。基于解决美国的羊毛库存积压问题和南部英联邦国家的羊毛产品出口问题的目的,1946年伦敦会议曾决定设立一个由14个国家组成的"国际羊毛研究小组",以寻求有关应对之策。1947年3月31日—4月3日,"国际羊毛研究小组"在伦敦举行了第一次全体会议,但由于美国与南部英联邦国家之间在羊毛进出口政策上存在巨大的分歧,会议没有达成任何协议,羊毛问题仍然悬而未决,并给即将召开的日内瓦会议蒙上了一层阴影。不仅如此,美国国会随后的举措更是激化了有关国家在羊毛问题上的矛盾。出于解决羊毛库存积压问题并保护美国的羊毛产业免遭外部竞争的损害和威胁,美国国会参、众两院从4月上旬开始着手审议一项旨在要求总统提高羊毛进口关税税率的"羊毛法案"[①],试图以高筑关税壁垒的方式限制羊毛进口并保护美国国内的羊毛市场。鉴于羊毛问题对于南部英联邦国家而言堪称利益攸关,且"羊毛法案"的审议背离了美国"多边自由贸易计划"的政策原则和日

---

① *DAFR*, Vol. Ⅸ, 1947, p. 490.

克莱顿

内瓦会议的目标,因此,美国国会的行为不可避免地对日内瓦会议产生了巨大的影响。

对于美国国会启动"羊毛法案"审议程序的举措,克莱顿早有预料但却无力阻止。基于自由贸易的信念以及推进美国政策计划的考虑,克莱顿坚持认为美国应会同有关国家妥善处理羊毛问题,避免贸然采取激化分歧的措施。因此,在美国国会启动"羊毛法案"审议程序之际,克莱顿及美国赴日内瓦会议代表团立即对此提出了异议,坚信此举将对日内瓦会议产生极其严重的不利影响,并导致"日内瓦会议更趋复杂化",进而阻碍日内瓦会议的关税和贸易谈判进程,沉重打击美国在世界事务中的道义领导责任,危及美国重塑战后国际贸易秩序的战略目标。有鉴于此,为确保美国"多边自由贸易计划"的实施,克莱顿等人强烈呼吁杜鲁门总统阻止"羊毛法案"的通过;即便该法案获得国会通过亦应予以否决。①

由于"国际羊毛研究小组"会议的失败,南部英联邦国家已对美国的羊毛进口政策甚至多边自由贸易政策产生了严重的不信任,而"羊毛法案"的审议则无异于火上浇油。果然不出克莱顿以及国务院所料,美国国会对"羊毛法案"的审议在刚刚拉开帷幕的日内瓦会议上顷刻之间引起了轩然大波,招致了几乎所有与会国的普遍质疑。作为主要的羊毛生产国和对美羊毛出口国,南部英联邦国家如澳大利亚、新西兰、南非等对美国"羊毛法案"的指责尤为激烈;澳大利亚更是毅然挺身于反对美国的最前沿,痛斥"羊毛法案"直接威胁到澳大利亚对美出口总值中90%的产品,因此,澳

---

① FRUS, 1947, Vol. I, pp. 916—917, 949.

大利亚政府将不得不考虑退出日内瓦会议。①

鉴于澳大利亚是南部英联邦中最重要的国家,且对"羊毛法案"的指责最为激烈,为平息澳大利亚的不满和抱怨,劝说其放弃退出日内瓦会议的念头,进而化解南部英联邦国家对美国的强烈抵触,打破日内瓦会议开局不利的沉闷局面,克莱顿于4月24日同澳大利亚代表团团长库姆斯(H. C. Coombs)举行了会谈。库姆斯抢先抓住这一机会对美国审议中的"羊毛法案"进行了言词犀利的猛烈抨击,指出美国是唯一受保护的羊毛市场,因此,美国不应仅仅作出约束羊毛关税的承诺,而应削减羊毛关税。库姆斯同时声称,澳大利亚的要求是有充分依据的,因为美国曾于1941年向澳方表达过降低羊毛关税50%的意向,这正是澳大利亚出席日内瓦会议的重要动因。库姆斯随即话锋一转,指责美国不仅没有履行降低羊毛关税的承诺,甚至还背弃了约束羊毛关税的承诺,言方行圆地试图通过国内立法措施以规避贸易政策承诺,进而达到提高羊毛进口关税的目的。在痛快淋漓地发泄了澳大利亚方面的一腔怨气之后,库姆斯以强硬的口气警告美国政府"必须掂量日内瓦会议失败的政治后果"。面对库姆斯连珠炮似的强烈责难,一向言谈林薮的克莱顿亦自知理亏,无力争辩,只能大谈美国总的关税减让将会带来国际贸易的巨大扩展,从而间接有利于澳大利亚的羊毛生产者,但克莱顿同时也不得不承认,如果澳大利亚政府真正选择退出日内瓦会议,其后果无疑是"灾难性的"。通过此次会谈,克莱顿深感"羊毛法案"的颁布实施"有可能导致(美国)同南部自治领

---

① *DAFR*, Vol. Ⅸ, 1947, p. 491.

克莱顿

以及英国之间关税谈判的完全终止,并危及整个国际贸易组织计划"①。

由于英联邦国家拒绝在"羊毛法案"问题廓清之前与美国方面展开实质性的关税和贸易谈判,其他日内瓦会议与会国亦对美国的贸易政策走向持怀疑和观望态度,因此,迟至5月初,日内瓦会议仍未摆脱因"羊毛法案"的纠葛而陷入僵局的阴霾,美国同英联邦国家的谈判更是陷入了完全停顿的状态,例如:在美国尤为关注并寄予厚望的削减或取消特惠关税问题上,英联邦国家协调一致,没有提出任何实质性的具体方案;作为对美国审议"羊毛法案"的政策回应,澳大利亚已经撤回了关税减让和放弃特惠制的承诺;南非则拿出了一个明显经过修改的微不足道的关税减让表,并暗示将采取类似澳大利亚的行动;不仅如此,澳大利亚还带头鼓动不发达国家反对美国提出的关税减让方案,呼吁所有国家共同采取行动抵制日内瓦会议和《国际贸易组织宪章》。除此之外,美国同其他国家的关税和贸易谈判亦因"羊毛法案"的不利影响而毫无进展。面对波澜迭起且危机四伏的日内瓦会议,克莱顿及美国代表团所有成员均感到了前所未有的压力,并一致认为"羊毛法案"的审议为英联邦国家"推卸所有的责任并为其微弱的关税减让进行辩护提供了借口"②。由此可见,美国国会对"羊毛法案"的审议以及美国贸易政策的倒退迹象是导致日内瓦会议陷入僵局的主要根源。

面对谈判僵局,克莱顿召集美国代表团成员于5月5—6日连

---

① *FRUS*, 1947, Vol. Ⅰ, pp. 917—918.
② Ibid., pp. 920—921, 923—924.

续两天举行会议以商讨转圜之策。与会者对日内瓦会议陷入困境深感忧虑,对"羊毛法案"在错误的时间针对错误的国家和错误的产品进入错误的审议程序深表不满,普遍认为"羊毛法案"之争不仅直接阻碍了日内瓦关税谈判的进程,而且还严重危及宪章条款的谈判,进而有可能导致日内瓦会议走向破裂甚至"难以维持伦敦会议的成果"。由于国会通过"羊毛法案"已难逆转,代表团一致认为,应呼吁杜鲁门总统予以否决并同意削减美国的羊毛关税。除此之外,鉴于"羊毛法案"的否决和羊毛关税的削减尚需等待时机,为在杜鲁门总统作出决策之前继续保持与英联邦国家的接触,避免造成美国政府已无计可施或无所作为的印象,美国代表团还决定由克莱顿分别约见英联邦国家代表团主要负责人,以期创造日内瓦会议的谈判转机。①

按照美国代表团会议所确定的谈判策略,克莱顿于5月8日首先约见了英国代表团团长赫尔莫(James R. C. Helmore),双方围绕关税减让、特惠制等问题展开了一场不分伯仲的口舌之争。克莱顿对英国在日内瓦会议上所表现出来的消极态度表露出强烈不满,并开门见山地指出,美国已经按照约定提供了可观的关税减让,但英国方面所提供的关税减让却是令人失望的;在履行取消特惠关税的义务方面,英国政府的立场更是令人倍感沮丧。赫尔莫则坚持认为,关税减让的幅度应依据现有关税税率而定,英国的总体关税水平已经很低,按照美国的提议以及伦敦会议所达成的共识,同削减高关税一样,约束低关税也是提供关税减让的一种方式,因此,英国所提供的关税减让是恰当和合理的,美国就此提出

---

① *FRUS*, 1947, Vol. I, pp. 920—923, 925—928.

克莱顿

的质疑显然是对英国立场的歪曲；至于特惠制，赫尔莫则辩称，鉴于特惠关税是关税的组成部分，因此，英国所提供的关税减让本身就包含了削减关税与削减特惠关税的有机结合，两者从总体上讲是一个整体，不应截然分开。面对赫尔莫巧舌如簧的竭力争辩，克莱顿立即抬出了1945年《美英财政协定》的有关规定，指责英国没有履行取消英联邦特惠制的义务。赫尔莫则振振有词地以宪章条款相抗衡，声称根据美国起草的宪章条款的规定，特惠差额应予以约束，在英国以及英联邦国家看来，承诺约束特惠差额就是重要的贡献。在谈到羊毛关税问题时，克莱顿明确指出，即使美国同意削减羊毛进口关税，此举也不会带来美国市场对羊毛需求的任何实质性增加，因此，澳大利亚显然故弄玄虚地夸大了羊毛关税减让的意义。赫尔莫旋即提醒克莱顿注意问题的另一方面，即羊毛问题对澳大利亚的政治意义远远超出了经济意义，获得美国的羊毛关税减让对澳大利亚政府可谓利害攸关，如果不能在日内瓦会议上达到这一目的，澳大利亚现政府将很有可能面临被迫下台的国内政治压力。克莱顿实际上也深知羊毛问题的严重性，面对赫尔莫的辩驳，克莱顿也不得不承认羊毛问题对澳大利亚和美国均具有复杂的政治敏感性。① 由此可见，在关税减让、特惠制和羊毛关税等问题上，美英可谓各执一词，克莱顿与赫尔莫的会谈仅仅是表达了各自的立场和利益关切，并未弭除双方的政策分歧。

5月9日，克莱顿约见了加拿大代表团团长威尔格雷斯（Dana Wilgress）。作为美国的邻国，加拿大向来抱有促进加美经济贸易关系的愿望，积极支持美国提出的"多边自由贸易计划"，期望美国

---

① FRUS, 1947, Vol. I, pp. 929—932.

削减其关税税率。但另一方面,作为英联邦成员国,加拿大在日内瓦会议上又不得不尽量协调与英国和南部英联邦国家之间的立场,并对美国试图提高羊毛进口关税的做法持有异议。因此,会谈一开始,威尔格雷斯就首先明确表示对美国提供的关税减让不应过高估计,因为美国的关税水平本身就高;且美国所提供的关税减让主要集中在需要进口的产品上,对保护性和竞争性产品的关税减让明显不够。威尔格雷斯同时强调,只有在因美国的"羊毛法案"而引发的争议得以解决之后,加拿大才有可能在削减其特惠关税差额方面获得其他英联邦国家的理解与认可。威尔格雷斯明确指出,鉴于羊毛问题对澳大利亚和整个南部自治领的政治重要性,美国必须妥善处理。克莱顿断然否认美国是高关税国家,重申美国政府将尽力阻止"羊毛法案"获得通过。① 由此不难看出,加拿大抱有强烈的愿望以加强加美经贸关系并削减关税贸易壁垒,但羊毛问题却成为制约美加谈判的主要障碍。

5月12日,克莱顿约见了南非代表团成员霍洛韦(Holloway,南非代表团团长沃特森此时不在日内瓦)并承认羊毛关税问题对南非的政治重要性,但克莱顿同时又声称,作为世界上最重要的贸易国家,美国的关税减让所带来的世界贸易的巨大扩展将间接有利于南非的羊毛生产者。随后,克莱顿着重谈论了特惠制问题并指出,"导致渥太华特惠体系出笼的一个重要诱因——《斯穆特—霍利关税法》——已不复存在",如果不能实现取消特惠制的既定目标,美国政府将难以说服美国国会认同美国的关税减让。霍洛韦则明确表示,美国方面有关削减羊毛关税没有多大价值的看法

---

① *FRUS*, 1947, Vol. I , pp. 933—937.

克莱顿

是片面的和错误的,为此,霍洛韦再次猛烈抨击了美国的"羊毛法案",指责美国"正试图将南非最有效益的产品——羊毛——排斥在美国市场的大门之外,并以此保护美国最没有效益的羊毛产业,但同时却要求南非为美国的产品腾出更多的市场"。霍洛韦进而指出,美国是南非重要的贸易伙伴,南非政府亦将美国视为扩展国外羊毛市场的唯一机会,在获得这一市场机会之前,南非政府决不会承诺放弃特惠制。霍洛韦重申,"正是美国的羊毛利益集团在阻碍日内瓦会议走向成功"①。霍洛韦言之凿凿的争辩再次表明,英联邦国家已经牢牢地将"羊毛法案"以及羊毛关税问题的解决作为谈判特惠制问题的先决条件之一,这无疑意味着羊毛关税问题已经成为美国能否实现日内瓦会议的一个重要目标——削减或取消英联邦特惠关税——的关键因素。

5月12日,克莱顿还约见了新西兰代表团团长纳什(Walter Nash)。会谈中,克莱顿不厌其烦地奢论美国关税减让的普遍意义,声称美国没有提供羊毛关税减让并不能成为包括新西兰在内的南部自治领借机妨碍日内瓦会议的理由。纳什则重申了羊毛关税减让对南部英联邦国家的重要意义并指出,作为世界上第三大羊毛出口国,新西兰对美国方面提供必要的羊毛关税减让同样抱有强烈的期望,如果美国拒绝满足新西兰的这一合理要求,那么,新西兰的日内瓦之行将会是空手而归,一无所获。在一番唇枪舌剑的论争之后,克莱顿不得不再次承认"羊毛法案"是阻碍日内瓦谈判的关键所在,并随即建议纳什转告英联邦国家,宣布自己将于

---

① *FRUS*, 1947, Vol. I, pp. 941—944.

近期返回华盛顿并将竭尽全力地会同国务院以阻止"羊毛法案"的颁布实施。①

从克莱顿主持的上述一系列会谈中可以看出,美国国会正在审议的"羊毛法案"以及由此引发的羊毛关税减让问题是羁绊日内瓦会议的症结所在;或者说,日内瓦会议的关税和贸易谈判从一开始就因"羊毛法案"之争而变得错综复杂,危如朝露。尽管克莱顿为劝说英国以及南部英联邦国家采取切实步骤以推进日内瓦会议而煞费周章,但由于"羊毛法案"问题的掣肘,克莱顿的外交努力终究难见成效。作为利益攸关的一方,南部英联邦国家(主要是澳大利亚、南非和新西兰)对"羊毛法案"和羊毛关税减让问题尤为关注,并利用"羊毛法案"给美国造成的被动局面竭力争取获得美国的羊毛关税减让,同时在英国的支持下全力颉颃美国,在关税减让和特惠制上寸步不让,甚至改变初衷,撤回承诺;基于对南部英联邦国家的声援和支持,其他英联邦国家也拒绝积极参与日内瓦会议的多边关税和贸易谈判;更值一提的是,作为英联邦集团的领导者,"约翰牛"则不遗余力地推涛作浪,以期拓展英国的谈判空间,伺机寻求"保全面子的(国际贸易组织)宪章和贸易协定,无意对帝国特惠体系进行重大调整",甚至试图"将日内瓦会议失败的责任推到美国头上",而"山姆大叔"在羊毛问题上的立场则起到了"授人以柄"的效果。除此之外,"羊毛法案"的审议也严重影响到出席日内瓦会议的其他国家的谈判立场,导致其因羊毛问题的纷争而"对美国(实施'多边自由贸易计划')的诚意提出了质疑"②。由此

---

① *FRUS*, 1947, Vol. I, pp. 944—945.
② Ibid., pp. 949—950, 953.

克莱顿

"山姆大叔"与"约翰牛"的关税和特惠制之争

可见,羊毛之争确实在很大程度上削弱了美国的谈判地位,使其无力按照既定的程序和目标推进日内瓦会议的关税和贸易谈判。迟至6月中旬,日内瓦会议仍未摆脱停滞不前的僵持局面。毫无成效的会谈与周旋亦使克莱顿身心俱疲,并对深陷不日不月的谈判与争吵以及奔波游说于日内瓦和华盛顿之间大为不满,甚至抱怨"羊毛法案"和羊毛关税问题是其所处理的"最棘手的事情之一"①。6月16日和19日,美国众、参两院分别通过了"羊毛法案",闻听此讯的澳大利亚政府立即在第一时间作出了强烈反应。6月20日,澳大利亚代表团新任团长戴德曼(John J. Dedman)致函克莱顿,以异常强硬的措辞表达了澳大利亚的强烈不满,并严厉谴责"羊毛法案"北辕适楚地背离了日内瓦会议的目标,声称如果"羊毛法案"付诸实施,澳大利亚将毫不迟疑地彻底退出日内瓦会议甚至要求日内瓦会议"长时间休会"②。

此时,已经从日内瓦赶回华盛顿的克莱顿立即请求杜鲁门总统否决该法案,并在总统办公室同农业部长克林顿·安德森(Clinton P. Anderson)展开了一场短兵相接的争论。安德森明确

---

① Fredrick J. Dobney, ed., *Selected Papers of Will Clayton*, p. 204.
② *FRUS*, 1947, Vol. I, p. 956.

指出,如果"羊毛法案"遭否决,那么,在来年的总统选举中,杜鲁门将有可能失去西部 8 个州的选票。而克莱顿则坚持认为,如果杜鲁门总统不愿否决"羊毛法案",其严重的后果就是:美国将完全丧失在世界事务中的地位,日内瓦会议也将就此宣告失败。杜鲁门总统随即向克莱顿表示将不会任由这种事情发生。① 在仔细权衡利弊后,杜鲁门总统最终于 6 月 26 日否决了"羊毛法案"并明确指出,"至此美国主导日内瓦会议以寻求削减贸易壁垒和制定《国际贸易组织宪章》之际","羊毛法案"的实施"将是一个悲剧性错误。它对美国在世界事务中的领导地位将是一个沉重打击"②。由此可见,基于推进"多边自由贸易计划"和谋求贸易领导权的战略考虑,杜鲁门总统在克莱顿的鼎力支持下最终作出了否决"羊毛法案"的决策。在"羊毛法案"遭否决之后,克莱顿趁势而进,再次面见杜鲁门总统,力陈羊毛关税减让对日内瓦会议的重要性。③ 在克莱顿的积极劝说下,杜鲁门总统随即授权美国代表团向澳大利亚提供 25% 的羊毛关税减让。④ 至此,克莱顿的华盛顿之行取得了两个重大成果:一是支持杜鲁门总统否决了"羊毛法案",二是获得了羊毛关税减让的授权,从而为推动日内瓦会议的谈判进程作出了至关重要的贡献。进而言之,随着"羊毛法案"以及羊毛关税减让问题的尘埃落定,困扰美国同南部自治领国家之间谈判进程的一个巨

---

① Fredrick J. Dobney, ed. , *Selected Papers of Will Clayton* , p. 205.
② The National Archives of the United States, *Public Papers of the Presidents*: *Harry S. Truman*, 1947, Washington, D. C. : U. S. Government Printing Office, 1963, pp. 309—310.
③ William L. Clayton, "GATT, the Marshall Plan, and OECD", *Political Science Quarterly*, Vol. 78, No. 4, 1963, p. 499.
④ *DAFR*, Vol. IX , 1947, pp. 490—491.

克莱顿

大障碍得以消除,由此为美国实现日内瓦会议的既定目标赢得了转机。

除了推动杜鲁门总统否决"羊毛法案"之外,克莱顿还积极倡导由美国向欧洲提供大规模援助,并明确提出将美援与"多边自由贸易计划"的谈判实施联系起来,正如美国在1945年将对英贷款谈判与贸易政策谈判联系起来一样。根据美英财政和贸易谈判的经验,克莱顿深信援欧计划的提出将有助于敦促欧洲国家加快日内瓦会议的谈判进程以推动"多边自由贸易计划"的实施。在克莱顿的积极建议和竭力推动下,国务卿马歇尔于6月初宣布了援助欧洲的"马歇尔计划"。作为"马歇尔计划"的率先倡导者和主要设计者,克莱顿旋即抓住这一有利契机,并创造性地将"马歇尔计划"与日内瓦关税和贸易谈判乃至"多边自由贸易计划"紧密地联系在一起,认为美国筹划的"马歇尔计划"和"多边自由贸易计划"从根本上讲是"相互补充的",两者的基本关系是:"马歇尔计划"具有临时性和策略性,而"多边自由贸易计划"则具有长远和战略的性质。进而言之,克莱顿坚持认为,"马歇尔计划"是一项旨在"援助欧洲的临时和紧急方案",而在"多边自由贸易计划"指导下的日内瓦关税和宪章谈判以及由此而产生的贸易政策规则体系,从长远来看则是为了创造持久稳定的国际贸易环境;另一方面,"没有着眼于稳定和长远的'多边自由贸易计划',任何临时和紧急的方案都不可能产生长久的有价值的效果"。正因为如此,克莱顿坚信"马歇尔计划"和"多边自由贸易计划"具有内在的政策联系,"在'马歇尔计划'的引导下,国际贸易组织机构将变得更加重要"。与克莱顿的政策观点相一致,美国政府亦将"马歇尔计划"视作"讨价还价的武器"①,试图以此营造对美国有利的谈判地位,吸引欧洲国家积极参与日内瓦的关税和宪章谈判。由此可见,在克莱顿的策划和推动下,美国政府在日内瓦会议陷入僵局之际适时推出"马歇尔计划",其本质意义就在于"抵御将西欧拖离多边主义的各种力量"②,促使西欧国家接受并加快实施美国提出的"多边自由贸易计划"。毫无疑问,"马歇尔计划"的宣布恰到好处地表明,"为敦促其他国家接受自由贸易的多边主义,美国时常将对外援助作为政治武器"③。换言之,由于以克莱顿为代表的美国政府官员明确将"马歇尔计划"同"多边自由贸易计划"联系起来,"山姆大叔"在日内瓦会议上拥有了更为有力的谈判筹码。随着"马歇尔计划"的公布,欧洲国家在日内瓦会议上的谈判立场明显松动,日内瓦会议的沉闷局面最终被打破,由此可见,"马歇尔计划"是推动日内瓦会议走出低谷的一个重要因素。④

---

① *FRUS*, 1947, Vol. Ⅰ, pp. 955, 960, 976. 为落实借助于"马歇尔计划"以推进多边自由贸易的政策目标,在美国国会通过的《1948年对外援助法》中,以及美国政府同欧洲国家签署的实施"马歇尔计划"的有关协定中,均载有承担多边自由贸易义务的相关条款。在谈到"马歇尔计划"与"多边自由贸易计划"的关系时,克莱顿就明确指出,如果任何一个"马歇尔计划"受援国没有履行多边自由贸易的义务,"美国在任何时候都拥有中止援助的权力"。见 Fredrick J. Dobney, ed., *Selected Papers of Will Clayton*, p. 227。

② Fred L. Block, *The Origins of International Economic Disorder*: *A Study of United States International Monetary Policy from World War* Ⅱ *to the Present*, Berkeley and Los Angeles: University of California Press, 1977, p. 83。

③ Robert A. Pollard and Samuel F. Wells, Jr., "1945—1960: The Era of American Economic Hegemony", in William H. Becker and Samuel F. Wells, Jr., eds., *Economics and World Power*, p. 338。

④ 舒建中:《关贸总协定的建立与美国对外政策》,第40页。

克莱顿

"马歇尔计划"的适时宣布和"羊毛法案"的最终否决展示了克莱顿为推进日内瓦多边关税和贸易谈判所作的外交努力,极大地改善了美国的被动局面,推动了日内瓦会议以及关税和贸易谈判的进程。至 7 月初,日内瓦会议终于打破了僵局并取得了一定进展。

二、克莱顿与英联邦特惠制及非歧视规则之争

在"羊毛法案"之争画上句号之后,日内瓦会议争论的重点转向了英联邦特惠制。以英国为首的英联邦特惠体系向来被"山姆大叔"视为走向美国领导下的多边贸易体系的"主要绊脚石"[1],因此,美国在日内瓦会议上的主要任务之一就是凭借关税减让与取消特惠挂钩的原则,全力敦促英国放弃英联邦特惠制。英国方面则试图作出一切努力、运用一切手段以捍卫帝国特惠体系。第二次世界大战之后的国际国内政治经济形势更加促使英国将英联邦特惠制视作利害攸关的核心利益:在经济上,出于战后重建和经济复兴的考虑,英国需要英联邦国家提供的原材料和商品市场,英国政府甚至认为英联邦特惠制是英国实现战后经济重建和复兴的必不可少的前提条件,是维护英国贸易收支平衡的重要途径。[2] 在政治上,第二次世界大战结束后风起云涌的民族解放运动极大地冲击着英帝国的殖民体系,英联邦自治领和殖民地争取政治独立的运动已呈不可阻挡之势,在此背景下,英国方面赋予英联邦特惠制

---

[1] Randall B. Woods, *A Changing of the Guard*, p. 10.
[2] G. John Ikenberry, "A World Economy Restored: Expert Consensus and the Anglo-American Postwar Settlement", *International Organization*, Vol. 46, No. 1, 1992, p. 311.

以更加重要的政治含义,甚至将其视为维系英联邦国家"牢不可破的团结的重要象征"①。除此之外,英国坚持英联邦特惠制还有外交策略的考虑,即将英联邦特惠制作为与美国进行讨价还价的谈判筹码;②换言之,在英国方面看来,英联邦特惠制作为谈判筹码的意义就在于,只有在美国同意削减其关税壁垒的情况下,英国方才愿意相应调整英联邦特惠体系。③ 综合上述因素,英国政府抱定"采取任何实质性行动以取消特惠制在政治上都是行不通的"④。在美国的"羊毛法案"引发的关税和贸易谈判危机化解之后,美英两国间旋即围绕英联邦特惠制问题展开了掂斤播两的激烈交锋。

7月12日和14日,克莱顿同正在日内瓦的英国贸易委员会主席克里普斯(Stafford Cripps)举行了两次长时间的会谈,着重讨论了有关的"棘手问题":(1)关于英联邦特惠制问题。克里普斯明确指出,英联邦特惠制是英国与英联邦国家根据协定建立的,因此,英国不可能单方面采取措施予以削减或取消。换言之,"在没有事先征得自治领和海外领地的认可之前,英国将不会考虑削减或取消帝国特惠关税"。与此同时,鉴于英联邦特惠制包含有广泛而复杂的技术性问题,英国亦无力在短时间内实现英联邦特惠制的削减或取消。克莱顿则强调指出,美国方面已经充分考虑到英国所处的艰难的经济状况,因此,"美国政府并不坚持立即取消全部帝

---

① Richard N. Gardner, *Sterling-Dollar Diplomacy in Current Perspective*, pp. 351—352.

② G. John Ikenberry, "A World Economy Restored: Expert Consensus and the Anglo-American Postwar Settlement", p. 311.

③ A. R. Guinness, "International Trade and the Making of Peace", *International Affairs*, Vol. 20, No. 4, 1944, p. 504.

④ FRUS, 1947, Vol. I, p. 978.

克莱顿

国特惠关税",但克莱顿坚持认为,英国必须现在就采取措施,削减或取消对美国具有重要意义的某些帝国特惠关税;至于其他的帝国特惠关税,英国则应作出明确承诺并承担在一定时期内逐步削减直至最终取消的义务。(2)关于关税减让问题。克莱顿强调指出,美英两国已就关税减让原则达成了明确一致的意见,并共同确认这是日内瓦会议的主要任务之一。但从英国提交日内瓦会议谈判的关税减让方案来看,英国政府似乎无意履行削减关税贸易壁垒的义务。克莱顿对英国向美国作出的关税减让承诺尤其不满,指责英国向美国提供的关税减让"不足齿数",或者说"仅仅是提供了象征性的关税减让",因而"毫无谈判的基础"。克里普斯则辩称,英国正积极地投身于多边关税减让谈判并已尽其所能地向美国提供了最大限度的关税减让,如果美国对英国提供的关税减让仍不满意,那么,解决这一问题的办法有两种:一是美国撤回向英国提供的某些关税减让,二是美国降低其向英国提供的关税减让的程度。① 由此不难看出,通过两次激烈的政策交锋,克莱顿和克里普斯并没有解决美英两国在特惠制问题和关税减让问题上的巨大分歧。不仅如此,鉴于英国国内财政经济状况的持续恶化,克里普斯此时代表英国方面在特惠制问题上所作的政策阐述实际上已经发生了很大变化,对美英两国在 1945 年达成的"华盛顿方案"作出了倒退的解释,这主要表现在两个方面:一是英国以英联邦特惠制的契约性质和协定义务为借口,拒绝考虑削减或取消帝国特惠关税;二是英国拒绝考虑现在就承担最终取消英联邦特惠制的任何义务。而克莱顿亦非常明确地表明了美国的政策立场:第一,英

① FRUS, 1947, Vol. I, pp. 964—966.

国必须同意立即采取措施以削减或取消对美国具有重要意义的特惠关税;第二,英国必须同意签署有关协议,以便从现在起就承担在一定时期内逐步削减并最终取消帝国特惠制的义务。总而言之,克莱顿和克里普斯的会谈无疑预示着美英两国围绕英联邦特惠制问题将再次逐鹿于日内瓦。

日内瓦关贸总协定总部

美英两国在英联邦特惠制问题上的争论余音犹在,英国方面旋即又对非歧视原则提出了新的重大异议。7月28日和29日,英国分别致函国务卿马歇尔和克莱顿,声称由于美元匮乏和财政困难,英国政府将不得不在近期内采取有违《国际贸易组织宪章》精神和非歧视原则及其例外规则的严厉的限制措施,有鉴于此,英国政府迫切期待有关国家同意"延迟(英国承担非歧视待遇的)明确义务"。具体地讲,英国方面的目的就是要求推迟《关税和贸易总协定》的生效日期(正在酝酿中的《关税和贸易总协定》拟定于1947

克莱顿

年11月1日起临时生效)①,以便为英国实施歧视性关税和贸易政策赢得更大的空间。

为解决英国提出的新问题,正在巴黎列席欧洲经济会议(欧洲16国为落实"马歇尔计划"而举行的会议)的克莱顿、布朗同克里普斯、赫尔莫等英国官员于7月31日专门就非歧视问题举行了会谈。克里普斯对英国所面临的严峻的财政经济困难作了极其悲观的介绍和评价,声称英国政府将被迫采取歧视性的贸易政策措施。克里普斯同时表示,英国政府坚持认为《关税和贸易总协定》的签署将具有重要的意义,但英国方面在目前将难以接受非歧视条款的约束,因为该条款无助于缓解英国所面临的财政经济困难。有鉴于此,英国主张修改《关贸总协定》的非歧视规则,并将非歧视规则的实施推迟至《国际贸易组织宪章》生效之后。②

事实上,克里普斯对英国财政经济状况的悲观看法并非空穴来风。自从第二次世界大战结束之后,英国的经济形势一直呈动荡和恶化的趋势。1947年日内瓦会议期间,英国爆发了新一轮财政经济危机,几乎将英国政府推向了破产的边缘。始终密切注视着英国政治经济局势的克莱顿对此有着切身的体会,并充分意识到英国经济的捉襟见肘将不容回避地给日内瓦会议及其关税和贸易谈判带来严重的负面影响。正因为如此,在巴黎会谈后向国务院提交的报告中,克莱顿认为美国必须面对现实并作出适当的政策调整,附带条件地部分满足英国政府的要求,即"在不损害美国主要政策目标的前提下,解决英国困难处境的唯一办法就是在《关

---

① *FRUS*, 1947, Vol. Ⅰ, pp. 967—969.
② Ibid., pp. 969—970.

税和贸易总协定》中明确规定,直至 1948 年 8 月或《国际贸易组织宪章》生效,非歧视规则将不产生效力"①。国务院在评估了克莱顿的报告后亦认为,英国国内的政治经济局势确实令人担忧,为应对英国的特殊困难,美国必须在确保"多边自由贸易计划"原则目标的基础上适当调整政策安排,即在非歧视条款和规则上对英国作出有条件的让步,但英国必须承诺有关的歧视措施需经事先协商后方可付诸实施。②

至此,克莱顿与国务院在非歧视条款问题上达成了共识,即(1)美国将在非歧视问题上对英国的要求作出适当回应。(2)作为美国让步的条件,英国必须在特惠制问题上接受美国的立场。这就是克莱顿所设计的将非歧视规则问题与特惠制问题联系起来一并处理的谈判策略。根据克莱顿所制定的谈判思路并在克莱顿的积极支持下,威尔科克斯于 8 月 3 日通报赫尔莫,表示美国方面愿意考虑在短期内放宽非歧视规则,并再次阐述了美国政府在英联邦特惠制问题上的原则立场,即美国政府坚持认为,必须立即予以取消的特惠关税是指少数具有重要意义的英联邦特惠关税;而且,英国政府必须明确承诺逐步取消尚存之绝大多数特惠关税。威尔科克斯进而毫不掩饰地表明了美国的政策意图:作为美国同意放宽非歧视规则的交换条件,英国政府必须从现在起就履行逐步取消英联邦特惠制的义务。③但英国对此并未作出任何回应,这就意味着英国仍然拒绝从现在起就承担最终取消特惠制的义务。

---

① *FRUS*, 1947, Vol. Ⅰ, p. 970.
② Ibid., p. 973.
③ Ibid., pp. 975—976.

克莱顿

英国在英联邦特惠制问题上的顽固立场导致美英在特惠制上的谈判持续至8月下旬仍然毫无进展。面对如此局面,克莱顿认为日内瓦会议留给美国的时间已经不多了,美国必须采取断然措施以打破美英对峙的僵局。为此,克莱顿于8月22日致电国务院,强调美国政策选择的空间已经非常狭小,打破目前僵局的途径主要有两条:一是在英联邦特惠制谈判没有取得预期成果的情况下同意与英国缔结关税协定,但在数量以及程度上相应地削减美国所提供的关税减让;二是终止同英国的谈判并拒绝与其签订关税协定,除非英国方面采取实质性行动以取消特惠制,但美国仍将寻求在多边基础上同其他国家缔结关税和贸易协定。两相权衡,克莱顿倾向于终止同英国的谈判并寻求与其他国家签署关税和贸易协定。克莱顿强调指出,采纳这一方案对美国而言有两个好处:(1)筹委会其他成员国仍将受到《国际贸易组织宪章》中主要贸易政策条款的约束,美国"多边自由贸易计划"的政策目标仍然能够在相当范围内得以实现。(2)英国政府在取消特惠制问题上的不作为将变得更加清晰明了;且这一方案有助于强烈地告诫英方,如果拒绝履行取消英联邦特惠制的义务,英国自然不应享受多边关税减让所带来的所有益处。与此同时,克莱顿还特别指出,美国政府应罕譬而喻地告诉英方,根据1945年《美英财政协定》及美英联合声明,作为对关税减让的交换,英国政府曾承诺通过谈判以实质性地取消特惠关税。在日内瓦会议上,美国政府已经提供了足够的关税减让,但英国却拒绝履行取消特惠制的义务,这种背信行为将严重损害英国的谈判地位和国际形象。不仅如此,克莱顿还建议美国应借助于"马歇尔计划"再次向英国施压,即美国应明确告诉英国方面,鉴于"马歇尔计划"已进入多边谈判阶段,英国拒绝履行多边自由贸易的义务将"导致'马歇尔计划'的实施变得更加困难"①。

在收到克莱顿的建议之后,国务院立即进行了专门研究和利弊权衡,并向杜鲁门总统汇报了有关情况。8月26日,国务院对克莱顿的建议作出了正式答复,认为与选择终止同英国的谈判相比,寻求与英国达成最大限度的妥协并签署一个微薄的协定似乎更为可取,其主要理由是:首先,英国在目前条件下将不可能改变捍卫英联邦特惠制的既定立场。由于国内财政经济危机的影响,英国政府已"濒临绝境",并屡屡声称"准备背弃所有妨碍其采取必要措施的国际义务",在此危难情况下,终止同英国的谈判将不会动摇英国的政策立场,难以产生预料中的效果。其次,尽最大可能在日内瓦会议上谈判签署一个《关税和贸易总协定》是美国政府的主要任务,为确保"多边自由贸易计划"主要政策目标的实现,美国应尽力避免日内瓦关税和贸易谈判走向破裂。再次,中止同英国的谈判有可能招致严重的政治后果,不仅美英伙伴关系将遭受重创,单是由此引发的英国方面的反感情绪以及美国国内的强烈批评就足以让美国政府陷入窘境,并增加美国国会审议批准"马歇尔计划"的难度。最后,在美苏对抗日渐加剧的紧急情况下,美英谈判的破裂无疑将被苏联加以充分利用,进而严重损害美国的冷战政策和遏制战略。基于上述原因,国务院认为,"最好的选择应是尽可能争取最妥当的协定",这就意味着"一个微薄的协定总比没有好"。为达到这一目的,国务院要求克莱顿以及美国代表团在目前应集中考虑两个问题:一是通过谈判以取消对英国没有太大影响但对

---

① *FRUS*, 1947, Vol. I, pp. 978—979.

克莱顿

自治领却具有重要意义的特惠关税;二是敦促英国承诺在渡过目前危机之后履行取消特惠制的义务。①

根据国务院的指示,威尔科克斯和布朗于9月10日专程赶赴法国,同正在巴黎的克莱顿就英联邦特惠制问题进行商讨并制订了新的谈判策略。在克莱顿的支持下,威尔科克斯于9月15日向英联邦国家赴日内瓦会议代表团发表了一份长达10页的声明,就英联邦特惠制问题提出了一个新的解决方案,其主要内容为:第一,英联邦自治领和殖民地所享受的特惠关税应根据议定的项目和范围予以削减或取消;第二,考虑到英国的特殊困难,美国政府同意英国所享受的特惠关税(仅就英国而言)可延迟3年,但英国应承诺在此之后的10年内予以逐步取消。另一方面,威尔科克斯在克莱顿的授意下仍然试图以终止谈判的威胁向英国以及英联邦国家施加政策压力,声称如果这一新方案再遭拒绝,美国政府将不得不面临以下选择:(1)美国方面将同意签署一个"在取消特惠制方面没有取得任何实际进展的成效甚微的协定"。(2)鉴于英国没有履行取消特惠制的义务,美国将不得不终止同英国的谈判,同时寻求同其他国家签署关税和贸易协定。两相比较,美国政府宁可作后一种选择。在一番慷慨陈词之后,威尔科克斯明确而强硬地指出,英联邦特惠制问题已经成为日内瓦会议走向成功的唯一障碍,"多边主义和非歧视贸易的成败将取决于特惠制问题的最终解决"②。就在威尔科克斯宣读美国声明的同时,美国还拿出了惯常使用的软硬兼施的手段,宣布美国政府已同意修改《国际贸易组织

---

① *FRUS*, 1947, Vol. I, pp. 980—982.
② Ibid., pp. 982—984, 991—993.

宪章》的非歧视规则条款并推迟酝酿中的《关税和贸易总协定》的生效日期,因此已经满足了英国有关修改非歧视规则的要求。①

9月19日,已经赶赴英伦三岛的克莱顿同克里普斯在伦敦就美国提出的新方案举行了会谈。心情轻松的克莱顿本以为满足了英国的要求,谈判可以顺利进行,殊不知克里普斯又提出了新的谈判条件。会谈中,克里普斯宣称,美英之间的"互惠关税减让谈判已获致相应平衡,因此,英国(在未来)对特惠的任何削减或取消均应从美国进一步的关税减让中获得补偿"。闻听此言,克莱顿惊愕不已,进而对英国的得寸进尺嗤之以鼻,强调关税谈判与特惠谈判的关系在美国的"多边自由贸易计划"以及美英两国就此达成的有关谅解中已经得到了非常明确的规定,即"贸易壁垒的普遍降低应被视为对取消特惠的足够补偿"。克莱顿随即严厉指责克里普斯的高论违背了关税减让与取消特惠挂钩的互惠谈判原则,更违背了英国就取消英联邦特惠制所承担的义务,实属不经之谈,毫无协商基础,因此,美国政府理所当然地"尤其反对英国提出的取消特惠制还要特别地由美国在互惠关税减让之外再行减让以作为补偿"的要求。② 实际上,克里普斯的提议显然旨在抬高英国的要价以最大限度地捍卫帝国特惠体系,因而遭到了克莱顿的断然拒绝。由于双方立场迥然不同,会谈不欢而散。

英国进一步抬高要价的意图显然激怒了克莱顿,同时也使克莱顿意识到"整个事态的严重性",于是,克莱顿决定直接面见英国外交大臣贝文(Ernest Bevin),以期确认英国的立场并阐明其中的

---

① *FRUS*, 1947, Vol. Ⅰ, pp. 987—988.
② Ibid., pp. 993—995.

克莱顿 利害关系。9月21日,克莱顿同贝文、克里普斯举行会谈。克里普斯态度依旧地重申了英国方面的立场,即(1)特惠制的取消将留待3年以后再行考虑;(2)英国对特惠关税的任何削减或取消均应以美国提供进一步的关税减让作为补偿。克莱顿毫不迟疑地愤而还击,指责克里普斯的立场"意味着英国政府背弃了取消特惠制的义务"。克莱顿进而强调指出,根据1945年《美英财政协定》,英国政府明确承担了3项基本义务,即英镑自由兑换、非歧视贸易和取消英联邦特惠制。由于财政经济危机的严重不利影响,英国政府已经中止履行英镑自由兑换和非歧视贸易的义务。现在,英国又试图拒绝履行取消英联邦特惠制的义务,果真如此,美国政府将被迫选择中止同英国的谈判,而美英谈判的破裂无疑将直接影响到美国国会对"马歇尔计划"的审议批准。贝文在仔细听取了克莱顿的慷慨陈词之后明确表示,英国将致力于奉行自给自足的政策(此言实际上暗示英国将坚持英联邦特惠体系框架内的贸易关系),但贝文同时又指出,"如有可能",英国将尽力恪守有关国际义务。① 由此可见,克莱顿的努力并没有促使英国改变立场,美国新方案的结局仍然不得而知。

9月25日,克里普斯致函克莱顿,对美国的新方案作出了正式答复,声称英国不可能现在就对未来将要承担的义务作出固定不变的承诺,因此,"英国准备在3年后根据实际情况以谈判关税和特惠制问题",且特惠关税的削减应以新的关税减让作为补偿或交换。②

---

① *FRUS*, 1947, Vol. I, pp. 995—996.
② Ibid., pp. 998—1000.

面对英国在特惠制问题上的顽固立场,美国的政策选择再次面临新的考验。为此,霍金斯和布朗联名致函尚在伦敦的克莱顿,就英联邦特惠制问题提出了美国的解决方案。霍金斯和布朗坚持认为,鉴于英国政府在目前的紧急情况下不可能就英联邦特惠制问题采取任何进一步的实质性行动,因此,美国将只有两种选择:(1)中断同英国的谈判;(2)寻求达成最好的协议。经权衡利弊,霍金斯和布朗认为美国不应中断同英国的谈判,而应"寻求最妥当的协议"。霍金斯和布朗强调指出,《关税和贸易总协定》条款已经获得一致同意,其生效程序方案也已制定完成;日内瓦会议的关税谈判已经基本结束;而美英在特惠制问题上的对峙则成为日内瓦会议走向成功的唯一障碍。有鉴于此,美国应尽快寻求同英国以及英联邦国家达成协议,因为"在目前条件下达成的协议仍然是一个了不起的成绩"①。考虑到时间的紧迫性以及英国的实际困难,克莱顿最终采纳了霍金斯和布朗的建议。

鉴于克莱顿为贯彻"马歇尔计划"正奔波于伦敦和巴黎之间,且日内瓦的关税和贸易谈判已接近尾声,仅剩特惠制问题需最后了结,于是,国务院在征得克莱顿的同意后于10月2日致电布朗,就特惠制问题作出决定:积极寻求同英国就关税减让和特惠关税问题达成最妥当的协议,不再坚持英国从现在起就必须承担3年以后逐步取消英国所享受的特惠关税的义务,转而寻求最大限度地削减或取消自治领和英属殖民地所享受的特惠关税。②

从10月初开始,布朗同赫尔莫就特惠制问题展开了紧张的磋

---

① *FRUS*, 1947, Vol. I, pp. 996—998.
② Ibid., p. 1006.

克莱顿 商。10月15日，美英就特惠制问题达成协议，这就是"布朗—赫尔莫解决案"，其主要内容为：(1)应美国的要求，英国同意有选择地削减或取消英联邦自治领所享受的特惠关税税率。(2)英国同意将英属殖民地的特惠关税税率削减25%，作为交换条件，美国承诺在"橡胶混合规章"上作出让步，即美国从英属殖民地的天然橡胶进口不得因混合规章的实施而低于约定水平，否则，英国可恢复业已削减的英属殖民地特惠关税税率。(3)根据美英两国业已达成的谅解，英国承诺约束英联邦特惠关税差额，即尚存之特惠关税税率和经谈判削减的特惠关税税率将不得予以提高。(4)英国和加拿大将在《关贸总协定》签署之时以互换照会的方式宣布两国同意彼此免除维持现行特惠差额的条约义务，该约定将随《关税和贸易总协定》的生效而生效。美国方面认为，该条款"等于废除了《渥太华协定》中最重要的组成部分，完全可被视作在特惠制上采取的实质性行动"[①]。

总之，鉴于英国的实际困难并基于尽快结束日内瓦谈判的考虑，克莱顿以及国务院官员作出了艰苦的努力，推动美英两国就特惠制问题达成了协议，英国最终同意在特定产品上削减或取消英联邦特惠关税，从而标志着英联邦特惠体系的完整性实际上已不复存在，美国政府通过日内瓦会议终于撕开了英联邦特惠体系的一个重大缺口，从这个意义上讲，美英两国就英联邦特惠制问题达

---

① *FRUS*, 1947, Vol. I, pp. 1000, 1006, 1010, 1014—1015. *DAFR*, Vol. IX, 1947, p. 425. 在美英就特惠制问题达成协议的前一天（即10月14日），克莱顿以照顾生病的妻子为由，宣布辞去副国务卿一职。随后，国务卿马歇尔邀请克莱顿担任国务卿特别顾问，并率团出席即将举行的哈瓦那会议，克莱顿接受了马歇尔的邀请。见 Gregory A. Fossedal, *Our Finest Hour*, pp. 253—254.

成的协议仍然是美国"多边自由贸易计划"所竭力倡导的"非歧视原则的胜利"①,克莱顿和美国政府在日内瓦会议上所追求的一个重要目标——削减和取消英联邦特惠关税——在很大程度上仍然取得了具有突破性意义的重大进展。

至此,美国积极组织召开的日内瓦会议及其多边关税和贸易谈判在历经波折后终于完成了既定的使命,美国"多边自由贸易计划"的政策目标在日内瓦会议上基本实现,这集中体现在以下两个方面:(1)日内瓦会议与会国通过关税谈判达成了多边关税减让安排,从而实现了美国所追求的在多边基础上削减关税贸易壁垒的目标。(2)日内瓦会议的相关协议原则上规定削减非关税贸易壁垒和取消歧视待遇,从而在贸易政策方面实现了美国"多边自由贸易计划"的政策目标。这些成果体现在即将签署的《关税和贸易总协定》中。

从日内瓦会议的谈判进程不难看出,克莱顿始终是日内瓦会议的核心人物之一,并为推进日内瓦关税和贸易谈判作了大量的外交努力,发挥了至关重要的作用。概言之,克莱顿在日内瓦会议上的作用主要体现在两个方面:首先,在日内瓦会议因美国的"羊毛法案"之争而陷入僵局之际,克莱顿一方面积极展开对英国和英联邦国家的外交游说,竭力维持日内瓦会议的谈判进程;另一方面,克莱顿不辞辛劳,往返奔波于日内瓦和华盛顿之间,力图阻止美国国会通过"羊毛法案",并从推进美国"多边自由贸易计划"的战略高度出发,最终促使杜鲁门总统否决了"羊毛法案",从而为日

---

① William Adams Brown, Jr., *The United States and the Restoration of World Trade*, p. 343.

克莱顿

内瓦会议摆脱僵局创造了条件。其次,基于多边自由贸易的坚定信念,克莱顿对英联邦特惠制向来持批评态度,并希望通过多边贸易谈判以实现取消特惠制的目标。但考虑到英国在战后初期所面临的实际困难,克莱顿在英联邦特惠制问题上亦采取了灵活的谈判策略,促使有关特惠制的谈判取得了相当的进展。尽管特惠制谈判的最后一棒是由布朗完成的,但克莱顿的前期努力实际上已经为英联邦特惠制谈判的最后结束奠定了基础。正是由于克莱顿在关贸总协定制度的设计以及日内瓦会议的多边谈判中所发挥的核心作用,因此,关贸总协定制度的第一轮多边关税和贸易谈判——"日内瓦回合"——又被称为"克莱顿回合"。

第三节 克莱顿与关贸总协定制度的建立

1946年伦敦会议期间,与会各国在"伦敦报告附件10"中就签署一个《关税和贸易总协定》及其谈判和实施程序上达成了初步一致,并准备了一份"关税和贸易总协定草案"。在1947年日内瓦会议上,为促成关贸总协定制度的建立,由美国、英国、法国、加拿大、荷兰、比利时等6国组成的"小型工作组"根据美国的提议宣布成立,并负责制定详细的《关税和贸易总协定》规则条款。[1] 在美国的积极主持下,"小型工作组"起草了一份初具规模的"关税和贸易总协定草案"并于7月提交日内瓦会议[2],以供与会23国(巴基斯坦、缅甸、锡兰、南罗得西亚、叙利亚等5国此时已被视为独立国家)谈

---

[1] FRUS, 1947, Vol. I, pp. 958—959.
[2] Ibid., p. 967.

判磋商。随着日内瓦会议及其多边关税和贸易谈判的结束,《关税和贸易总协定》文本也最终制定完成。从总体上讲,《关税和贸易总协定》主要由三部分组成:第一部分包括了一般最惠国待遇条款和关税减让表,并对约束特惠关税差额(即特惠关税税率不得提高)作出了规定;第二部分主要包含了《国际贸易组织宪章》中的贸易政策条款及其具体规则;第三部分则主要规定了《关贸总协定》的运转和实施程序等问题。①

为从程序上确保《关贸总协定》顺利生效,有关国家还订立了《临时适用议定书》以作为实施《关税和贸易总协定》的重要依据,它明确规定,只要美国、英国、法国、加拿大、比利时、卢森堡、荷兰、巴西和澳大利亚于1947年11月15日之前签署《关税和贸易总协定临时适用议定书》,上述签署国政府将自1948年1月1日起:(1)临时适用《关税和贸易总协定》的第一部分和第三部分;(2)在不违背现行立法的最大限度内临时适用《关税和贸易总协定》的第二部分。该议定书同时明确规定,出席日内瓦会议的其他国家应尽速按照上述原则临时适用《关贸总协定》条款。更为重要的是,日内瓦会议与会国还商定,直至《国际贸易组织宪章》获得批准并生效,"《关贸总协定》将持续有效"。②

10月30日,贸易协定委员会主席布朗代表美国政府在《关税和贸易总协定临时适用议定书》上签字③,日内瓦会议其他与会国亦相继签署了议定书。1948年1月1日,《关税和贸易总协定》正

---

① *FRUS*, 1947, Vol. Ⅰ, pp. 1021—1023.
② Ibid., pp. 1018, 1024.
③ Ibid., pp. 1015—1016, 1025.

克莱顿

式生效,关贸总协定制度就此建立。至此,美国的"多边自由贸易计划"及其统领下的基本原则、实体规则和程序规则终于通过关贸总协定制度变成为现实。

作为 1947 年关贸总协定制度的主要设计者和主要谈判者,克莱顿对《关税和贸易总协定》给予了高度评价,认为《关贸总协定》的签署"是国际贸易史上最重要和最深远的事件之一",它"代表了为削减贸易壁垒所采取的最全面的行动"。克莱顿强调指出,为贯彻削减贸易壁垒和取消歧视待遇的政策原则,美国政府进行了长期和艰苦的不懈努力,而《关贸总协定》的签署和生效则"标志着美国('多边自由贸易计划'所设计和规定的)政策目标的基本实现"。不仅如此,克莱顿还坚信,《关贸总协定》的重要性并不仅仅局限于短期的贸易和经济利益,更是"在于对世界上主要贸易国家有关政策的长远影响"。①

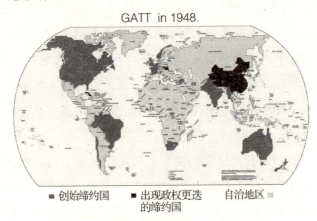

《关贸总协定》创始缔约国

---

① Fredrick J. Dobney, ed., *Selected Papers of Will Clayton*, pp. 238—239, 242.

从总体上讲,1947年关贸总协定制度的原则宗旨以及规则体系完全是以克莱顿主持设计的"多边自由贸易计划"、"2·6备忘录"和"宪章建议案"为基础的,因而集中体现了美国的政策目标和利益取向,同时也从另一个侧面体现了克莱顿在关贸总协定制度体系建立过程中所发挥的重要作用。进而言之,克莱顿主持设计的"多边自由贸易计划"("克莱顿计划")从根本上奠定了关贸总协定制度体系的基础;除此之外,在关贸总协定制度主要规则的形成过程中,克莱顿亦发挥了重要的影响,这集中体现在以下几个方面:

1. 克莱顿主持起草设计的"2·6备忘录"奠定了1947年关贸总协定制度关税谈判模式的基础。考虑到《互惠贸易协定法》明确规定了美国政府进行关税谈判的方式是选择性关税削减法(有选择的产品对产品的谈判方式),因此,克莱顿主持设计的"2·6备忘录"明确提出了"双边—多边"的关税谈判模式。在日内瓦会议上,与会各国按照选择性关税谈判方式达成了多边关税减让协议,从而事实上承认了"双边—多边"关税谈判模式在多边关税谈判中的指导地位,同时也体现了克莱顿在确立多边关税谈判模式中的作用。①

2. 克莱顿设计的"华盛顿方案"为1947年关贸总协定制度中有关特惠制的规定提供了基本的指导原则。由于"冷战"等诸多因

---

① 尽管日内瓦关税谈判事实上采取了选择性关税削减法的方式,但1947年《关税和贸易总协定》并未对关税谈判模式作出明确规定。在随后的《关税和贸易总协定》修订本中,缔约国同意增加了关税谈判条款(第28条附加),明确规定关税谈判应"在有选择的产品对产品的基础上进行"。从此以后,选择性关税削减法正式成为指导关贸总协定制度下多边关税谈判的基本原则。直至"肯尼迪回合",关贸总协定制度的关税谈判规则才进行了实质性调整。

第四章 政策谈判:克莱顿与关贸总协定制度的建立

克莱顿

素的影响,美国虽然没有达到完全取消英联邦特惠制的目的,但1947年关贸总协定制度有关特惠制的规定仍然基本遵循了1945年在克莱顿主持下由美英达成的"华盛顿方案"的原则,"表明英国就此承担了长远的义务,这是美国在过去的贸易协定谈判中无法达到的目标"①。因此,克莱顿认为1947年关贸总协定制度"最重要的特征之一就是有关特惠关税的规定"②。

3. 出于维护美国合成橡胶生产能力的目的,克莱顿竭力主张在1947年关贸总协定制度的国民待遇条款中设立有关国内数量限制条例的例外规定。第二次世界大战初期,克莱顿就率先倡导在美国建立了世界上规模最大的合成橡胶生产基地。1947年4月10日(即日内瓦会议开幕之际),美国颁布实施了"橡胶混合规章",其目的就是"确保美国在第二次世界大战期间建立起来的合成橡胶生产能力不至于萎缩"③。根据克莱顿的建议,1947年关贸总协定制度有关国内规章的国民待遇条款明确将美国的"橡胶混合规章"排除在外④,从而体现了克莱顿对关贸总协定制度中有关国民待遇条款及其例外规则的影响。

4. 克莱顿主持设计的"宪章建议案"构筑了关贸总协定制度有关数量限制条款的基本框架。在贸易政策的制定过程中,克莱顿最为关注的问题之一就是数量限制条款,认为在所有的贸易限制中,数量限制是最严重的方式并极大地妨碍了多边贸易的发展,因

---

① *FRUS*, 1947, Vol. I, p. 1021.
② Fredrick J. Dobney, ed., *Selected Papers of Will Clayton*, p. 240.
③ *FRUS*, 1947, Vol. I, p. 1021.
④ 《国际条约集 1945—1947》,第543页。

此,制定取消数量限制的规则"对美国具有关键性的重要意义"①。1947年关贸总协定制度在克莱顿主持设计的"多边自由贸易计划"以及"宪章建议案"的基础上确立了"数量限制的一般取消"条款,原则上规定取消一切进出口数量限制措施,从而基本实现了克莱顿所设计的政策目标。但另一方面,考虑到欧洲国家的特殊困难,关贸总协定制度就取消数量限制的原则条款订立了一项例外,规定缔约国在面临严重贸易收支困难的情况下可以实施进口数量限制措施。同时,在克莱顿的坚持下,关贸总协定制度亦明确规定这一数量限制的例外规则具有临时性质,而且"附有细致的防范措施"②。

5. 作为国内政治妥协的产物,克莱顿竭力主张将免责条款纳入关贸总协定制度的规则之中。在日内瓦会议召开前夕,杜鲁门总统根据克莱顿等人同国会达成的妥协,宣布了《第9832号行政命令》,规定美国政府签订的所有贸易协定均应包含一项"免责条款",这自然包括正在酝酿之中的《关税和贸易总协定》。为履行同国会达成的妥协,克莱顿在日内瓦会议上作出了积极的外交努力,促成关贸总协定制度在第19条规定了"对某种产品进口之紧急措施",这就是通常所称的"免责条款"③。从根本上讲,关贸总协定制度的免责条款与美国的《第9832号行政命令》基本相同,"完全符合《第9832号行政命令》的要求"④。因此,关贸总协定制度的免责条款无疑体现了美国的政策意图,同时也体现了克莱顿对关贸总

---

① *DAFR*, Vol. Ⅸ, 1947, p. 427.
② Fredrick J. Dobney, ed. , *Selected Papers of Will Clayton*, p. 241.
③ 《国际条约集 1945—1947》,第 563—564 页。
④ *FRUS*, 1947, Vol. Ⅰ, p. 1022.

克莱顿 协定规则条款的影响。

6. 克莱顿有关关贸总协定的规则范围及运转程序的主张在关贸总协定制度中得到了充分的反映,这主要体现在:(1)关于关贸总协定制度的规则范围。尽管有关国家一再表示高度关注就业政策和经济发展条款,但克莱顿和威尔科克斯却明确表示美国"绝不可能就超越行政授权的条款承担任何义务"。有鉴于此,日内瓦会议最终采纳了克莱顿和威尔科克斯的建议,"将《关贸总协定》的规则范围限定在与关税减让有关的条款上"①。(2)关于关贸总协定制度的运转程序。鉴于国会有可能指责美国政府试图在征得国会批准之前就建立一个拥有广泛职能的临时性国际贸易组织,因此,克莱顿和威尔科克斯建议在《关贸总协定》中使用"缔约国"一词,并规定缔约国的联合行动以确保总协定条款的实施。克莱顿认为,"由于总协定的多边特性,此种安排是明显必要的"②。在克莱顿和威尔科克斯的坚持下,关贸总协定制度采用了"缔约国的联合行动"条款。③ 由此可见,关贸总协定制度有关规则范围和运转程序的规定亦深受美国政策意图的影响,并体现了克莱顿和威尔科克斯的策略构想。

纵观1947年关贸总协定制度的建立过程,从政策规划设计到多边贸易谈判,克莱顿均发挥了重大而积极的作用,克莱顿主持设计的政策计划在1947年关贸总协定制度的规则体系中不容置疑地占据着主导地位。从这个意义上讲,1947年关贸总协定制度的

---

① *FRUS*, 1947, Vol. Ⅰ, pp. 958—959.
② Ibid., pp. 958—959, 1023—1024.
③ 《国际条约集 1945—1947》,第 568—569 页。

建立不仅标志着美国政策目标的实现,而且也标志着克莱顿长期追求的多边自由贸易思想的实现。在思考和设计战后国际贸易秩序时,克莱顿始终恪守多边和非歧视的政策理念,坚信战后国际贸易制度规则的建立应以美国提出的削减贸易壁垒和取消歧视待遇原则为基础,按照美国的政策计划和制度模式制定多边贸易规则、重塑国际贸易秩序;克莱顿同时深信,美国应当义不容辞地在战后国际贸易领域承担起领导责任,主导制定国际贸易政策的制度规则体系。由此不难看出,克莱顿的贸易政策思想与美国的贸易政策目标是完全一致的。进而言之,正是在克莱顿以及国务院官员的精心筹划和积极努力下,美国最终推动了1947年关贸总协定制度的建立,按照美国的政策计划、制度模式、价值观念和利益取向完成了重塑战后国际贸易秩序的任务。正因为如此,1947年关贸总协定制度的建立无疑体现了拥有经济优势的美国的意志和利益[①],标志着美国在战后国际贸易领域霸权地位的确立,这主要体现在以下三个方面:首先,关贸总协定制度的建立是克莱顿主持设计的"多边自由贸易计划"、"2·6备忘录"和"宪章建议案"具体实施的产物。其次,关贸总协定制度的建立在很大程度上是克莱顿以及美国政府外交努力的结果。第三,关贸总协定制度的主要规则是美国政策计划和政策目标的体现。总之,美国贸易霸权的主要表现形式就是所谓的"制度霸权",即国际贸易制度规则的主导权和控制权。同样需要指出的是,作为关贸总协定制度的主要设计者和谈判者,克莱顿在美国贸易霸权确立的过程中可谓居功厥伟。

---

① 舒建中:《关贸总协定的建立与美国对外政策》,第39页。

第五章 复兴西欧：克莱顿与"马歇尔计划"的实施

第一节 "杜鲁门主义"的出台与"马歇尔计划"的背景

自从资本主义制度在欧洲诞生以来，欧洲国家，尤其是西欧国家一直处于世界政治经济的中心地位。到19世纪末期，美国的工业总产值虽然已经跃居世界首位，但在世界政治经济的整体布局中，美国尚未扮演主导角色。实际上，直到第二次世界大战爆发前，欧洲的世界政治经济中心地位并未发生根本性改变，在世界金融、贸易和投资领域，欧洲国家仍然是主导力量，并在世界政治经济的发展中发挥着至关重要的作用。

然而，第二次世界大战却以其摧枯拉朽般的力量打破了世界政治经济中的欧洲中心地位，世界经济格局随即发生了根本性的变化。就国际贸易而言，尽管英国主导的自由贸易体系随着第一次世界大战的硝烟而灰飞烟灭，但在第二次世界大战爆发之前，欧洲国家仍然是世界上主要的商品出口国,1937年欧洲国家的商品出口额占到了资本主义世界商品出口额的46%以上,仅仅是英、法、德、意四国的出口额就占据了资本主义国家出口总额的26%左右。而到了战后的1947年,上述两个比例则分别降至29.4%和12.8%。就国际金融而言,尽管英国主导的国际金本位体系在第一次世界大战期间就已经土崩瓦解,但英国以及欧洲仍然是国际金融活动的中心。随着第二次世界大战的进行,欧洲已经无力维持国际金融中心的地位,英国的累累外债已使英镑的国际货币地位日薄西山,并最终导致美元取代英镑成为世界各国最主要的储备货币和支付手段。在国际投资领域,欧洲国家在战前所拥有的世界主要资本输出国的地位亦呈江河日下之势,作为战败国,德国、意大利两国已经从资本输出国的名单中消失;与战前相比,法国的对外投资减少了一半,荷兰减少了2/3以上,英国和比利时各减少了1/3左右,而美国则成为世界上最大的资本输出国。

就具体国家而言,曾经是"世界工厂"的英国在战争期间饱受重创,经济实力遭到严重削弱。英国的国民财富在战前曾达到300亿英镑,而战争则消耗了73亿英镑,从而使英国1/4的国民财富惨遭战争焚毁。不仅如此,战争还使英国的黄金外汇储备消耗殆尽,并拖欠了巨额外债,从债权国沦为债务国。与此同时,英国的进出口贸易也极度萎缩,仅1939—1944年间,英国的出口贸易就减少了69%,进口贸易减少了40%。① 法国经济在第二次世界大战期间同样遭到了近乎毁灭性的破坏,到1944年,法国的工业生产下降了60%,不及1938年的一半,农业产值也只达到了1938年的60%。在

---

① Gregory A. Fossedal, *Our Finest Hour*, p. 184.

对外贸易方面,法国在1943年的进口贸易只有1938年的30.3%,出口贸易则下降了19.3%。① 到战争结束之时,法国的经济已经孱弱不堪。作为挑起第二次世界大战的罪魁祸首之一,德国的经济在战争结束时已走到了崩溃的边缘,1/2的德国工农业生产能力惨遭战火蹂躏和摧毁,到1946年,德国的工业生产水平仅仅相当于战前的33%。1945年9月8日,英国《图画邮报》刊登了饥肠辘辘的德国妇女和儿童在驻德美军丢弃的垃圾堆上寻找可食之物的照片并深有感慨地指出:"德国今年的惨状是自中世纪以来欧洲从未见过的。"② 其他欧洲国家如意大利等,同样因战争的破坏而陷入了严重的经济危机和社会混乱。总之,随着第二次世界大战的结束,欧洲不仅丧失了世界经济中心的地位,而且经济和社会状况亦陷入了岌岌可危的境地,前景实堪担忧。

更为严重的是,欧洲各国尚未走出战争的阴影稍作喘息,随踵而至的自然灾害再次让欧洲陷入了绝望的深渊。1946年夏秋的持续干旱致使欧洲粮食大面积减产,食物短缺的困境进一步加剧;同年冬天,百年不遇的严冬不期降临,能源和住房问题再度恶化,雪虐风饕中的欧洲疮痍满目,哀鸿遍野。到1947年初,"欧洲仍是百业凋零,工农业生产仍旧远远落后于战前水平,饥饿和营养不良依然触目皆是"③。除了经济和贸易萧条之外,西欧各国所面临的最大挑战就是收支平衡问题,美元的严重缺乏导致这些国家无法从

---

① 王绳祖主编:《国际关系史》第7卷,北京:世界知识出版社1995年版,第26页。
② P.阿姆斯特朗、A.格林、J.哈里逊:《战后资本主义大繁荣的形成和破产》,史敏等译,北京:中国社会科学出版社1991年版,第9页。
③ Michael J. Hogan, "The Search for a 'Creative Peace': The United States, European Unity, and the Origins of the Marshall Plan", *Diplomatic History*, Vol. 6, No. 3, 1982, pp. 268—269.

美国购买急需的任何商品。总之，1947年的欧洲经济状况仍然是阴云笼罩，人们甚至悲观地认为，欧洲经济恢复将至少需要20到25年的时间。① 与此同时，经济的萧条还带来了严重的政治危机和社会危机，政局动荡成为这一时期西欧各国所普遍面临的问题。不仅如此，在世界反法西斯战争中得到锻炼的欧洲各国共产党的影响逐渐扩大，威信与日俱增，甚至进入联合政府并拥有相当的政治实力。这一趋势使得西欧各国统治阶级惊恐不安，同时也引起了美国政府的深切担忧。正是在这样的背景下，美国开始考虑援助欧洲的方案，以期帮助西欧国家渡过经济危机，防止西欧脱离资本主义轨道。而作为美国国务院负责对外经济事务的主要官员，克莱顿对欧洲的经济困境和政治动荡亦给予了密切关注，并从维护美国全球战略利益的高度着手考虑应对之策。

在思考新的援欧计划之前，克莱顿的目光首先投向了美苏争夺逐渐加剧的希腊、土耳其和伊朗。换言之，呼吁援助希腊、土耳其和伊朗实际上是克莱顿重新构思新的整体援欧计划的先声。自1946年以来，美苏两国在近东和中东北部的矛盾冲突日渐升温，美国决策者的注意力均不约而同地聚焦于此，克莱顿自然也不例外。事实上，在英国声明退出希腊、土耳其之前，克莱顿就已经将希腊、土耳其和伊朗视作潜在的危机区域，并积极倡导由美国政府向希、土、伊三国提供军事援助。1946年8月23日，克莱顿收到了一份来自美国参谋长联席会议（Joint Chiefs of Staff, JCS）的备忘录，声

---

① Michelle Cini, "From the Marshall Plan to EEC: Direct and Indirect Influences", in Martin Schain, ed., *The Marshall Plan: Fifty Years After*, New York: Palgrave, 2001, p. 15.

克莱顿 称希腊和土耳其正日益面临着受到苏联支持的武装力量的严重威胁,而英国进行干预的意愿却在日渐减退。于是,克莱顿立即组织其工作班子加紧研究美国的应对方案并很快形成了一致意见。9月12日,克莱顿致函国务卿贝尔纳斯,就军事援助希腊、土耳其和伊朗问题提出了明确的政策构想和建议。克莱顿首先指出,克里姆林宫正致力于运用一切手段以扰乱甚至破坏希腊、土耳其和伊朗的稳定并试图"控制这些国家",因此,美国"应对总的政策作出适当调整,包括出售武器装备,以使美国能够增强面对苏联压力的近东和中东国家抵抗苏联威胁的意志和能力"。随后,克莱顿逐一分析了希腊、土耳其和伊朗的局势并认为,受苏联操纵的阿塞拜疆武装力量正试图颠覆伊朗政府,建立亲苏政权;同时,苏联政府已正式向土耳其提出了两海峡(即博斯普鲁斯海峡和达达尼尔海峡,统称黑海海峡)的控制权以及领土要求,试图以此将土耳其变为苏联的傀儡国;除此之外,苏联方面还向希腊政府施加了前所未有的巨大压力,并试图在希腊建立一个从属于苏联的政权。总之,苏联正积极致力于控制这些国家并迫不及待地"谋求该地区的霸权",这毫无疑问地"对美国的安全构成了严重的威胁"。正因为如此,克莱顿认为美国政府应当重新审视美国的对外政策,尽快考虑向希腊、土耳其和伊朗提供军事援助,因为这些国家"对美国具有重要的利益"[①]。由此可见,克莱顿以其敏锐的战略眼光准确地把握了希腊、土耳其和伊朗的严峻局势,并从维护美国的安全利益以及美苏对抗的战略高度明确提出了军事援助上述三国的政策主张,这在美国政府高层决策者中尚属早期倡议,并为"杜鲁门主义"的

---

① FRUS, 1946, Vol. Ⅶ, pp. 209—213.

出笼起到了积极的政策推动作用。

克莱顿有关军事援助希腊、土耳其和伊朗的呼吁立即在国务院引起了强烈反响并得到了积极回应。1946年10月21日,国务院近东与非洲事务司司长洛伊·亨德森提出了关于希腊事态的备忘录,称希腊"正成为紧张的国际关系的焦点",希腊局势的发展"有可能构成中近东未来趋向的一个决定性因素",因此,美国政策的当务之急就是增加对希腊的政治和经济支持,并向希腊提供紧急援助。1947年1月,美国向希腊派出了经济调查组,该组的调查结果认为,希腊的局势已处于崩溃的边缘,美国政府必须毫不迟疑地提供大规模的经济和军事援助,以免希腊落入共产党之手。① 所有这些都清楚地表明,在"杜鲁门主义"出笼之前,包括克莱顿在内的美国高层决策者早已密切注视着近东和中东地区的局势变化并已着手酝酿和策划援助希腊、土耳其的方案。

事态的发展很快为美国政府正式提出援助希腊、土耳其的计划创造了时机。面对捉襟见肘的国内经济形势,英国政府在万般无奈的情况下不得不作出了停止向希腊、土耳其提供援助的决定。1947年2月21日,英国政府照会美国政府,称由于严重的经济困难,英国自3月31日起将无法继续向希腊、土耳其提供援助。鉴于希、土两国面临共产主义的严重威胁以及两国在战略上的重要地位,英国认为不应坐视其落入苏联的控制之下,因此,英国希望美国立即接过援助希腊、土耳其的义务。② 在收到英国的照会后,美

---

① 刘金质:《冷战史》上册,北京:世界知识出版社2003年版,第108—109页。
② Joseph M. Jones, *The Fifteen Weeks: February 21-June 5, 1947*, New York: Viking Press, 1955, pp.5—7.

克莱顿

国国务院官员立即意识到这是接收老牌帝国主义的地盘、扩展美国的势力范围至中东和地中海、树立自由世界领导形象的大好时机,副国务卿艾奇逊就得意地声称:"历史的转折关头已经到来,美国现在必须挺身而出,取代没落中的英国成为自由世界的领导者。"①随后,国务院开始积极酝酿并起草有关向希腊、土耳其提供紧急援助的文件,为美国新政策的设计作准备;另一方面,美国政府亦加紧了同国会的协调与沟通,争取国会的支持,寻求国会同意批准援助拨款。经过细致周密的安排,"杜鲁门主义"终于浮出了水面。

在国务院紧锣密鼓地为杜鲁门总统的国会演讲制订方案之际,身为副国务卿的克莱顿再次从谋求美国的世界领导权的角度为援助希腊、土耳其发出了强烈的政策呼吁。1947年3月5日,即"杜鲁门主义"出台的前一周,克莱顿特地起草了一份政策备忘录,开门见山地声称"世界领导的控制权正迅速从英国手中滑落……这一控制权要么被俄国拾起,要么由美国接过。如果被苏联拾起,几乎可以确定在未来的10年内将爆发针对美国的战争。如果由美国接过,则战争完全可以避免"。有鉴于此,克莱顿力主"美国必须力挽狂澜,承担起世界领导责任"。克莱顿进而宣称,苏联正致力于从内部颠覆中东和欧洲国家,这是一种新的颠覆方式,美国必须迅速予以应对。克莱顿指出,对美国的利益和安全具有重要意义的有关国家正处于崩溃的边缘,随时有可能被颠覆,"如果希腊和土耳其屈服于外来压力,则整个中东就将失去。法国随后也有可能向共产主义投降,整个西欧和北非也会照此办理"。正因为如

① Dean Acheson, *Present at the Creation*, p. 218.

此，美国必须竭尽全力地阻止此类事情的发生，否则，美国就将不得不为第三次世界大战作准备。鉴于饥饿、经济贫困与挫折最易招致内部颠覆，克莱顿由此深信，"美国乃至世界的安全和利益都需要美国政府采取迅速和有效的行动以援助面临严重威胁的国家"。克莱顿最后强调指出，美国的援助计划应包括"政治和经济两个方面"，美国提供的援助"不仅应采取财政援助的形式，而且还应包含技术援助和行政管理援助的形式"①。不容否认，克莱顿积极呼吁美国政府提供对外援助的政策主张是立足于两个基本点：一是谋求美国在战后世界中的领导权；二是遏制苏联和共产主义。正是基于上述政策立场，克莱顿从一开始就对谋划中的"杜鲁门主义"持毫无保留的支持态度。

  1947年3月12日，杜鲁门总统在国会参众两院联席会议上发表演讲，正式提出了所谓的"杜鲁门主义"。杜鲁门首先指出，希腊、土耳其的局势关系到美国的战略目标和国家安全，鉴于上述两国正受到由共产党领导的武装人员恐怖主义活动的严重威胁，因此，美国必须向希腊、土耳其提供援助。杜鲁门宣称，"无论是通过直接侵略还是间接侵略将极权主义政权强加于自由国家的人民，都破坏了国际和平的基础，从而也破坏了美国的安全"，美国不能等闲视之，必须给予应有的还击，因为援助自由国家免遭共产主义统治的"伟大责任已经降临到美国头上"。为此，杜鲁门呼吁国会立即授权政府在1948年6月30日之前向希腊、土耳其提供4亿美元的援助并选派文职和军事人员前往希、土两国参与重建，同时监

---

① Fredrick J. Dobney, ed., *Selected Papers of Will Clayton*, pp. 198—200.

克莱顿　督美援的使用。①

"杜鲁门主义"出台后,美国国会随即展开了援助希腊和土耳其的立法活动,并举行了一系列听证会。其间,克莱顿亦明确表示支持"杜鲁门主义",呼吁国会尽快通过有关援助希腊、土耳其的法案。3月24日,克莱顿亲自前往国会山,就希腊和土耳其的经济局势向国会作出了进一步的解释。克莱顿首先指出,由于战争的破坏、政治动荡以及游击活动的袭扰,希腊经济已经陷入了瘫痪的境地,亟需大量的外部援助,在目前的情况下,"这种援助只有美国能够提供"。克莱顿明确表示,美国援助的一半左右将直接用于装备希腊的武装力量,以便"有效地对付游击活动",因为"军事安全的确立是经济稳定的必要前提"。进而言之,"只有军事安全的确立方能使希腊政府和人民集中精力于解决其经济问题"。克莱顿特别强调指出,为确保美国政治和经济目标的顺利实现,美援的使用"必须置于美国使团的控制之下"。就土耳其而言,克莱顿认为,尽管土耳其总的经济状况略好于希腊,但仍然急需军事设施和基础设施装备。克莱顿尤其强调了通过援助以增强土耳其的军事防御能力的必要性和紧迫性,因此,美国提供的援助将主要用于装备土耳其的武装力量,从而"直接有利于维护土耳其的安全"。克莱顿最后明确指出,国会应当尽快批准向希腊、土耳其提供军事和经济援助,并坚信这"对于维护美国自身的安全是至关重要的"②。与此同时,考虑到希腊和土耳其所面临的严峻形势,以及美国国会不可能在3月31日之前完成援助希腊、土耳其的立法批准程序,克莱顿

---

①　*DAFR*, Vol. Ⅸ, 1947, pp. 6—8.
②　Fredrick J. Dobney, ed., *Selected Papers of Will Clayton*, pp. 190—195.

还独辟蹊径地建议由美国复兴金融公司先期向希腊、土耳其提供1亿美元的紧急援助,以缓解两国所面临的巨大压力。① 由此可见,在"杜鲁门主义"的筹划和推进进程中,克莱顿同样发挥了积极的作用。

在克莱顿等人的鼎力支持和积极努力下,美国国会参、众两院分别于4月22日和5月8日通过了《关于援助希腊和土耳其的法案》。5月22日,杜鲁门签署了该法案②,美国向希腊和土耳其提供军事和经济援助的计划随即开始实施。

"杜鲁门主义"的提出和实施标志着冷战格局的正式形成,同时也表明美国进一步承担了领导自由世界的责任,遏制政策由此成为美国对外关系的主导政策。需要特别强调指出的是,在军事援助希腊、土耳其的政策推进过程中,美国政府总体的援助欧洲计划也进入了酝酿程序。换言之,在冷战格局的大背景下,"马歇尔计划"亦成为美国总的对外政策的有机组成部分。正如杜鲁门总统所言,"杜鲁门主义"和"马歇尔计划"是"一个胡桃的两半",因为"美国的对外政治关系和对外经济关系是密不可分的"③。基于此,"杜鲁门主义"的提出与"马歇尔计划"的酝酿之间存在着内在的紧密联系,两者在一定程度上是交叉进行的。进而言之,"杜鲁门主义"实际上奠定了"马歇尔计划"的政策路径,而"马歇尔计划"则是实施"杜鲁门主义"的具体形式之一。值得关注的是,在"马歇尔计划"的酝酿和谈判实施进程中,克莱顿同样发挥了不容忽视的重要

---

① Gregory A. Fossedal, *Our Finest Hour*, p.206.
② Dean Acheson, *Present at the Creation*, p.225.
③ Harry S. Truman, *Memoirs of Harry S. Truman: Years of Trial and Hope*, 1946—1953, Vol. II, New York: Da Capo Press, 1956, p.111.

克莱顿

作用。

  在呼吁军事援助希腊、土耳其和伊朗以及支持"杜鲁门主义"的同时,克莱顿还将关注的视野扩大到整个欧洲。实际上,作为负责经济事务的副国务卿,克莱顿始终密切注视着欧洲政治经济局势的发展变化,并在1947年初就发出了由美国援助欧洲的呼吁。1947年2月25日,克莱顿在众议院对外事务委员会发表演讲,明确提出了援助欧洲的政策主张。克莱顿首先明确指出,目前欧洲各国的经济形势依然相当严峻,亟待美国提供食物、燃料以及其他生活必需品。克莱顿进而坚持认为,尽管联合国善后救济总署(United Nations Relief and Rehabilitation Administration,UNRRA)向欧洲国家提供了相当数量的援助,但鉴于该机构将于1947年3月31日结束其使命,因此,战后救济的任务"还没有完成"。克莱顿随即强调,欧洲国家如果不能获得美国提供的援助,则饥饿与动乱将在欧洲不断蔓延,并将招致不容乐观甚至相当严重的经济和政治后果。在这样的环境下,美国也将不可能享有持久的安全与繁荣。在谈到援助欧洲的方法时,克莱顿特别强调指出,对于美国而言,处理对外援助的最佳方式和有效途径就是由美国与受援国直接进行谈判和协商,而不必借助于一个像联合国善后救济总署这样的国际机构,因为通过直接与受援国的谈判和协商,美国政府将能更加有效地应对各种因素的变化,并确保美国对援助资金或物资的有效监督,即确保"援助计划的控制权可以牢牢地掌握在美国的手中"[1]。由此可见,克莱顿在演讲中已经初步勾画并提出了美国日后援助欧洲的政策原则,这些原则主要包括:(1)美国援助

---

[1] Fredrick J. Dobney, ed., *Selected Papers of Will Clayton*, pp. 181—184.

欧洲的政策就是旨在避免欧洲经济局势的进一步恶化,避免欧洲各国出现美国不愿看到的政治动荡以及由此带来的政治后果。(2)援助欧洲的设想同样是基于美国的利益考虑,换言之,援助欧洲将有助于维护美国的政治安全和经济繁荣。(3)新的援助计划必须建立在美国同欧洲国家直接谈判的基础之上,以此确保美国的监督权和控制权。

需要指出的是,克莱顿之所以强调应由美国直接与欧洲国家谈判援助事宜而不必借助于一个国际机构,其原因就在于,这一立场同克莱顿主持美国善后救济工作的经历有着密切的联系。1945年7月,杜鲁门总统任命克莱顿为联合国善后救济理事会美方代表,并负责美国国务院涉及联合国善后救济总署事务的一切工作。① 通过参与联合国的善后救济事务,克莱顿深切感受到,尽管美国向联合国善后救济总署提供了绝大部分的资金,但在资金分配等问题上,美国却只有1/17的投票权。有鉴于此,克莱顿坚持认为,新的对欧援助计划应当彻底摆脱联合国善后救济总署的模式,必须采取由美国直接与受援国进行谈判的方式,从而达到确保美国控制权的目标。实际上,克莱顿的这一构想在美国与西欧国家谈判实施"马歇尔计划"的过程中最终得到了体现,即西欧国家围绕美国提供援助事宜签署一个多边协定的同时,还必须分别与美国签署相关的双边协定,以此确保美国的监督权和控制权。

在倡导援助欧洲的同时,克莱顿还指示其对外经济政策工作班子仔细评估欧洲日益恶化的政治经济局势以及美国的应对策略,并要求每周汇报一次。经过初步酝酿,克莱顿及其工作班子就

---

① Fredrick J. Dobney, ed., *Selected Papers of Will Clayton*, pp. 10, 140.

克莱顿

美国援助欧洲的构想又达成了一个基本共识,即美国应以援助为契机,推动欧洲国家的经济改革并寻求实现欧洲联合。①

实际上,自第二次世界大战结束以来,欧洲的经济困难的确引起了广泛的关注。在美国的积极倡议下,联合国经济和社会理事会于1946年底通过了一项决议,决定成立欧洲经济委员会(Economic Commission for Europe,ECE),其主要使命就是探讨欧洲经济的复兴问题并协调有关各国的政策。1947年4月22日,杜鲁门总统任命克莱顿为欧洲经济委员会美方代表,负责就欧洲经济复兴问题与有关国家进行磋商。5月2日,欧洲经济委员会第一次会议在日内瓦如期召开(与此同时,筹建《关贸总协定》的日内瓦会议已于4月10日开始举行),克莱顿代表美国政府在开幕式上致辞,进一步阐述了欧洲联合复兴的主张。克莱顿首先指出,"美国方面高度关注欧洲的经济复兴,因为美国政府充分认识到,没有欧洲的经济复兴,世界和平与繁荣就不可能实现"。克莱顿进而认为,欧洲经济委员会的主要任务应是"就阻碍欧洲复兴的重大而紧迫的相关问题尽快寻找解决的方案"。为此,克莱顿着重分析并首次公开阐述了欧洲联合复兴的政策设想,强调"凭借孤立的经济行动,任何国家都不可能解决他所面临的经济问题"。克莱顿由此深信,"损害邻国的单边行动最终必将损害所有国家",因此,欧洲的复兴"只有通过共同的艰苦努力和通力协作方可实现"。最后,克莱顿从更广阔的世界经济扩展的角度阐明了日内瓦关税和贸易谈判与欧洲复兴的关系,深信欧洲的复兴归根到底必须以世界贸易的扩展为基础。克莱顿认为,正在日内瓦举行的联合国贸易和就

---

① Gregory A. Fossedal,*Our Finest Hour*,pp. 203—204.

业国际会议筹备委员会第二次会议"正在寻求建立一个国际贸易关系的总体模式以促进世界经济的进一步扩展",与此相对应的是,"欧洲经济委员会则是一个旨在应对并解决源于战争破坏的紧急问题的补充机构"①。应当承认,尽管克莱顿在致辞中所表达的观点是原则性的,但从中仍然可以看出克莱顿对欧洲复兴所持的基本立场,即(1)欧洲的复兴必须作为一个整体来应对和处理,即欧洲必须遵循联合复兴的原则;(2)欧洲的复兴从根本上讲必须建立在世界贸易发展的基础上,欧洲国家必须参与多边自由贸易的国际协议。实际上,欧洲联合复兴最终成为美国援欧政策的基本目标②,而且,欧洲联合的理念亦为欧洲政治和经济的重建提供了一个思想堡垒。③

综上所述,在美国高层决策者中,克莱顿是较早系统地提出援助欧洲政策的官员之一。作为负责对外经济事务的主要决策者,克莱顿的援欧主张和呼吁无疑为美国政府欧洲政策的酝酿与制定作出了必要的前期铺垫,形成了广泛和有力的政策影响,并在很大程度上推动了"马歇尔计划"的提出。

第二节 克莱顿与"马歇尔计划"的提出

欧洲是美国全球战略的重点,而西欧又是决定美苏战略对抗

---

① Fredrick J. Dobney, ed., *Selected Papers of Will Clayton*, pp. 195—197.
② Michael J. Hogan, "European Integration and the Marshall Plan", in Stanley Hoffmann and Charles Maier, eds., *The Marshall Plan: A Retrospective*, Boulder: Westview Press, 1984, p. 5.
③ G. John Ikenberry, "Rethinking the Origins of American Hegemony", p. 387.

克莱顿　的最为关键的地区。但在战后初期,美国政府曾对欧洲的经济复兴作出了过于乐观的估计,认为"只需利用有限的重建贷款和救济措施,并借助于德国赔款以及新的多边贸易安排,通向欧洲稳定的道路便完全可以坦途无忧"①。然而,事态的发展却大大超乎美国决策者的预料。伴随着1947年初的风霜雪雨,欧洲国家的经济状况如同阴霾密布的天气一样持续恶化,并由此引发了剧烈的政治和社会动荡。显然,美国低估了战争对欧洲国家的破坏,高估了西欧经济自我恢复的前景和能力,美国决策者此时亦深感"到目前为止,美国政府最初所采取的稳定政策并没有发挥作用"。有鉴于此,"美国必须制定一个更为长远的援助计划,以便扭转欧洲的经济和政治局面,扫清德国复兴的道路,同时鼓舞法国和意大利反共产主义力量的士气"②。由此不难看出,面对欧洲政治经济的困顿局面,出于帮助西欧经济复兴以防止其滑入共产主义阵营的现实考虑,以及谋求美国领导权的战略需要,美国政府从1947年初就开始着手重新筹划一项新的整体援欧计划,包括克莱顿在内的美国决策者为此先后提出了一系列的政策构想和方案,并最终促成了"马歇尔计划"的出台。

1947年初春,当"杜鲁门主义"紧张酝酿、冷战阴云逐渐聚拢之际,杜鲁门政府中的大部分主要决策人物,如副国务卿艾奇逊、陆军部长帕特森(Robert P. Patterson)和海军部长福里斯特尔(James Forrestal)等人就一致认为,"一个受华盛顿严格监督的、统一的援

---

① Michael J. Hogan, "The Search for a 'Creative Peace': The United States, European Unity, and the Origins of the Marshall Plan", p. 268.
② Michael J. Hogan, "European Integration and the Marshall Plan", in Stanley Hoffmann and Charles Maier, eds., *The Marshall Plan*, pp. 1—2.

助(欧洲)计划将能缔造和平与繁荣,即恢复经济、稳定政治、削弱共产党,并有助于多边世界贸易以及美国的经济繁荣与安全"①。与此同时,援助希腊、土耳其的政策则是"维持欧洲稳定的诸因素中的组成部分"②。基于此种共识并在艾奇逊的积极倡议下,国务院—陆军部—海军部协调委员会(State-War-Navy Coordinating Committee, SWNCC)于1947年3月11日正式决定成立一个"特设专门委员会",明确规定其主要任务就是对未来几个月"外国政府可能向美国提出的经济、财政、技术和军事援助请求进行研究并形成报告"③。具体地讲,根据国务院—陆军部—海军部协调委员会的指示,"特设专门委员会"下设四个小组,研究范畴主要涵盖五个方面:(1)评估欧洲国家的粮食、燃料及原料、外汇及黄金储备状况;(2)评估欧洲国家的国内政治紧张局势和经济状况以及由此引发的政治经济后果;(3)预测1947—1949年间美国的国际收支状况以及美国与欧洲国家之间的贸易收支平衡状况;(4)分析评估美国提供对外援助的实际能力和可行性;(5)评估美国国内关于提供对外援助的制约因素。④

1947年4月21日,"特设专门委员会"向协调委员会提出了一份题为"美国向外国提供援助的政策、程序和代价"的研究报告并得到了国务院、陆军部和海军部的认可。该报告首先明确指出,

---

① Thomas G. Paterson, *Soviet-American Confrontation: Postwar Reconstruction and the Origins of the Cold War*, Baltimore: Johns Hopkins University Press, 1973, p. 207.

② Herbert Feis, *From Trust to Terror: the Onset of the Cold War, 1945—1950*, New York: Norton, 1970, p. 237.

③ *FRUS*, 1947, Vol. Ⅲ, pp. 197—198.

④ Ibid., p. 205.

克莱顿　"除了向美国寻求贷款以及援助之外,(包括欧洲国家在内的)贫困国家几乎找不到任何其他途径以平抑贸易赤字,实现重建和发展"。以此作为基本前提,"特设专门委员会"报告详细阐述了美国提供对外援助的政策原则和宗旨,特别强调了援助西欧国家对美国的国家安全和利益所具有的重要意义。随后,该报告还分析了战争对世界经济造成的严重破坏,尤其评估了西欧国家所面临的严峻形势以及粮食、煤、钢等物资的紧缺状况,并就美国提供援助的范围和方式作出了初步的政策分析。①

杜鲁门政府讨论援欧计划

应当看到,"特设专门委员会"的报告重在评估欧洲国家所面临的日趋严峻的政治经济形势以及美国提供援助的必要性,对于具体的援助方式则没有提出切实有效的建议。但作为美国政府为筹划援助欧洲而采取的一项重要举措,"特设专门委员会"的研究报告仍然具有不容忽视的意义,即该报告为美国援欧政策的进一

---

① FRUS, 1947, Vol. Ⅰ, pp.725—733; FRUS, 1947, Vol. Ⅲ, pp.204—220.

步设计提供了具有说服力的依据。① 进而言之,"特设专门委员会"报告无疑是"马歇尔计划"酝酿阶段的重要组成部分,从政策设计进程的角度来看,"特设专门委员会"报告"初步奠定了美国对外援助政策总体框架的基础,并对'马歇尔计划'的出台作出了直接而有力的贡献"②。

在"特设专门委员会"就美国援助欧洲的计划方案展开紧张研究的同时,1947年1月就任国务卿的马歇尔(George C. Marshall)也开始关注欧洲复兴问题。在1947年3—4月举行的美、英、法、苏四国莫斯科外长会议上,美苏围绕欧洲复兴和德国问题爆发了互不相让的激励争吵,并导致莫斯科外长会议无果而终。马歇尔由此确信"美苏在欧洲的激烈较量已不可避免,苏联显然希望从德国问题的僵持局面以及欧洲日渐恶化的政治经济局势中捞取足够的政治好处"。进而言之,莫斯科外长会议上同苏联的正面交锋促使马歇尔决定开辟解决德国问题和欧洲复兴问题的新途径。③ 回到华盛顿之后,马歇尔不辞辛劳地于4月28日发表了一次广播讲话,明确指出"欧洲复兴的进程远远落后于原先的预期。分裂的趋势日益明朗……为了应对这些间不容发的问题,美国必须采取一切可能的行动"④。随后,在马歇尔的亲自呼吁和积极支持下,美国国务院政策设计室(Policy Planning Staff,PPS)于5月5日正式宣

---

① Scott Jackson, "Prologue to the Marshall Plan: The Origins of the American Commitment for a European Recovery Program", *The Journal of American History*, Vol. 65, No. 4, 1979, p. 1056.
② Joseph M. Jones, *The Fifteen Weeks*, p. 206.
③ Michael J. Hogan, "European Integration and the Marshall Plan", in Stanley Hoffmann and Charles Maier, eds., *The Marshall Plan*, p. 3.
④ *FRUS*, 1947, Vol. III, p. 219.

克莱顿

布成立,遏制政策的设计师凯南(George F. Kennan)应马歇尔之邀担任国务院政策设计室主任。马歇尔明确指示凯南,国务院政策设计室的主要任务就是"负责长远政策的规划",而首要目标就是"致力于欧洲复兴计划的设计"①。

此后,凯南及其政策设计室成员开始夜以继日地研究和评估美国援助欧洲的方案。5月23日,凯南主持下的国务院政策设计室起草完成了一份《关于美国援助西欧的政策》的报告并随即呈送艾奇逊和马歇尔,这就是著名的"凯南报告",其主要内容为:

1. 关于美国援助西欧的总体目标。"凯南报告"指出,西欧的严重危机以及经济、政治和社会结构的破坏是战争所造成的灾难性后果,"共产党人正在利用欧洲的危机,如果这种局势进一步发展,美国的安全将会面临严重的威胁"。正因为如此,美国援助欧洲的基本目标就在于恢复欧洲经济和社会的稳定,并同经济失调作斗争,"因为经济失调使欧洲社会极度虚弱,从而容易导致一切极权主义运动在欧洲浑水摸鱼,俄国共产主义正试图乘人之危以扩充势力"。有鉴于此,"凯南报告"认为,至此紧要关头,由美国向西欧国家提供援助是必要的。

2. 关于美国援助西欧的基本原则。"凯南报告"指出,美国在向西欧国家提供必要的援助时应确立以下基本原则:(1)欧洲"自助"。因为经济复兴"是欧洲人的事情,正式倡议应由欧洲人提出,欧洲应为此承担主要责任"。(2)欧洲联合复兴。欧洲复兴计划"必须经由几个欧洲国家一致同意……必须由一批友好国家联合向美国提出援助申请"。(3)美国支持。美国的作用是在参与制定

---

① *FRUS*, 1947, Vol. I, pp. 733—734.

欧洲复兴计划之时"给予友好的帮助,然后应欧洲的请求运用财政或其他方式支持这项计划"。(4)英国的特殊地位。欧洲复兴计划应充分考虑英国的特殊困难,"必须是一个涉及特别地应对英国的经济困境的计划"。(5)德国的重建。欧洲复兴计划的重点应是实现德国的重建,因为德国的重建和经济统一对欧洲经济的长远发展和力量均衡将具有"决定性的意义"。(6)欧洲国家的保证。在接受美国提供的援助时,欧洲国家必须作出明确的保证,即将美元援助方式降至最低限度;欧洲各国应充分利用行政力量以使美国提供的援助得到目的明确和充分有效的使用;应以经济上切实可行并符合美国利益的方式向美国作出最大限度的补偿。(7)排斥苏联和东欧国家。欧洲复兴计划应寻找适当的途径,"以便使俄国的卫星国或者是对所提出的条件不愿接受而把自己排除在外,或者是同意放弃经济政策上的排外方针"。此外,"如果俄国利用欧洲经济委员会阻挠欧洲复兴计划的实施,则西欧主要国家必须寻找一条没有俄国及其卫星国参与的共同协商的途径"[①]。

作为主持设计美国援欧计划的重要机构,国务院政策设计室提出的"凯南报告"毫无疑问是"马歇尔计划"酝酿阶段的又一个重要组成部分,对于"马歇尔计划"的出台同样起到了积极和有力的推动作用。"凯南报告"对欧洲政治经济危局的评估,以及有关欧洲联合提出援助请求和欧洲国家必须向美国作出明确保证的内容,对"马歇尔计划"具体方案的形成产生了不容忽视的影响。但另一方面,由于凯南领导的国务院政策设计室自正式组建到提出报告的时间间隔很短,且凯南等人并没有时间亲赴欧洲实地考察

---

① *FRUS*,1947,Vol.Ⅲ,pp.223—230.

克莱顿　1946年底以来欧洲政治经济的严峻形势，因此，"凯南报告"的政策依据主要是从国务院及美国政府相关部门搜集而来的资料和信息，包括克莱顿提供给国务院的相关信息与政策观点。① 面对报告起草的政策背景，就连凯南自己也承认"凯南报告"是一份"仓促拟定的文件"②。正因为如此，"凯南报告"尽管提出了相应的援欧政策设想，但对"马歇尔计划"的最终形成却并没有产生决定性的影响。③ 进而言之，促使马歇尔发表援欧演讲还需要更为直接的推动力，这一推动力就来自刚刚从欧洲返回华盛顿的克莱顿。

从1946年至1947年，克莱顿曾数番亲历欧洲，对欧洲政治经济的严峻形势有着切身的体验和现实的感悟，并早在1947年初就发出了由美国援助欧洲的呼吁，明确提出了欧洲联合复兴的政策设想。1947年4月10日，身为副国务卿的克莱顿率领美国代表团出席了筹建关贸总协定制度的日内瓦会议，并同时代表美国政府出席在日内瓦举行的欧洲经济委员会第一次会议。在此期间，除主持日内瓦会议的多边关税和贸易谈判之外，克莱顿还借此机会详细询问欧洲各国的经济、金融和食品供应情况，并对西欧国家面临的政治经济局势感到诧异甚至震惊。④ 与此同时，克莱顿利用一切机会穿梭般地访问了欧洲主要国家的首都，再次亲眼目睹了欧洲江河日下的经济困境以及动荡不安的政治社会局面，亲耳聆听了欧洲各国领导人对欧洲未来的深切担忧和茫然无措，并掌握了

---

① George F. Kennan, *Memoirs*：*1925—1950*, Boston：Little, Brown and Company, 1967, p. 329.
② George F. Kennan, *Memoirs*, p. 352.
③ Greg Behrman, *The Most Noble Adventure*, p. 63.
④ William L. Clayton, "GATT, the Marshall Plan, and OECD", p. 494.

有关欧洲经济和金融问题的第一手信息和资料①,从而更加坚定了克莱顿呼吁美国政府采取有效措施以援助欧洲的决心。

5月中旬,克莱顿离开欧洲回国,回国后的任务主要有两个:一是呼吁杜鲁门总统否决妨碍日内瓦会议的"羊毛法案";二是向国务卿马歇尔面陈欧洲的危难局面,呼吁向欧洲提供紧急援助。抵达华盛顿之后,克莱顿立即召集其经济政策工作班子围绕欧洲危机展开了讨论并直言不讳地指出,欧洲正处在全面崩溃的边缘。②在与其幕僚研究分析的基础上,克莱顿进一步完善了拟提交马歇尔的报告。

5月27日,胸有成竹的克莱顿正式将一份题为《关于欧洲危机》的备忘录递交国务卿马歇尔,这就是对美国援助欧洲的政策设计产生了重要影响的"克莱顿备忘录",其主要内容为:(1)关于对欧洲局势的评估。克莱顿首先明确指出,美国政府此前的政策分析"从总体上低估了战争对欧洲经济的破坏"。美国只看到了财物的损失和破坏,"却没有充分考虑到经济混乱对生产的影响——工业的国有化、极端的土地改革、长期贸易关系的中断、由于资本枯竭或流失而导致的私有贸易公司的消失……以及欧洲现代劳动分工体系的瓦解"。总之,"欧洲的局势正

国务卿马歇尔

---

① John Gimbel, *The Origins of the Marshall Plan*, Stanford: Stanford University Press, 1976, pp. 8—9.

② Charles L. Mee, Jr., *The Marshall Plan: The Launching of the Pax Americana*, New York: Simon and Schuster, 1984, pp. 96—97.

克莱顿

持续恶化。政治状况反映了经济状况,接连不断的政治危机无疑意味着(欧洲)存在着严重的经济危难"。克莱顿进而列举了欧洲主要国家的年度收支赤字情况:英国为22.5亿美元,法国为17.5亿美元,意大利和德国美英双占区分别为5亿美元。由此可见,欧洲主要国家年度收支总赤字高达50亿美元,这还不包括欧洲的众多小国。克莱顿指出,上述数据表明欧洲的生活水平已经跌落到历史最低点,如果任由事态继续发展下去,"欧洲就将爆发革命"。克莱顿认为,造成欧洲面临严重赤字的原因就在于欧洲不得不从美国进口大量的生活必需品如煤炭和粮食等。(2)关于美国的应对之策。克莱顿强调指出,鉴于欧洲各国正经历着极其严峻的政治经济形势,"如果美国不能提供迅速和大规模的援助,经济、社会和政治的分裂就将摧毁整个欧洲"。克莱顿进而认为,欧洲危机不仅威胁到世界的和平与安全,而且,欧洲危机的进一步加剧"对美国国内经济的直接影响也将是灾难性的:美国的剩余产品将失去市场,并由此导致失业和经济衰退",因此,美国必须阻止此类事情发生。克莱顿强调指出,美国所拥有的资源和生产能力将足以向欧洲提供所有必要的援助,当务之急应当是由总统或国务卿向美国人民发出一个强有力的呼吁,与此同时,美国政府也应着手考虑并设计出"一个可靠且可行的计划……以挽救欧洲于饥饿和混乱之中"。据克莱顿估计,在未来的3年内,欧洲国家每年均需美国提供价值约60亿至70亿美元的商品援助;换言之,美国的援助将主要采用实物形式,如煤炭、食品、棉花以及运输服务等。克莱顿随即指出,美国向欧洲提供的为期3年的援助应当建立在一个欧洲计划的基础之上,这就意味着援助计划必须首先由欧洲国家提出。克莱顿认为,欧洲复兴计划应由欧洲主要国家在英国、法国和意大利的带领下共同设计并基于一个欧洲经济联盟,因为经济的分隔将导致欧洲复兴难以实现。克莱顿最后强调指出,在向欧洲提供援助之际,"美国必须避免步联合国善后救济总署之后尘,美国必须主导和控制援欧计划"①。由此可见,"克莱顿备忘录"进一步发展了克莱顿的援欧构想并着重阐述了五个方面的政策考虑:第一,欧洲经济状况的持续恶化导致了政治动荡,并存在爆发革命的潜在危险。第二,出于维护美国经济利益和战略安全的目的,美国必须向欧洲提供援助。第三,美国有能力向欧洲提供所有必要的援助。第四,美国的援欧计划必须建立在欧洲国家提出援助请求以及欧洲联合复兴的基础之上。第五,出于推进美国政策目标的考虑,美国必须主导援欧计划的谈判与实施。正因为如此,克莱顿的援欧构想还具有重要的战略意义和长远考量,即美国提供的大规模援助将有助于扭转欧洲经济、社会与政治的混乱局面,遏制共产主义的蔓延,防止美国出口贸易市场的崩溃,进而实现多边主义的战略目标。②

毋庸置疑,"克莱顿备忘录"是"马歇尔计划"酝酿阶段的第三个、同时也是最重要的一个组成部分,"马歇尔6月5日著名的哈佛演讲中的大部分实质性内容均直接源自'克莱顿备忘录'"③。正因为如此,同为副国务卿的艾奇逊遂将"克莱顿备忘录"称为"'马歇尔计划'的具体大纲"④。由此可见,"克莱顿备忘录"在"马歇尔计

---

① *FRUS*, 1947, Vol. Ⅲ, pp. 230—232.

② Michael J. Hogan, *The Marshall Plan: America, Britain, and the Reconstruction of Western Europe, 1947—1952*, Cambridge and New York: Cambridge University Press, 1987, p. 42.

③ Fredrick J. Dobney, ed., *Selected Papers of Will Clayton*, p. 201.

④ Dean Acheson, *Present at the Creation*, p. 228.

克莱顿

划"的酝酿过程中的确发挥了至关重要的作用。首先,"克莱顿备忘录"对欧洲局势日趋恶化的评估成为马歇尔哈佛演讲的中心内容之一;其次,马歇尔哈佛演讲中提出的欧洲联合复兴原则亦融入了"克莱顿备忘录"有关欧洲经济联盟的战略构想。① 进而言之,作为亲身体验了欧洲危机的美国政府高级官员,克莱顿对欧洲政治经济局势的分析和评估无疑是最具说服力的;作为极富商业智慧的商界精英和极具战略眼光的决策者,克莱顿对援欧政策方案的设想,尤其是美国必须扮演主导角色的呼吁,同样顺应并符合美国领导西方世界的全球战略目标;克莱顿有关建立一个欧洲经济联盟的构想亦独辟蹊径地解决了欧洲联合复兴的组织机构问题,并为美国随后的政策决策奠定了基础②,同时也为欧洲经济合作委员会的设立作出了政策铺垫。

实际上,在美国国务院的决策层中,克莱顿不仅是具有丰富商业经验和商业韬略的高级官员,同时也是"马歇尔计划"酝酿期间唯一亲赴欧洲实地考察的高级官员,这就是马歇尔倚重克莱顿的政策建议的原因所在。在收到"克莱顿备忘录"的当天,马歇尔便立即约见了克莱顿,详细询问了欧洲的政治经济局势以及克莱顿的基本判断和政策设想,并当即决定召开国务院专门会议以研究美国向欧洲提供援助的具体事宜。马歇尔哈佛演讲稿的起草者琼斯据此认为,"在促使马歇尔国务卿发表哈佛演讲的诸多因素中,

---

① Nicolaus Mills, *Winning the Peace: The Marshall Plan and America's Coming of Age as a Superpower*, Hoboken: John Wiley & Sons, Inc., 2008, pp. 25—26, 111.

② Michael J. Hogan, *The Marshall Plan*, p. 43.

克莱顿的 5 月备忘录是最直接和最重要的因素之一"①。更为重要的是,"克莱顿备忘录"已经勾划出"马歇尔计划"关键组成部分的基本轮廓。② 从这个意义上讲,"克莱顿备忘录"无疑将"马歇尔计划"的酝酿推向了一个高峰并使其日臻完善。

马歇尔计划与 1947 年欧洲经济会议

为最终敲定美国援助欧洲的政策,1947 年 5 月 28 日,即"克莱顿备忘录"提交马歇尔的第二天,马歇尔便召集了一次国务院专门会议,研究美国的援欧政策。参加会议的国务院官员包括艾奇逊、克莱顿、凯南、波伦(Charles E. Bohlen,国务院顾问)等人。在会议开始之际,应马歇尔的要求,克莱顿首先介绍了欧洲的政治经济局势以及欧洲危机对美国的重大影响,认为欧洲的经济危机之所以难以化解,其重要原因之一就是欧洲的劳动分工体系趋于瓦解,现

---

① Joseph M. Jones, *The Fifteen Weeks*, pp. 248—249.
② Greg Behrman, *The Most Noble Adventure*, p. 64.

克莱顿 行的贸易壁垒也在很大程度上妨碍了贸易渠道的畅通,使得战后初期的重建努力难见成效;而接踵而至的政治危机则是欧洲经济困境的集中反映。克莱顿进而指出,欧洲各国已经疲惫不堪,面对危局已显得无能为力,因此,美国必须正视欧洲的严峻形势并采取迅速果断的措施,否则,"欧洲将在1948年初面临更加严重的经济、政治和社会剧变。而欧洲的剧变对美国的直接影响就将是出口大幅度下降,剩余产品严重积压,进而导致美国出现经济衰退"。随后,会议着重讨论和研究了援欧计划的覆盖范围,即美国的援欧计划是否应包括苏联以及东欧国家。克莱顿坚持认为,鉴于东欧地区对于西欧而言并不具有缺之不可的关键性意义,因此,即使没有东欧国家的参与,美国的援欧计划以及欧洲的联合复兴仍然是可行的。凯南则不同意克莱顿的看法,认为既然是援欧计划,就不必区分受援对象,而应强调欧洲国家所面临的困难,美国"不应承担限定援助范围的责任",如此方可避免招致美国试图分裂欧洲的指责。凯南同时认为,如果苏联愿意参加到美国的援欧计划中来,它就应当承担相应的义务,"除非苏联不愿承担义务"而自动弃权。经缜密协商,与会者就援欧计划的地区范围达成了共识,即"援欧计划在起草时应附带条件。如果东欧国家愿意放弃经济上的排他性的亲苏倾向,则可以参加到援欧计划中来"。在援助计划的起草问题上,凯南与克莱顿也存在不同观点。凯南认为援助计划应由欧洲负责起草,美国只是参与;尽管克莱顿也认为援助计划应当建立在一个欧洲计划的基础上,但却强调美国应操纵局势,在援欧计划的制订过程中发挥主导作用。会议最终形成了一个折中方案:为避免造成"山姆大叔"将"美国方式"强加于欧洲的印象,援欧计划主要应由欧洲制订,但美国必须向欧洲各国施加适时和有效的压力,并明确告知只有在欧洲国家提出一个总的经济合作计划的前提下,美国才会提供相关的援助。针对凯南主张在欧洲经济委员会的框架内讨论援欧问题的观点,克莱顿明确表示反对,认为此法实不可取,因为苏联也是欧洲经济委员会的成员,仅仅是小国对苏联的恐惧就足以使苏联能够阻挠所有国家采取任何建设性的行动。为确保按照美国的政策意图和目标顺利地拟定并实施援助欧洲计划,克莱顿主张应由美国推动英国、法国、意大利、荷兰、比利时、卢森堡等欧洲主要国家就有关问题先期进行初步协商。①

从政策推进的进程来看,"5·28会议"是美国国务院就援助欧洲问题举行的第一次高级别的专门会议,在此期间,克莱顿和凯南在援欧计划的实施方式上出现了巨大分歧,克莱顿尤其反对削弱美国在援欧计划中的角色。② 经缜密讨论,"5·28会议"就美国援助欧洲以及援欧计划设计的重大原则问题达成了基本的共识,从而为"马歇尔计划"的出台铺平了道路。在这次会议上,作为亲身经历者,克莱顿对欧洲政治经济局势的介绍和评估引起了与会者的广泛共鸣;克莱顿的政策主张,尤其是美国在援欧计划的制订和实施过程中应发挥积极的主导和控制作用,以及绕开欧洲经济委员会以讨论援欧问题等政策建议,均赢得了绝大多数与会者的一致赞同,这就清楚地表明克莱顿在"5·28会议"上仍然发挥了重要的决策分析与判断作用,是会议的主要发言者③,从而有力地推动了"马歇尔计划"的酝酿和定型。事实上,"马歇尔计划"的具体实

---

① *FRUS*, 1947, Vol. Ⅲ, pp. 234—236.
② Charles P. Kindleberger, *Marshall Plan Days*, Boston: Allen & Unwin, 1987, p. 29.
③ Nicolaus Mills, *Winning the Peace*, p. 112.

克莱顿　施最终基本采纳了克莱顿所提出的方式。

1947年6月5日,国务卿马歇尔专程前往哈佛大学并发表了演讲,就欧洲严峻的经济形势阐述了美国政府的基本判断,并原则性地提出了美国援助欧洲的政策设想。马歇尔首先指出,"在思考欧洲复兴的需要时,生命财产的损失,工厂、矿山和铁路的有形破坏得到了正确的评估",但整个欧洲经济结构的严重失调甚至毁坏却没有引起足够的重视,"由于资本的大量流失、国有化的干预以及赤裸裸的破坏,欧洲长期的贸易关系和私有制度已经消失殆尽……现代劳动分工体系正处于崩溃的边缘"。不仅如此,为维持最低的生活水平,欧洲各国不得不从美国进口大量的生活必需品如燃料和粮食等,但由于黄金外汇储备陷入枯竭,欧洲国家已丧失支付能力。有鉴于此,马歇尔认为,欧洲国家必须迅速得到美国提供的大规模援助,否则,欧洲各国就将"面临经济、社会和政治局势的持续恶化……世界的政治稳定和持久和平也就无法真正实现"。马歇尔指出,美国政府的政策"不是反对任何国家或任何主义,而是反对饥饿、贫困、极端行为与混乱",美国的目标就是"恢复世界上行之有效的经济制度,从而为自由制度创造赖以生存的政治和社会条件"。随后,马歇尔着重阐述了美国向欧洲提供援助的政策原则,即(1)美国提供的援助应当产生"根治疾病的效果",旨在一劳永逸地解决欧洲所面临的问题。(2)美国将愿意向致力于完成复兴工作的国家提供充分的援助与合作,"任何为了政治或其他目的而图谋延长人类痛苦的政府、政党或集团,都将遭到美国政府的反对"。(3)援助请求首先应由欧洲国家联合向美国提出。换言之,"在美国政府采取行动之前,欧洲国家之间必须就有关的援助需求以及各国应予承担的具体义务达成协议……美国的任务就是以友好的态度协助拟定欧洲复兴计划,然后在美国力所能及的范围内全力支持这项计划的实施"。(4)欧洲复兴计划"必须是联合性质的,即使不能获得所有欧洲国家的同意,也应取得一部分国家的同意"①。马歇尔的哈佛演讲引起了欧洲各国政府和舆论的广泛关注,并迅速被称为"马歇尔计划"。

值得注意的是,马歇尔哈佛演讲从根本上讲是一个援助欧洲的政策原则声明,它并没有提出具体的实施方案和措施。尽管如此,马歇尔哈佛演讲仍然具有重要的意义,它标志着美国整体援欧政策的启动,并为美国具体的援欧行动规划以及欧洲国家制定援助方案确立了基本的政策原则和指导思想,同时亦为西欧国家经济的重建与复兴提供了关键性的契机。有鉴于此,"马歇尔计划"又被称为"欧洲复兴计划"(European Recovery Program)。需要指出的是,尽管马歇尔在哈佛演讲中刻意淡化了援欧政策的意识形态色彩,但在冷战背景下,"马歇尔计划"在本质上仍然是美国运用经济援助手段吸引和团结西欧国家、强化美国领导下的西方冷战同盟体系的一项重大举措,是"杜鲁门主义"的更高发展。②

此外,通过对马歇尔哈佛演讲的比较分析不难看出,马歇尔对欧洲政治经济局势的分析基本上沿引了"克莱顿备忘录"中的观点,欧洲联合复兴的原则实际上也是克莱顿反复强调的政策主张。为避免给人以美国试图将自己的政策强加于欧洲的印象,马歇尔表示援助方案应由欧洲国家首先提出,但在实际的谈判和实施过程中,美国政府并没有放弃克莱顿所力主的由美国操纵局势的立

---

① *FRUS*, 1947, Vol. Ⅲ, pp. 237—239.
② 〔美〕艾伦:《论马歇尔计划》,陶大镛译,上海:世界知识社1948年版,第2页。

场。正因为如此,援助方案由欧洲国家提出只是表面现象,"欧洲复兴计划"的主导权和控制权实际上仍然掌握在美国手中,美国在"马歇尔计划"中的领导权依然是美国政府恪守不渝的基本原则,而这正是"克莱顿备忘录"的关键所在,同时也是克莱顿在设计和推进"马歇尔计划"中所着力追求的政策目标。

综上所述,在"马歇尔计划"的酝酿和设计过程中,克莱顿始终发挥了积极而关键的推动作用,这主要体现在:第一,克莱顿较早地注意到战后欧洲所面临的严峻的经济困难及其政治后果,因而积极倡导由美国向欧洲国家提供大规模的经济援助,并率先提出了欧洲联合复兴的援助思路,由此奠定了"马歇尔计划"的一项基本原则。第二,作为亲身体验了欧洲经济困难和政治动荡的政策设计者和决策者,克莱顿对欧洲政治经济局势的评估以及对美国利害关系的分析具有充分的说服力,并赢得了马歇尔的支持与认可,因而关键性地推动了"马歇尔计划"的提出。第三,"克莱顿备忘录"为马歇尔的哈佛演讲提供了实质性的框架,从而在很大程度上奠定了"马歇尔计划"的基本的政策原则和实际的操作方式,克莱顿有关美国必须主导和控制援欧计划的主张更是成为实际指导"马歇尔计划"具体实施的重要原则之一,并以此推动"马歇尔计划"成为实现美国战略目标的有力工具。

第三节 克莱顿与"马歇尔计划"的谈判

在"马歇尔计划"提出之后,尽快地加以贯彻实施就成为美国政府,尤其是国务院下一步的工作重点。按照"马歇尔计划"所宣布的程序,具体的援助方案应由欧洲国家共同协商后提出,因此,敦促欧洲国家就援助事宜达成协议随即成为美国政府的首要考虑。作为熟悉欧洲政治经济情况并负责对外经济事务的副国务卿,加上业已同欧洲各国领导人所建立的良好的合作关系,克莱顿自然成为担当此任的最佳人选。于是,在"马歇尔计划"确立了援助欧洲的原则方针之后,克莱顿旋即受命再赴欧洲,主持"马歇尔计划"的具体落实,敦促欧洲国家尽快进行协商并提出具体的援助方案。在此期间,克莱顿紧紧围绕"马歇尔计划"的基本原则,并毫不动摇地恪守由美国操纵局势的政策立场,在同欧洲国家的谈判中始终扮演了主导者的角色,最终促成了"马歇尔计划"的实施和美国政策目标的实现。

在美国国务院为落实"马歇尔计划"而积极筹备的同时,马歇尔哈佛演讲在欧洲,尤其是西欧国家亦引起了积极的反响。在收到马歇尔哈佛演讲稿的第二天,英国外交大臣贝文便召集外交部会议,专门讨论马歇尔的哈佛演讲以及英国政府的对策,并随即决定支持"马歇尔计划"。6月13日,贝文在英国"对外新闻协会"发表讲话,公开赞扬马歇尔的哈佛演讲是"世界历史上最伟大的演讲之一",明确表示英国政府"正在积极和迫切地探讨如何作出最好的答复",并呼吁英、法以及其他欧洲国家加紧举行磋商。[①] 6月14日,英国政府致电美国方面,指出鉴于克莱顿推迟访问伦敦(克莱顿此时尚滞留在华盛顿并致力于说服杜鲁门总统否决"羊毛法案")以及马歇尔哈佛演讲所涉问题的紧迫性,贝文拟先期赶赴巴黎同法国方面就"马歇尔计划"进行初步磋商,并在倾听法国政府

---

① *FRUS*, 1947, Vol. Ⅲ, p. 253.

克莱顿

观点的基础上寻求英法间达成相应的共识,以便同克莱顿展开有效的讨论。① 马歇尔随即致电贝文,表示将尽快委派克莱顿再赴伦敦与英国详细商讨有关事宜。②

法国对"马歇尔计划"同样持积极支持的态度。6月7日,法国外交部长皮杜尔通过驻美使馆转告马歇尔,称法国政府对马歇尔的哈佛演讲深表关注。6月13日,法国驻美大使博内与马歇尔举行了一次初步会谈,法国方面表示完全赞同马歇尔在哈佛演讲中所提出的有关建议并希望尽快与美国政府展开讨论。③

此外,意大利、荷兰也对马歇尔的哈佛演讲作出了积极的回应,认为这是对世界和平的巨大贡献。意、荷两国均明确表示,如果没有美国提供的大规模援助,欧洲经济的复兴将会变得遥遥无期。两国政府同时宣布将全力支持"马歇尔计划"提出的政策目标并与美国政府通力合作,以期实现欧洲的联合复兴。④

6月17日,贝文抵达巴黎并同皮杜尔举行了会谈,双方就"马歇尔计划"以及欧洲复兴的相关问题达成初步共识。6月19日,英法外长发表会谈公报,共同邀请苏联参加拟定于6月25日举行的三国外长会议,以便就"马歇尔计划"展开初步磋商。英法外长还强调了欧洲复兴问题的紧迫性以及制定欧洲复兴方案的重要性,同时要求苏联在一个星期内给予回复。此外,英法两国外长还向美国方面明确承诺:即使苏联政府拒绝接受邀请,或拒绝参加谈

---

① *FRUS*, 1947, Vol. Ⅲ, pp. 253—254.
② Ibid., p. 266; Alan Bullock, *Ernest Bevin: Foreign Secretary, 1945—1951*, New York: Norton, 1983, p. 409.
③ *FRUS*, 1947, Vol. Ⅲ, pp. 251—252.
④ Ibid., pp. 254, 257.

判,英法两国仍将继续合作以探讨落实"马歇尔计划"的途径。① 6月22日,苏联政府经认真考虑后回函英法两国,表示接受英法政府的联合邀请,同意参加将于6月27日举行的英、法、苏三国巴黎外长会议。

为抢在巴黎三国外长会议之前将美国政府的准确意图通报英方,克莱顿旋即受命于6月22日紧急飞抵伦敦,以期就"马歇尔计划"向英方阐明美国的初步设想。临行之前,马歇尔明确告知克莱顿,在与英国等西欧国家就援助问题进行会谈时,美国必须坚持以下政策立场,即"马歇尔计划"受援国应组成一个合作委员会,以便制定协商一致的援助方案并提交美国审议;该合作委员会在"马歇尔计划"完成使命之后仍将以某种方式继续运转。② 由此可见,在"马歇尔计划"行将进入实质性谈判之际,马歇尔以组织合作委员会的形式接受了克莱顿有关建立一个欧洲经济联盟的主张,从而再次体现了克莱顿在"马歇尔计划"制定与具体实施过程中所发挥的政策影响力。

从6月24—26日,克莱顿同贝文等英国官员举行了三次秘密会谈。在此期间,贝文等人多次强调英美特殊关系,反对把英国视为欧洲的普通一员,希望美国在援助计划上对英国作出某种特殊安排。克莱顿明确表示拒绝并强调指出,"对于欧洲复兴而言,一切零敲碎打式的援助都是难以奏效的",英国的问题与欧洲其他国家相比并无特殊的不同之处。克莱顿重申,欧洲联合复兴是"马歇尔计划"的一项基本原则,英国政府不应指望美国将会在新的援助

---

① *FRUS*, 1947, Vol. Ⅲ, pp. 258—259, 262.
② William L. Clayton, "GATT, the Marshall Plan, and OECD", pp. 499—500.

克莱顿　方案中对英国作出任何特殊安排。克莱顿特别指出,作为"马歇尔计划"的首要条件之一,欧洲国家必须建立一个组织机构以负责起草有关计划方案并提交美国批准。同时,该组织机构将是美国政府就援助问题同欧洲国家展开磋商的唯一机构;换言之,在探讨援助的总体方案时,美国将只与由欧洲国家组成的这一组织机构进行磋商,而不会分别与欧洲国家举行谈判。在谈到苏联问题时,克莱顿表示,如果苏联想要参加"马歇尔计划"并得到美国的援助,它就必须在欧洲复兴以及其他相关问题上作出根本性的立场转变。克莱顿进而强调指出,即使苏联政府拒绝参加或中途退出有关"马歇尔计划"的谈判,美国仍将支持英国和其他国家探讨欧洲复兴的途径。①

如上所述,在谈判以及实施"马歇尔计划"的过程中如何处理与苏联和东欧国家的关系一直是克莱顿关注的重要问题之一,简言之,克莱顿始终主张将苏联和东欧国家排斥在"马歇尔计划"之外。早在赶赴英伦三岛之前,克莱顿就在6月19日的备忘录中坦陈,苏联及其卫星国在"欧洲复兴计划"中的地位问题是一件棘手的事情。克莱顿坚持认为,苏联并不缺乏美元,且相当部分的生活必需品能够自给自足,甚至有部分产品能够出口。克莱顿的言外之意非常明显:苏联并不十分需要美国提供的援助。在谈到应对苏联的政策策略时,克莱顿明确指出,即使苏联愿意参加"马歇尔计划",美国也必须提出相应的附带条件,将援助问题与德国问题、奥地利问题、日本问题以及朝鲜问题联系起来,设计出一个一揽子

---

① *FRUS*, 1947, Vol. Ⅲ, pp. 268—278, 284—288.

的解决方案。① 克莱顿当然知道,苏联是不会接受这样的条件的,因而此举可以达到克莱顿以及美国政府所期望的目的:迫使苏联拒绝接受美国提出的援助条件,从而将苏联排斥在"马歇尔计划"之外。在随后的英、法、苏三国巴黎外长会议上,德国参加"欧洲复兴计划"问题是苏联与英法争论的焦点之一,同时也是苏联宣布退出"马歇尔计划"的一个重要诱因。

作为克莱顿伦敦之行最重要的成果,英国方面根据美国的政策意图起草了一份备忘录并得到了克莱顿的原则认可,这就是"伦敦备忘录",它"代表了美国政府对欧洲经济(复兴)问题的看法"。具体地讲,"伦敦备忘录"围绕"马歇尔计划"的实施事宜,对欧洲国家的协商议程作出了相应的具体而明确的安排,即(1)欧洲国家将共同准备一份报告,此报告旨在说明有关各国财政经济困难的基本原因;(2)欧洲国家将各自起草一份报告,用以解释各国的消费需求及生产能力,并提出恢复生产的具体政策措施;(3)在此基础上,有关的欧洲国家应提出一个综合性方案,具体阐述欧洲国家向美国提出的援助需求以及共同的经济目标;(4)所有的上述任务必须于1947年9月1日之前予以完成。② 需要指出的是,美英伦敦会谈是"马歇尔计划"公布后两国政府就此举行的第一次实质性磋商,会谈所形成的"伦敦备忘录"从根本上讲是克莱顿同英国官员谈判的结果③,同时体现了"马歇尔计划"主要原则。④ 至此,"马歇尔计划"的政策构想初步发展成为具有可操作性的实施步骤和推

---

① *FRUS*, 1947, Vol. Ⅲ, pp. 239—241.
② Ibid., pp. 284—293.
③ 〔美〕艾伦:《论马歇尔计划》,第15页。
④ Nicolaus Mills, *Winning the Peace*, p. 120.

克莱顿 进程序,并为即将举行的欧洲经济会议圈定了实际的谈判议程。同时应当看到,作为具体实施"马歇尔计划"的第一步,"伦敦备忘录"的形成表明克莱顿在按照美国的政策意图推进"马歇尔计划"的实施进程中发挥了积极的主导作用。随着美英伦敦会谈的结束,贝文等英国官员怀揣着"伦敦备忘录"赶赴巴黎,参加英、法、苏三国外长会议。

1947年6月,讨论"马歇尔计划"的英、法、苏三国外长会议在巴黎举行。克莱顿以及美国驻法大使卡弗里(Jefferson Caffery)等美国政府官员亦坐镇巴黎以便密切关注会议的进程,随时听取会议的汇报,同时为英法出谋划策,影响并左右会议的发展方向。从6月27日至7月2日,外长会议共举行了5次秘密会谈。在此期间,英法联手作为一方,同苏联展开了激烈的争论,双方分歧的焦点主要是:(1)英法强调欧洲必须首先拟定一个请求美国提供援助的具体计划,而苏联则认为美国政府应拿出一个愿意提供而且美国国会愿意批准的确切的援助数额。(2)英法坚持统一的欧洲经济计划应建立在各有关国家提供的经济资源报告的基础之上,苏联则指出"调查欧洲各国的经济资源将侵犯有关国家的主权"。(3)英法秉承美国的旨意,坚持邀请德国参加"欧洲复兴计划",苏联则认为德国问题应由四国外长会议审理,不应由此次会议进行讨论。(4)英法明确支持美国提出的前提条件,即建立一个负责援助事宜的组织机构,而苏联则主张由欧洲国家分别向美国提出援助要求,反对围绕"马歇尔计划"建立一个组织机构。与此同时,英法还频频向坐镇指挥的克莱顿等人表示决不会受制于苏联的干扰和破坏,即使苏联退出会议,英法仍将"努力寻求制定一个行之有效的西欧复兴计划"。鉴于三国外长会议不能就"马歇尔计划"达成共识且立场针锋相对,于是,苏联外长莫洛托夫于7月2日发表了"拥护基于民主原则的国际合作"的声明,强烈谴责酝酿中的总计划意味着将欧洲国家置于大国的控制之下,意味着对他国主权的侵犯,因此,苏联政府坚决反对美国企图利用"马歇尔计划"控制欧洲的政策。莫洛托夫最后严词警告道,如果英法两国政府一意孤行,必将导致极其严重的后果,即"马歇尔计划"的付诸实施"不是促进欧洲的统一和重建,而是将欧洲分裂为两个集团"。面对莫洛托夫言词犀利的警告,英法两国官员仍然置若罔闻,贝文和皮杜尔进而毫不犹豫地群起攻之,指责莫洛托夫正在试图破坏巴黎三国外长会议,声称英法决不会因苏联的威胁而退缩。在这种情况下,莫洛托夫当即宣布苏联政府决定退出会议。至此,商讨实施"马歇尔计划"的英、法、苏巴黎外长会议以破裂告终。[①] 从此以后,苏联方面对"马歇尔计划"采取了拒绝和反对的政策立场。

实际上,苏联退出巴黎外长会议可谓正中美国下怀,是美国政府谋算之中并期望看到的结局。马歇尔、艾奇逊和克莱顿等美国决策者都曾表露过对苏联参加"欧洲复兴计划"的担忧并试图寻找将苏联排斥在外的途径。鉴于苏联是"山姆大叔"主要的冷战对手,美国政府本来就无意援助苏联以恢复惨遭战争蹂躏的国民经济。但另一方面,为避免承担破坏并恶化欧洲局势、加剧美苏对立与对抗的历史责任,美国政府在表面上又作出了同意邀请苏联参加"马歇尔计划"的姿态。与此同时,为达到最终将苏联排斥在"欧洲复兴计划"之外的目的,克莱顿明确要求欧洲国家必须提出一个

---

① 有关英、法、苏三国巴黎外长会议的详细情况,可参见 *FRUS*, 1947, Vol. Ⅲ, pp. 296—307。

克莱顿 统一的经济计划,包括各有关国家提供的经济情况报告以及德国重建的方案,并经美国批准后执行。克莱顿及美国政府当然知道,苏联方面决不会接受这样的附加条件。一旦苏联予以拒绝,美国就可以顺理成章地把破坏欧洲经济复兴、蓄意分裂欧洲的所有责任推到苏联头上。因此,当得知苏联退出巴黎外长会议后,美国驻法大使卡弗里按捺不住内心的兴奋立即电告华盛顿,称巴黎外长会议破裂的责任"将归咎于莫斯科"①。国务卿马歇尔旋即于7月3日致电贝文和皮杜尔,高度赞扬英法的对苏强硬策略,敦促西欧迅速贯彻联合复兴的计划。马歇尔进而指出,苏联的目的就是试图"阻止美国政府向欧洲重建提供援助,这无疑将意味着欧洲各国经济的崩溃,并随之出现经济、社会和政治动荡……苏联则可趁机浑水摸鱼,利用西欧各国的共产党以接管各国政权"。马歇尔随即表示相信,苏联政府既然已经退出,"其他国家制定欧洲复兴计划就将再也不会受到不确定因素的影响"。马歇尔最后明确表示,"美国政府已经做好了充分的准备,将全力支持欧洲国家所作出的真诚而富有建设性的努力,以便恢复经济稳定并创造繁荣"②。事实上,英法两国在巴黎外长会议上的强硬立场以及同苏联的尖锐对抗与克莱顿等人的幕后指导与鼓励是密不可分的,苏联的退出实际上也达到了克莱顿在伦敦所料想的预期目标。因此,在逼迫苏联退出三国外长会议的问题上,坐镇巴黎的克莱顿仍然发挥了实质性的推动作用。由此可见,迫使苏联拒绝接受"马歇尔计划"是美国的既定政策,随着苏联的退出,美国认为,实施"马歇尔计划"

---

① *FRUS*,1947,Vol.Ⅲ,p.303.
② *FRUS*,1947,Vol.Ⅲ,p.308.

的不确定性已经消除。①

同样是在7月3日,马歇尔还致电克莱顿,进一步阐述了美国政府在下一阶段应当采取的政策立场。马歇尔指出,由于巴黎三国外长会议无法就"欧洲复兴计划"达成协议,而苏联又是欧洲经济委员会的成员,因此,借助于欧洲经济委员会协商欧洲复兴问题已经不可能成为美国的政策选择。另一方面,美国必须继续坚持欧洲联合复兴的原则,"继续支持欧洲国家采取迅速而有效的行动"。有鉴于此,美国必须考虑并同时敦促欧洲国家尽快制定出一个新的联合复兴的计划方案。② 由此可见,马歇尔的电文无疑表明美国政府关于探讨"欧洲复兴计划"的机构设想正式纳入了克莱顿所设计的轨道,这就是:绕开有苏联参加的欧洲经济委员会,设法寻找并建立新的磋商美国援助计划的机构。换言之,克莱顿以及美国政府的设计思路为欧洲经济合作委员会的建立奠定了必要的政策基础。

在克莱顿等美国官员的积极敦促和支持下,英法两国迅速采取了进一步的行动。贝文和皮杜尔于7月4日发表联合公报,邀请所有欧洲国家(德国和西班牙除外)派代表参加即将于7月12日在巴黎举行的经济专家会议,讨论向美国提出援助申请的有关事宜,谈判制定一个"欧洲复兴计划"以便提交美国批准。苏联政府对与会邀请予以明确拒绝,波兰、阿尔巴尼亚、捷克斯洛伐克、南斯拉夫、保加利亚、匈牙利、罗马尼亚和芬兰等国在苏联的压力下也拒

---

① William C. Mallalieu, "The Origin of the Marshall Plan: A Study in Policy Formation and National Leadership", *Political Science Quarterly*, Vol. 73, No. 4, 1958, p. 492.

② *FRUS*, 1947, Vol. Ⅲ, pp. 309—310.

克莱顿绝参加会议,同时也就拒绝了"马歇尔计划"。

在欧洲经济会议召开之前,为进一步阐明美国政府的政策立场,克莱顿等美国官员同负责组织会议的法国官员举行了一次长时间的会谈,就拟议中的欧洲经济合作委员会总报告提出了明确要求,即(1)欧洲国家必须就欧洲的经济情况作出详细的说明;(2)欧洲国家必须制定一个逐渐自立的经济方案;(3)欧洲国家必须制定一个欧洲经济联合方案,以便实现欧洲经济的联合复兴。至此,克莱顿等人再次明确阐述了"马歇尔计划"的政策原则,并为即将召开的欧洲经济会议以及欧洲经济合作委员会总报告定下了基调。需要指出的是,克莱顿此时并未提及欧洲国家必须承担的责任以及美国提供援助的必要条件,其原因就在于"美国政府尚未就此达成共识"[①]。实际上,美国援欧计划的必要条件最终在欧洲经济会议举行期间逐步酝酿成熟并按美国方面的要求写进了欧洲经济合作委员会总报告中。

7月12日,欧洲经济会议在巴黎如期举行,出席会议的国家包括:英国、法国、比利时、荷兰、卢森堡、奥地利、丹麦、希腊、冰岛、爱尔兰、意大利、挪威、瑞典、瑞士、葡萄牙和土耳其等16国。此外,各占领国分别代表的里雅斯特自由区和德国西占区出席了欧洲经济会议。值得注意的是,出于策略考虑,美国虽然没有正式与会,但在会议期间,以副国务卿克莱顿为首,包括驻法大使卡弗里、驻英大使道格拉斯(Lewis W. Douglas)、驻德占领军司令克莱(Lucius D. Clay)等在内的美国重要官员却亲自坐镇巴黎,频繁与有关各

---

① *FRUS*, 1947, Vol. Ⅲ, pp. 317, 335.

国的代表进行磋商,事先审阅会议起草的所有报告并提出修改意见①,以便确保会议按照美国设计的方向进行,克莱顿由此被称为美国的"欧洲大使"。②

根据克莱顿的建议并在美国方面的敦促下,欧洲经济会议于7月16日决定成立一个常设联合机构——欧洲经济合作委员会(Committee of European Economic Cooperation,CEEC),以作为讨论欧洲复兴问题的专门机构,并设立了由英、法、意、荷、挪五国组成的执行委员会及相关专门委员会。与此同时,会议还授权欧洲经济合作委员会负责起草一份包括欧洲联合复兴的目标以及援助需求的总报告并提交美国批准。由此可见,欧洲经济会议有关"马歇尔计划"的谈判从一开始就纳入了克莱顿等美国政策决策者所圈定的轨道。

欧洲经济合作委员会成立之后,有关国家随即开始对援助请求进行评估。8月,欧洲经济合作委员会拟定了一个报告草案,向美国提出了总计达 282 亿美元的援助请求。克莱顿立即指出这简直是漫天要价,"根本不可能实现",并毫不犹豫地要求欧洲国家重新对援助数额进行认真评估,制定出一个切实可行的援助方案。③

在起草欧洲经济合作委员会总报告的过程中,除了援助数额之争以外,美国同英法两国在德国问题和关税同盟问题上亦出现了分歧。关于德国问题,法国担心美国的援助将更有利于德国的复兴,因而坚持要求限制德国工业的发展,并再次提出将鲁尔地区置于国际管制之下以保证法国的安全。法国的要求招致了美国方

---

① 〔美〕艾伦:《论马歇尔计划》,第 17—18 页。
② Greg Behrman, *The Most Noble Adventure*, p.100.
③ *FRUS*, 1947, Vol.Ⅲ, p.377.

克莱顿

面的强烈反对,克莱顿等人认为,基于欧洲整体复兴的政策目标,德国必须分享"马歇尔计划"所提供的援助,德国的煤钢生产必须予以增加。鉴于美国的外交压力,法国不得不改变了在德国问题上的政策立场。关于关税同盟问题,美国坚信,在欧洲建立相应的自由贸易区不仅有助于提高生产效率,而且还有助于解决欧洲的贸易收支平衡问题。但英国却主张采用类似英联邦式的特惠关税制度,其目的就在于以此为根据,继续维持英国主导的帝国特惠制。对于英国试图利用一切手段捍卫帝国特惠制的立场,克莱顿大为震怒并明确表示反对。面对欧洲经济会议上出现的激烈争论,为切实按照美国的意图推进有关的谈判进程,克莱顿甚至建议美国政府直接对西欧施加压力,坚持认为"处理目前的局面,除非西欧国家接受某些必要条件,否则将别无他途"①。

在提供援助的同时附带相应的必要条件是美国政府的既定立场,也是"马歇尔计划"内在的政策要求,同时亦是克莱顿的一贯主张。换言之,美国坚持认为,"马歇尔计划"不是单方面的交易,该计划的受援国必须接受相应的条件并承担明确的义务,进而共同拯救西方世界。② 随着欧洲经济会议的逐步推进,美国政府内部对于提供援助的必要条件以及受援国的义务也逐渐酝酿成熟。8月6日,克莱顿等人致电国务卿马歇尔,明确提出了美国的援助条件,包括西欧国家应采取措施以稳定货币和外汇汇率、承诺削减并最终取消所有关税和贸易壁垒等。③ 但西欧国家闻讯后却认为,美国

---

① Herbert Feis, *From Trust to Terror*, p. 252.

② Thomas K. Finletter, "The European Recovery Programme in Operation", *International Affairs*, Vol. 25, No. 1, 1949, p. 1.

③ *FRUS*, 1947, Vol. Ⅲ, pp. 343—344.

的条件难以接受,因而不愿就此展开谈判。面对西欧国家的消极态度,克莱顿等人于8月8日再次致电国务院,强调美国必须放弃由欧洲国家提出倡议的立场,转而由美国明确列出援助的交换条件。① 进而言之,面对援助方案谈判的艰难进展,克莱顿等人强烈主张美国必须澄清"马歇尔计划"政策目标,以便为欧洲经济合作委员会提供更加清晰的政策指导,并以此影响谈判进程。② 作为多边自由贸易的积极倡导者,克莱顿甚至认为,美国向欧洲提供的援助无疑赋予美国相应的权利和责任,即美国可以要求西欧国家采取调整政策与合作行动,以便将欧洲从双边主义和贸易限制主义的泥淖中解脱出来。③ 由此可见,整个8月份,克莱顿等人和国务院就迫使西欧国家接受美国的必要条件进行了密切的函电磋商并达成共识,认为欧洲国家不能仅仅列出一个请求美国援助的购物清单;作为"马歇尔计划"不可分割的重要组成部分,有关的附带条件必须清楚地列入总报告中。④ 为实现美国的政策意图,克莱顿和卡弗里于9月5日致电国务院,建议美国政府采取"强有力的、直接的"措施向欧洲经济合作委员会成员国施加外交压力,以便推动欧洲经济合作委员会"沿着满足美国条件的路线制定计划"⑤。

　　克莱顿和卡弗里的建议立即得到了国务院的支持。9月7日,国务院指示美国驻欧洲经济合作委员会成员国各使馆,要求其向驻在国政府转达美国政府的意图,即美国希望各成员国认真考虑

---

① *FRUS*, 1947, Vol. Ⅲ, pp. 345—350.
② William C. Mallalieu, "The Origin of the Marshall Plan: A Study in Policy Formation and National Leadership", p. 497.
③ Michael J. Hogan, *The Marshall Plan*, p. 71.
④ *FRUS*, 1947, Vol. Ⅲ, pp. 383—389, 391—396.
⑤ Ibid., p. 407.

克莱顿

并接受美国政府提出的一系列必要条件。与此同时,克莱顿等人亦明确告诫欧洲经济合作委员会执行委员会,声称如果有关国家不能接受美国提出的必要条件,则欧洲经济合作委员会总报告将变得毫无意义,"并将危及整个欧洲复兴计划"①。

美国的外交努力显然收到了立竿见影的效果。到9月11日,大多数欧洲经济合作委员会成员国均表示同意美国的建议,并将按照美国的政策意图进一步修改总报告。② 由此不难看出,美国以对外援助为筹码,迫使西欧国家接受了美国提出的条件。9月17日,欧洲经济合作委员会将修改后的总报告提交克莱顿等人审阅并得到了克莱顿的原则认可。在致马歇尔的电文中,克莱顿认为,修改后的总报告"包含了应有的必要条件,因而是一个可行的计划方案"。克莱顿所指的必要条件主要包括:有关国家明确承诺采取措施推动欧洲经济实现一体化;逐步削减和取消关税及其他贸易壁垒;妥善使用美援;改善财政和金融状况,提高偿付美援的能力等。③ 至此,一个囊括了美国提供援助和美国圈定条件的欧洲经济合作委员会总报告在美国的外交压力和敦促下初步制定完成。克莱顿等人不辱使命,在与西欧国家谈判落实"马歇尔计划"的进程中实现了由美国操纵局势并推进美国政策意图的战略目标。正因为如此,克莱顿对欧洲经济合作委员会总报告深感满意,认为欧洲经济会议完成了一项杰出的任务,会议的谈判成果谱写了欧洲历史的新篇章。④

---

① *FRUS*, 1947, Vol. Ⅲ, pp. 412—415, 421.
② Ibid., pp. 424, 426—428.
③ Ibid., p. 436.
④ Charles L. Mee, Jr., *The Marshall Plan*, pp. 202—203.

9月22日，参加欧洲经济会议的16国签署了欧洲经济合作委员会总报告，承诺支持美国提出的获得援助的必要条件，请求美国在4年内向西欧提供224亿美元的援助。该报告于当日提交美国政府。从10月至11月，欧洲经济合作委员会代表团在华盛顿同美国官员就总报告展开了进一步的磋商与审查，并最终赢得了美国对总报告的基本认可。① 这样，"马歇尔计划"的前期磋商告一段落，克莱顿主持谈判"马歇尔计划"的使命成功结束。

在完成了与西欧国家谈判"马歇尔计划"的使命之后，克莱顿旋即投入了呼吁国会批准援欧计划的运动之中，因为克莱顿深信，"马歇尔计划"是迈向西欧经济复兴与政治联合的新开端。② 12月18日，即杜鲁门总统向国会提交援欧咨文的前一天，克莱顿在纽约发表演讲，为"马歇尔计划"的审议批准大造声势。克莱顿首先指出，欧洲确实需要美国提供的援助，而美国则完全有能力承担援助义务，且这种援助将不会对美国的国内经济和生活水平造成严重影响。在谈到"马歇尔计划"的运转机制时，克莱顿认为，"马歇尔计划"是切实可行的，因为在接受美国提供援助的同时，西欧国家还必须明确承担相应的责任和义务，这些义务主要包括：(1)缔结一个多边协定并规定，西欧国家应尽快恢复并提高生产能力；尽快实现货币与金融秩序的稳定及健康发展；削减西欧国家间以及西欧国家与世界其他国家间的贸易壁垒；实现西欧国家间的资源共享。(2)成立一个常设机构——欧洲经济合作委员会——以定期审查西欧各国履行义务的情况。此外，与西欧国家缔结的多边协定相联系，美国将与所有的受援国签署相应的双边协定，再次确认

---

① 有关总报告的审查情况，详见 FRUS, 1947, Vol. III, pp. 446—484.
② Lloyd C. Gardner, *Architects of Illusion*, p. 135.

克莱顿 美国提供援助的条件以及西欧国家应当承担的义务,并设定相应的定期审查条款;如果任何国家未能履行规定的义务,美国在任何时候均拥有中止援助的权力。克莱顿坚信,基于上述协定和程序,"马歇尔计划"的具体实施将获得有效的保障。克莱顿进而指出,"马歇尔计划"是一个西欧复兴计划而非救济计划,正因为如此,利益因素而非人道主义天性将是美国的主要考虑。换言之,"马歇尔计划"的实施将完全符合美国的国家利益,为此,克莱顿一方面声称,美国对外政策的核心就是致力于运用一切手段以维护世界和平,而"马歇尔计划"和贸易协定计划(包括国际贸易组织计划)则是美国对外政策的经济基石。"马歇尔计划"将着眼于应对并解决西欧的紧急需要,而国际贸易组织计划则将致力于解决整个世界的长远性的贸易和经济问题。进而言之,"马歇尔计划"和国际贸易组织计划均是美国维护和平的手段。不仅如此,克莱顿还坚信,"马歇尔计划"将推动多边贸易秩序的建立,从而最终有助于确保美国的经济繁荣和贸易扩展,即使从这个意义上讲,"马歇尔计划"的实施也是符合美国的利益的。克莱顿同时指出,西欧国家正在抵抗共产主义的威胁,如果美国不提供必要的援助,在饥饿和寒冷中与共产主义展开较量的西欧国家无疑将惨遭失败,"铁幕将向西推移至英吉利海峡"。克莱顿认为,这种结果对美国而言将是灾难性的:美国不仅将失去欧洲市场,更为严重的是,共产党控制的欧洲将构成对世界和平的直接威胁,并危及美国的国家安全。有鉴于此,克莱顿呼吁美国国会必须尽快采取行动以批准"马歇尔计划",借此向西欧国家提供紧急援助以帮助其恢复经济,并捍卫西欧国家的独立与主权。克莱顿最后重申,"马歇尔计划"从根本上讲毫无疑问地集中体现了美国的国家利益,同时也是"通向和平的必由之路"①。

12月19日,杜鲁门总统向国会提交了"美国支持欧洲复兴计划"的特别咨文。该咨文重申了美国援欧计划的基本原则,要求国会批准在1948—1952年间向欧洲提供170亿美元的援助,并设立经济合作署(Economic Cooperation Administration,ECA)负责管理援助款项。杜鲁门总统强调指出,美国的援助计划充分证明西方国家能够"有效地联合起来抵抗极权主义的压力,保卫西方的自由制度"②。1948年3月17日,杜鲁门再次以反对苏联和共产主义为借口敦促国会尽快批准对欧援助计划。杜鲁门声称:"自战争结束以来,苏联及其代理人已经破坏了东欧和中欧国家的一整套民主制度和独立……造成了欧洲日趋恶化的严重局势……直接影响到美国的外交政策和国家安全。"有鉴于此,杜鲁门呼吁国会毫不迟疑地就援助欧洲采取行动,尽快完成"欧洲复兴计划"的审议批准程序,因为"这项计划是美国向欧洲的自由国家提供援助的政策基础"③。于是,在一浪高过一浪的"反对苏联和共产主义威胁欧洲"的鼓噪和喧嚣声中,美国国会参、众两院于4月2日正式通过了《1948年对外援助法》并经杜鲁门总统于4月3日签署生效,"马歇尔计划"的实施由此获得了相应的法律依据和保障。这就再次证明,冷战是催生"马歇尔计划"的重要因素之一,没有冷战格局的形成,"马歇尔计划"的出台与实施将是不可能的。④ 4月16日,欧洲

---

① Fredrick J. Dobney, ed., *Selected Papers of Will Clayton*, pp. 224—229.
② The National Archives of the United States, *Public Papers of the Presidents*: *Harry S. Truman*, 1947, pp. 520—523.
③ *DAFR*, Vol. X, 1948, pp. 5—9.
④ James E. Cronin, "The Marshall Plan and Cold War Political Discourse", in Martin Schain, ed., *The Marshall Plan*, p. 283.

克莱顿　经济合作委员会16国与美、英、法驻德占领区军事长官共同签署了《欧洲经济合作公约》，决定成立欧洲经济合作组织（Organization for European Economic Cooperation，OEEC）以取代欧洲经济合作委员会。至此，随着欧洲经济合作委员会总报告的提交、美国《1948年对外援助法》的审议批准、经济合作署的设立以及欧洲经济合作组织的建立，"马歇尔计划"由政策制定和谈判阶段进入了实质性的全面实施阶段，克莱顿的援欧呼吁和主张亦随着"马歇尔计划"的实施而得以实现。

综上所述，在"马歇尔计划"公布之后，克莱顿旋即受命再赴欧洲，负责敦促欧洲国家按照美国的政策设想尽快举行多边磋商并提出联合复兴的具体方案。有鉴于此，在"马歇尔计划"的谈判进程中，克莱顿同样扮演了积极的主导角色，这集中体现在：（1）通过伦敦会谈和巴黎会谈，克莱顿积极敦促英法两国采取对苏强硬立场，并最终实现了将苏联乃至东欧国家排斥在"马歇尔计划"之外的政策目标。与此同时，克莱顿还全力支持英法等西欧国家就具体实施"马歇尔计划"的程序和步骤达成了协议，从而为欧洲经济会议的召开指明了方向并创造了条件。（2）在克莱顿等人的直接指导和有力敦促下，欧洲经济会议最终决定成立欧洲经济合作委员会，从而为"马歇尔计划"的实施奠定了组织机构基础。（3）为实现由美国操纵局势的目标，克莱顿娴熟地运用外交手段，迫使西欧国家接受了美国提出的必要条件，从而推动了美国政策意图的落实。（4）为切实贯彻"马歇尔计划"，克莱顿不遗余力地游说国会两院，引导公众舆论，有力地推动了《1948年对外援助法》的审议进程，确保了"马歇尔计划"的顺利推进以及美国政策目标的最终实现。

总之,在"马歇尔计划"的提出及其谈判实施的过程中,克莱顿均发挥了至关重要的作用,是"马歇尔计划"的原创设计者和主要谈判者之一。① 具体地讲,克莱顿对"马歇尔计划"的独特贡献主要体现在三个方面:首先,克莱顿坚持西欧国家在接受美国援助之际必须建立一个相应的组织机构,从而为欧洲的联合复兴以及欧洲经济合作委员会的建立奠定了政策基础。其次,克莱顿坚持美国必须主导援欧计划的政策原则,从而推动了美国战略目标的实现,即通过"马歇尔计划"巩固以美国为首的西方冷战同盟体系。再次,为谈判"马歇尔计划"并贯彻由美国控制援欧计划的政策意图,克莱顿亲赴欧洲诸国,积极敦促西欧国家按照美国的政策设想制定出具体的欧洲复兴计划方案,并促成了欧洲经济合作委员会的建立,从而为"马歇尔计划"的实施和欧洲的联合复兴提供了平台,同时亦为美国战略目标的实现创造了条件。尤其值得注意的是,在政策设计和谈判过程中,克莱顿始终将"马歇尔计划"同多边贸易制度的建立紧密联系在一起,并将"马歇尔计划"视为推动1947年日内瓦会议以及关贸总协定制度建立的有力工具,明确表示接受美国"多边自由贸易计划"的政策原则是西欧国家获得"马歇尔计划"援助的必要条件,美国《1948年对外援助法》亦将削减和取消关税及其他贸易壁垒、促进多边自由贸易规定为美国提供援助的前提条件。由此可见,倡导设计制定"马歇尔计划"并推动"马歇尔计划"的贯彻实施同样体现了克莱顿为建立多边贸易体系所作出的积极努力。

---

① Charles P. Kindleberger, *Marshall Plan Days*, p. 48.

第六章　理想与现实：国际贸易组织的流产

第一节　克莱顿与哈瓦那会议的谈判进程

在日内瓦关税和贸易谈判以及有关"马歇尔计划"的谈判均告基本结束之际，克莱顿激流勇退，于 1947 年 10 月 14 日以照顾生病的妻子为由辞去了副国务卿一职。马歇尔随即挽留克莱顿担任国务卿特别顾问，并希望其率领美国代表团参加即将举行的联合国贸易和就业国际会议。鉴于美国"多边自由贸易计划"的全面推进尚有最后一役，即谈判签署《国际贸易组织宪章》并创建正式的国际贸易组织；而作为美国"多边自由贸易计划"的主要设计者和谈判者，克莱顿的角色自然是别人难以替代的。于是，克莱顿欣然接受了马歇尔的挽留并答应率团出席即将举行的哈瓦那会议。

1947 年 11 月 21 日—1948 年 3 月 24 日，正式的联合国贸易和就业国际会议在古巴首都哈瓦那如期举行，包括《关贸总协定》缔

克莱顿宣布辞去副国务卿一职

约国在内的56个国家派代表团出席了会议。① 作为推进美国提出的"多边自由贸易计划"的最后一个重要步骤,哈瓦那会议的主要议程就是在"日内瓦宪章草案"的基础上谈判并制定正式的《国际贸易组织宪章》,创建国际贸易组织。为此,美国政府派出了阵容庞大的代表团,由克莱顿亲自担任团长,威尔科克斯任副团长。② 需要指出的是,通过1947年关贸总协定制度,美国已经按照"多边自由贸易计划"的政策原则和程序安排在多边的框架内敦促有关国家达成了多边关税减让协议,制定了相关的贸易政策规则,由此基本实现了美国的政策目标,初步确立了美国在战后国际贸易领域的领导(霸权)地位。但同时应当看到,根据《关税和贸易总协定临时适用议定书》的有关规定,1947年关贸总协定制度及其规则体

---

① William Adams Brown, Jr., *The United States and the Restoration of World Trade*, pp. 135—136.

② *FRUS*, 1948, Vol. I, Part 2, p. 804.

克莱顿 系从法律程序上讲毕竟带有临时适用的性质,而美国"多边自由贸易计划"的最终预期目标则是制定正式的《国际贸易组织宪章》,建立一个具有正式法律地位、覆盖地域范围更加广泛的国际贸易组织,以期构筑更为完整的美国贸易领导权(霸权)体系。有鉴于此,哈瓦那会议就成为加强和巩固美国业已取得的现实利益以及战略成果、全面推进"多边自由贸易计划"的最后一役。尤其值得关注的是,克莱顿率领美国代表团作出了富有成效的外交努力,最终促成了《国际贸易组织宪章》的如期签署;但同样由于美国方面的原因,国际贸易组织却在"临产"之前"胎死腹中"。尽管如此,1947—1948年哈瓦那会议的重要地位仍然不容低估。根据美国政府的提议以及"2·6备忘录"的程序安排,会议的主要谈判成果被写进先期签署的《关税和贸易总协定》中并随即产生效力,从而对战后国际贸易秩序及其制度规则体系的发展演变产生了重大而深远的影响。同样值得注意的是,作为多边自由贸易政策的主要设计者和积极倡导者,克莱顿在哈瓦那会议的谈判进程和《国际贸易组织宪章》的最终签署中仍然发挥了至关重要的作用。

1948年哈瓦那会议

在哈瓦那会议开幕之前，克莱顿就以其深邃的战略眼光敏锐地意识到，在推进"多边自由贸易计划"的进程中，美国政府必须充分考虑到战后严峻的国际政治经济局势对哈瓦那会议的影响，因此，克莱顿认为美国"必须采取务实的态度，必须注意处理细节问题"，这就意味着美国所寻求的《国际贸易组织宪章》"必须符合实际情况，必须能够解决现实世界所面临的实际问题"。克莱顿进而指出，拟议中的《国际贸易组织宪章》"必须确立经所有国家一致同意的基本原则"，但另一方面，《国际贸易组织宪章》"也应当包含相关的细节条款以应对和处理紧急情况，并寻求将不同国家的经济制度融入共同的世界贸易模式"。克莱顿坚信，这样的《国际贸易组织宪章》才是唯一切实可行的，也是美国在面对国际贸易的混乱局面时所必须作出的唯一正确的现实选择。总之，克莱顿认为即将谈判签署的《国际贸易组织宪章》必须是原则性和灵活性的有机结合，换言之，"一套简单的规则是美国无法接受的，而一套僵硬的规则则是行不通的"①。由此可见，即将率团参加哈瓦那会议的克莱顿已经明确预见到美国将面临扑朔迷离的谈判前景，因而提出美国应遵循灵活务实的谈判策略，在坚持多边自由贸易的基本原则的前提下积极寻求签署一个切实可行的《国际贸易组织宪章》。

果然不出克莱顿所料，哈瓦那会议从一开始就面临许多棘手的细节性问题。按照约定的议程，完善在美国"宪章建议案"基础上形成的1947年"日内瓦宪章草案"、谈判制定正式的《国际贸易组织宪章》本应是哈瓦那会议的主要任务。但会议刚刚开幕之际，与会各国就纷纷从本国利益出发，对拟议中的《国际贸易组织宪

---

① *DAFR*, Vol. IX, 1947, pp. 426—427.

克莱顿章》表述了各自的立场并竞相提出了602个修正案,其中432个"全面地或根本性地违反了日内瓦宪章草案"①,这无疑预示着哈瓦那会议将面临着一场艰苦的谈判与角逐。概括起来,有关国家围绕《国际贸易组织宪章》的分歧主要表现在以下几个方面:(1)经济发展问题。不发达国家普遍认为,国际贸易组织应采取积极的措施以帮助不发达成员国实现经济发展,并为此提出了大量的修正案,这些修正案突出地反映了不发达国家希望借助于国际贸易组织机构的贸易政策规则以发展本国经济的强烈要求和愿望。② 有鉴于此,在哈瓦那会议的谈判进程中,与经济发展有关的问题就成为争论的焦点之一。③ (2)贸易政策问题。这是争论最为集中也最为激烈的领域,有关国家就此提出了将近300个修正案,主要分歧涉及一般取消数量限制原则及其例外规则、外汇管制及贸易收支平衡、出口补贴和特惠制等问题。④ (3)国际贸易组织的组织机构问题。争论集中在投票权规则问题上,绝大多数与会国家主张一国一票制;英国、加拿大等工业化国家赞成轻量加权投票权制;唯独拥有绝对经济优势的美国竭力坚持重量加权投票权制。⑤ 除上述争论较为集中的问题之外,哈瓦那会议的与会各国在限制性商业措施、政府间商品协定、过渡时期歧视政策等问题上亦存在广泛异议。

应当看到,哈瓦那会议与会各国尽管存在相当的分歧,但有关

---

① *FRUS*, 1948, Vol. I, Part 2, p. 816.
② Ibid., pp. 810—811.
③ Richard Toye, "Developing Multilateralism: The Havana Charter and the Fight for the International Trade Organization, 1947—1948", *The International History Review*, Vol. 25, No. 2, 2003, p. 290.
④ *FRUS*, 1948, Vol. I, Part 2, pp. 811—813.
⑤ Ibid., p. 816.

争论的中心问题却是紧紧围绕克莱顿主持设计制定的"多边自由贸易计划"以及在此基础上谈判形成的"日内瓦宪章草案"而展开的,这就意味着争论的原则基础并未改变。与此同时,这些分歧亦使克莱顿以及美国代表团面临新的政策抉择:从避免哈瓦那会议的延宕甚至失败来看,美国必须考虑到有关国家的实际情况并作出适当的政策回应;另一方面,如果接受有关国家的要求并采纳相关的修正案,这又无疑会在一定程度上偏离美国"多边自由贸易计划"的政策原则,导致新的例外规则的出现。面对错综复杂的国际环境以及与会各国的利益关切,克莱顿深感美国需仔细权衡利弊,并在此基础上制定正确的谈判策略,以期推动哈瓦那会议的谈判进程。

从全面推进"多边自由贸易计划"、确保实现美国主要政策目标的考虑出发,克莱顿立即指示威尔科克斯起草有关报告,以确定美国的应对之策。威尔科克斯受命后对哈瓦那会议的谈判前景进行了综合评估,并于1947年12月底向克莱顿提交了有关哈瓦那会议的分析报告以及美国的政策策略方案。威尔科克斯在报告中明确指出,"哈瓦那会议制定《国际贸易组织宪章》的失败将导致国际贸易组织计划的终结",有鉴于此,哈瓦那会议失败的后果对美国而言将是十分严重的:首先,美国全球战略、包括对外经济战略的推进将遭受难以估量的外交挫折。其次,苏联将以哈瓦那会议的失败作为不可多得的宣传素材,并进一步将其他国家置于苏联的影响之下。再次,国际贸易组织计划的失败将严重削弱美国与非共产主义世界的其他国家之间的经济联系,进而损害美国在战后世界中的地位。最后,国际贸易组织计划的成败同美国现政府存在着利害攸关的密切联系,"哈瓦那会议的失败将在1948年(美国

克莱顿

的总统选举年)被广泛利用,以作为政府无能的证据"。出于对外政策和全球战略的深切考虑,威尔科克斯坚持认为美国"应尽量在哈瓦那同大多数国家达成一致,竭力争取有份量和可接受的《国际贸易组织宪章》"。为此,美国方面必须综合运用三种手段——诉诸原则、给予好处、威胁制裁——以推动哈瓦那会议的谈判进程。①由此可以看出,威尔科克斯的战略分析与政策建议同克莱顿的初衷不谋而合,因而得到了克莱顿的完全认同和积极支持。

总而言之,除了欧洲国家的战后重建以及不发达国家的经济发展是美国决策者必须予以正视的影响哈瓦那会议的因素之外,政治和外交影响则是克莱顿以及美国代表团权衡哈瓦那会议成败的最主要的因素。实际上,正如克莱顿在哈瓦那会议之前就阐明的一样,政治和外交因素的斟酌权衡在很大程度上决定了美国的谈判立场和谈判策略,即在坚持削减贸易壁垒和取消歧视待遇原则的同时,美国将不得不采取务实的态度,择机作出相应的妥协。为切实有效地推动哈瓦那会议的谈判进程,确保《国际贸易组织宪章》的如期签署,全面实现贸易霸权的战略目标,克莱顿以及美国代表团根据上述政策考虑和谈判策略,同哈瓦那会议与会各国展开了紧张激烈的讨价还价。

实现美国提出的"多边自由贸易计划"以及国际贸易组织原则宗旨的基本组成部分就是制定削减关税和非关税贸易壁垒及取消歧视待遇的具体规则。由于多边关税谈判并未列入哈瓦那会议的议程(关贸总协定制度框架内的第一轮多边关税谈判已在1947年日内瓦会议上完成),哈瓦那会议的多边贸易谈判因之主要集中在

---

① *FRUS*, 1948, Vol. Ⅰ, Part 2, pp. 825—829.

新特惠和非歧视规则及其例外、数量限制和出口补贴等问题上,有关国家就此展开的轮番较量亦成为哈瓦那会议的谈判焦点。

(一)美拉谈判中的数量限制问题。1.基于经济发展目的的数量限制问题。拉美国家坚持认为,发展经济将是国际贸易组织绝大多数成员国所面临的主要任务,而国际贸易组织则应对成员国的经济发展采取积极有效的鼓励措施,有鉴于此,对于以经济发展为目的的数量限制措施,国际贸易组织应采取自动批准的方式。美国则认为,一般取消数量限制是《国际贸易组织宪章》的基本原则之一,因此,即使是基于发展目的的数量限制措施也必须经过国际贸易组织的事先批准方可实施。这一分歧表明了包括拉美国家在内的不发达国家期盼借助于国际贸易组织以实现经济发展的强烈愿望,而美国则试图对不发达国家寻求发展经济的合理要求加以限制。

2.农产品数量限制问题。基于保护国内农产品市场的考虑以及国内农业立法的制约,美国在哈瓦那会议上进一步提出,农产品进口数量限制措施的实施无需国际贸易组织的事先批准,但工业品则应遵循取消数量限制的一般规则,这再次反映了美国保护本国农业的政策意图。鉴于包括拉美国家在内的所有不发达国家均是主要的农产品出口国和工业品进口国,美国在农产品数量限制问题上的立场毫无疑问地将拉美国家乃至不发达国家"置于不利地位",因此,美国的提议遭到了拉美国家的普遍反对。在艰苦的谈判中,拉美国家协调一致,通力合作,共同与美国抗争,针对数量限制问题采取了"毫不妥协的态度",美拉谈判濒临破裂的边缘。克莱顿和威尔科克斯意识到,若谈判失败,"将会给西半球带来严重的政治后果",损害美国同拉美国家的关系,并危及将于3月底

克莱顿 在波哥大举行的筹建美洲国家组织的第九届美洲国家会议;更为严重的是,在冷战背景下,美国同拉美国家谈判的破裂无疑将授苏联以攻击的把柄,苏联和共产主义集团将充分利用这一机会离间拉美国家以及不发达国家同以美国为首的西方世界的关系,破坏美国推进"多边自由贸易计划"、重塑战后国际贸易秩序的外交努力,并借机从政治、经济等诸多方面向拉美国家以及不发达国家大举渗透和扩张。于是,在从政治和战略的高度权衡利弊得失之后,克莱顿指示威尔科克斯应坚持在农产品数量限制问题上的立场,同时在与发展有关的数量限制问题上对拉美国家作出适当让步。威尔科克斯随即根据克莱顿的指示同拉美国家展开了积极的谈判磋商,附带条件地认可了自动批准条款(即与发展有关的数量限制自动批准条款仅仅适用于特殊情况,且上述数量限制措施的实施时间和实施范围必须遵循国际贸易组织所规定的限制条件),作为谈判折中的结果,拉美国家则放弃了反对美国提出的农产品数量限制条款的立场。①

(二)国际货币基金组织的最后决定权问题。在哈瓦那会议开幕之后,法国和澳大利亚对"日内瓦宪章草案"以及《关税和贸易总协定》中国际货币基金组织在与数量限制例外措施有关的贸易收支平衡问题上的最后决定权条款公开发表了反对意见。澳大利亚提出了一个修正案,要求撤销国际货币基金组织的最后决定权条款;法国亦表达了类似的观点。由于美国在国际货币基金组织中拥有占据优势的加权投票权,因此,最后决定权条款是在美国政府的竭力坚持下被纳入"日内瓦宪章草案"以及《关税和贸易总协定》

---

① FRUS, 1948, Vol. I, Part 2, pp. 818—819, 849—852, 876, 899.

中的,且明显有利于美国,即便于美国通过国际货币基金组织以监督和控制《关贸总协定》以及拟议中的《国际贸易组织宪章》中基于贸易收支平衡问题的数量限制例外措施。有鉴于此,美国对法、澳两国在国际货币基金组织最后决定权问题上公然提出异议深表愤怒,认为"国际货币基金组织最后决定权条款至关重要",不容丝毫修改,宣称法、澳两国"均受《关贸总协定》中国际货币基金组织最后决定权条款的约束";威尔科克斯甚至威胁称,"如果澳大利亚和法国使美国在此问题上遭遇挫折,那么,就既没有宪章,也没有国际贸易组织"。为迫使法、澳两国放弃反对国际货币基金组织最后决定权条款的立场,威尔科克斯建议已经返回华盛顿的克莱顿通过外交途径直接向法、澳两国施加压力。为确保美国在基于贸易收支平衡的数量限制例外措施问题上的主导地位,克莱顿紧急约见了澳大利亚驻美大使,重申了美国政府在最后决定权条款问题上的原则立场。同时,克莱顿还指示美国驻法大使立即向法国政府通报美国对最后决定权条款的高度关注,称法国的态度将"严重威胁到哈瓦那会议的成功以及美国国会对《国际贸易组织宪章》的批准"。鉴于克莱顿和威尔科克斯的积极努力以及美国的外交压力,法、澳两国政府最终改变了政策立场,国际货币基金组织的最后决定权条款得以完整保留。①

(三)出口补贴问题。出于维护农产品出口补贴政策的考虑,美国的"多边自由贸易计划"和"宪章建议案"均未对出口补贴问题作出明确而具体的限制性规定,"日内瓦宪章草案"以及《关税和贸易总协定》亦未明确规定禁止出口补贴。为进一步廓清在出口补

---

① *FRUS*, 1948, Vol. Ⅰ, Part 2, pp. 805—808, 817—818.

克莱顿　贴问题上的立场,美国在哈瓦那会议上提出了一项有关出口补贴的修正案,建议出口补贴政策应适用于农产品,但应禁止工业品的出口补贴。美国要求区别对待工业品出口补贴和农产品出口补贴的政策意图是不言而喻的:作为先进的工业化国家,美国的工业产品具有强大的竞争优势,足以在国际市场上同任何国家展开竞争;而美国的农产品则属于国内立法明确予以保护的产品,在国际竞争中长期依赖美国政府的出口补贴。因此,美国有关允许农产品出口补贴的建议显然旨在继续维持农产品出口补贴政策,帮助拓展美国农产品的国际市场,因为借助于政府提供的出口补贴,美国农产品的国际竞争力将大为提高。诚然,其他国家亦可据此实施农产品出口补贴政策,但在经济实力悬殊的情况下,美国实施农产品出口补贴政策的力度和效果显然要超过其他国家,美国的农产品仍将占据竞争优势。正因为如此,加拿大以及不发达国家对美国有关区别对待工业品和农产品出口补贴政策的立场表示坚决反对,认为美国的出口补贴修正案将有损那些依赖农产品出口并需发展本国工业的国家的利益。克莱顿和威尔科克斯则辩称,在美国的国内立法以及与之相关的农业支持计划中,农产品出口补贴政策均得到了明确规定,美国政府必须予以遵循;换言之,如果美国政府不坚持农产品出口补贴政策,那么,美国国会将不会接受禁止农产品出口补贴或损害农业支持计划的宪章。经谈判协商,克莱顿同意工业品和农产品均可同等适用补贴条款,从而以"较小的代价"换取了加拿大等国对《国际贸易组织宪章》的支持。① 从总体上讲,美国同有关国家在出口补贴问题上达成的妥协仍然更有利

---

① FRUS, 1948, Vol. I, Part 2, pp. 820—823.

于美国:首先,由于宪章保留了农产品进口数量限制条款,占据经济优势的美国在运用出口补贴条款拓展国外农产品市场的同时,仍然可以利用农产品进口数量限制条款保护本国的农产品市场。其次,由于美国的工业品本身就具有竞争优势,而其他国家则需大量进口美国的工业品,至少在战后初期谈不上与美国展开出口竞争,因此,即使美国承认工业品出口补贴条款,该条款从根本上讲也没有多大的实际意义。

(四)占领区待遇问题。出于冷战条件下加强以美国为首的西方遏制阵营的政策考虑以及美国对占领区所担负的"财政和其他责任",在哈瓦那会议上,美国政府提出了一个将《国际贸易组织宪章》适用于占领区(包括德国西部、日本和韩国)的修正案,但美国的提议却遭到了英、法、中等国的强烈反对。为最大限度地实现从经济上将德国西部和日本以及韩国纳入美国领导下的西方冷战同盟体系的政策目标,克莱顿随即提出了一个新的政策构想,建议将《关贸总协定》及其最惠国待遇原则适用于占领区。克莱顿坚持认为,鉴于《关贸总协定》包含了与《国际贸易组织宪章》基本相同的非歧视待遇条款(包括最惠国待遇条款和国民待遇条款),因此,将关贸总协定制度的有关条款适用于占领区同样可以基本实现美国的政策目标,即推动"马歇尔计划"的实施,加速德国融入欧洲和世界经济的步伐。为此,克莱顿亲自起草制订了"关贸总协定与占领区待遇"的新方案,这就是所谓的"克莱顿方案"。该方案详细阐述了美国政府有关将关贸总协定制度的最惠国待遇原则适用于占领区的政策立场,其主要内容为:(1)关贸总协定缔约国应寻求缔结一个议定书或其他形式的约束性文件,以便将最惠国待遇原则适用于占领区。(2)该议定书或文件将是自愿参加和开放签署的。

克莱顿

(3)涉及占领区的关税减让谈判应尽早进行。为敦促有关国家接受美国政府的立场,克莱顿甚至公开表示,美国准备在"欧洲复兴计划"的立法中列入有关将最惠国待遇原则适用于占领区的条款,以此作为向英、法等国施加压力的筹码。尽管如此,由于占领区问题事关众多国家的政治和安全利益,哈瓦那会议未能就占领区问题达成协议,但宪章的相应条款却明确规定,有关国家应进一步磋商将最惠国待遇原则适用于占领区的条件①,这就留下了谈判的余地。有鉴于此,"克莱顿方案"实际上为美国在关贸总协定制度下的对德政策和对日政策奠定了基本的原则和路径,并为将西德和日本纳入美国主导下的关贸总协定制度作出了政策铺垫。

(五)美欧谈判中的非歧视条款问题。为避免欧洲国家从根本上违背美国所竭力坚持的取消歧视待遇原则,在美国的坚持下,"日内瓦宪章草案"第23条在确认取消歧视待遇原则的基础上,对战后过渡时期非歧视原则的例外规则作出了明确的限定。为打破美国设定的限制条件,欧洲国家如英国、法国、比利时、捷克斯洛伐克、丹麦和挪威等在哈瓦那会议上提出了一系列"违背多边主义,支持双边主义"的修正案,力图删除第23条项下有关非歧视例外规则的所有限制②,而法国的修正案则最为引人注目,此即"小二条"修正案和"关贸总协定条款"修正案。

1."小二条"修正案。根据"日内瓦宪章草案"第23条第1节第1款第2项(2)的明确规定,战后过渡时期实施歧视性进口限制措

---

① *FRUS*, 1948, Vol. I, Part 2, pp. 834, 839, 855—858, 860—862, 866—869, 873, 912.

② Ibid., pp. 835, 841.

施的前提条件之一就是有关国家必须遵守黄金和可兑换货币的多边安排的规定。美国坚持设置此项约束条款的意图很明显：以黄金和可兑换货币的多边安排义务防止欧洲国家在双边货币协定和结算安排的基础上实施歧视性进口限制措施，避免上述措施背离"日内瓦宪章草案"规定的实施歧视性进口限制措施所必须具备的例外条件，因为欧洲国家彼此之间的双边协定无疑会将美国排斥在外，由此超出美国的控制范围并损害美国的经济和战略利益。但法国在修正案中却坚持认为，"小二条"是以美国拥有大量黄金和外汇储备的金融优势为基础的，这就表明美国试图将其金融影响力强加于欧洲国家，因而是难以接受的。换言之，法国坚信"小二条"的苛刻规定无疑将会演变成为美国用以"垄断世界市场"、"谋求不公平赢利"和"攫取政治控制权的有力工具"。正因为如此，法国政府强烈要求彻底改写"小二条"并得到了欧洲国家的广泛支持。鉴于欧洲国家在此问题上持有共同的政策立场，克莱顿和威尔科克斯审时度势，决定采取折中方案，同意适当修改"小二条"，避免提及黄金和可兑换货币，但修改后的"小二条"仍然最大限度地体现了美国所竭力坚持的防止双边协定、坚持多边主义的政策意图。①

2. "关贸总协定条款"修正案。考虑到战后英、法等国面临严峻的经济困难，1947年《关贸总协定》规定了一个"喘息期"条款，准许英法等国有一年半的自由歧视期（截止于1949年1月1日），但该规定仅适用于《关贸总协定》。在哈瓦那会议上，英国提议将自由歧视期延长至1952年3月1日，法国则干脆要求将《关贸总

---

① *FRUS*, 1948, Vol. I, Part 2, pp. 841—842.

克莱顿 定》的这一规定纳入宪章,这就意味着英法两国试图进一步扩大非歧视原则例外措施的适用空间,因而招致了美国的强烈反对。克莱顿及美国代表团一致认为,英法两国,尤其是法国的提议将使自由歧视变得河清难俟、遥遥无期,进而有可能呈失控之势并危及美国所倡导的取消歧视待遇原则。为说服包括英法在内的欧洲国家恪守非歧视原则,克莱顿反复强调欧洲国家必须服从《关贸总协定》的规定,但却收效甚微。美欧之间在与非歧视规则相关的"关贸总协定条款"上各持己见、互不相让,谈判一度陷入僵局,并严重地影响到哈瓦那会议的谈判进程,以致整个哈瓦那笼罩着"对谈判前景的普遍悲观",威尔科克斯甚至准备"最后摊牌"。但如前所述,考虑到哈瓦那会议的政治和战略重要性,美国政府是不愿看到哈瓦那会议走向失败的;而且,战后欧洲的特殊困难和经济重建也要求妥善处理非歧视原则及其例外规则,因此,美国决定做出适当的妥协。按照克莱顿的指示,威尔科克斯除同意将自由歧视期延至1952年3月1日之外,还在"日内瓦宪章草案"第23条上再次让步,给予英法等国在战后过渡时期以更大的歧视空间;在过渡时期之后经国际贸易组织批准,还可在特定项目上继续实施歧视措施。[①] 至此,在克莱顿灵活务实的谈判策略的指引下,美欧之间围绕《国际贸易组织宪章》的争论终于画上了句号。

(六)美英谈判中的非歧视问题和新特惠问题。随着美欧分歧的基本化解,哈瓦那会议已接近尾声,但就在美国准备轻松迎接哈瓦那会议的结束之际,英国却出其不意地再次挺身与美国较量。1948年2月25日,英国政府紧急向美国方面递交了一份备忘录,

---

[①] FRUS, 1948, Vol. I, Part 2, pp. 843—844, 852, 867.

声称"《国际贸易组织宪章》尚存许多最不令人满意的地方",因而需要再行权衡斟酌。英国所指的问题主要涉及两个方面:(1)非歧视问题。英国认为,《国际贸易组织宪章》的非歧视条款充满冗词赘句且含意模糊,易遭恶意解释;与此同时,英国却仍然受到1945年12月《美英财政协定》第9部分有关非歧视条款的约束,以此观之,英国在非歧视问题上无疑处于遭受多重限制的不利境地。(2)新特惠问题。英国明确指出,《国际贸易组织宪章》已经作出规定,允许有关国家基于经济发展的目的而建立区域性特惠安排,且没有制定严格的限制措施;但另一方面,仅仅因为地理位置不相邻近,英联邦国家的新特惠安排却需要国际贸易组织成员国2/3的多数批准,从这个意义上讲,《国际贸易组织宪章》的新特惠条款对英国以及英联邦国家具有显而易见的不平等性。正因为如此,英国要求暂时中止会议,否则,英国将拒绝签署《国际贸易组织宪章》。①英国此举不啻一声惊雷,再次划破了已渐趋平静的哈瓦那的天空。

为进一步阐明伦敦方面针对《国际贸易组织宪章》谈判的新建议,英国于3月3日再次致函美国,明确提出了英国的要求:第一,在涉及新的特惠安排时,英联邦国家应当被视作同一经济区域;第二,非歧视规则应以"简单条款"的方式加以准确表述,以允许在过渡时期为维持贸易收支平衡而实施进口限制时可以更加简捷地背离非歧视原则,这实际上再度引发了有关"日内瓦宪章草案"第23条的争论。不难看出,英国选择在哈瓦那会议临近结束之际与美国争长竞短可谓用心良苦,因为美国此时已经没有时间与英国作长久的纠缠。事态的发展证明英国的时机选择是正确的,为尽快

---

① *FRUS*, 1948, Vol. Ⅰ, Part 2, pp. 869—879.

克莱顿　结束哈瓦那会议的多边谈判,克莱顿和威尔科克斯在与华盛顿方面紧急商讨后很快就对英国的要求作出了回应,承认将英联邦视作"同一经济区域",但拒绝了"简单条款",因为这将导致"无限制的引用(非歧视例外)和过渡时期歧视待遇的蔓延"。克莱顿进而重申,美、英、法已就非歧视问题达成了一致,指责"英国正孤注一掷地利用最后一分钟以榨取额外让步",即试图利用将非歧视条款简单化之机"以作为勾销《美英财政协定》第9部分的手段"。面对美国的指责,英国不为所动,仍然坚持要求谈判"简单条款"。考虑到哈瓦那会议行将结束,而英国政府在"简单条款"问题上的立场已经成为哈瓦那会议的"唯一障碍",为换取英国放弃"简单条款",克莱顿和威尔科克斯及国务院官员经反复斟酌后最终同意在确保非歧视原则的基础地位的前提下,给予非歧视例外规则以更大的选择余地[即战后过渡时期因贸易收支困难而实施歧视的规则可在"哈瓦那方案"和"日内瓦方案"中任选其一。所谓"哈瓦那方案"是指经哈瓦那会议修订的《关贸总协定》第14条本身(与宪章草案第23条相对应);而"日内瓦方案"则是指新增的与第14条相关的《关贸总协定》附件10]。① 至此,英国利用美国急于结束哈瓦那会议之机,在新特惠和非歧视问题上争得了更多的利益,美英谈判由此落下帷幕。

综观哈瓦那会议的谈判进程不难看出,哈瓦那会议的所有谈判议程均是以克莱顿主持设计的"多边自由贸易计划"和"宪章建议案"为中心的,谈判的原则基础并未改变,而数量限制问题以及战后过渡时期的歧视措施问题则成为谈判争论的焦点。为避免哈

---

① *FRUS*, 1948, Vol. Ⅰ, Part 2, pp. 881—893, 905—909.

瓦那会议的延宕与失败，确保"多边自由贸易计划"主要政策目标的实现，克莱顿率领美国代表团针对战后国际政治经济的现实问题采取了灵活务实的谈判策略，在坚持削减贸易壁垒和取消歧视待遇（非歧视待遇）原则的基础上适时在相关问题上作出必要的让步，从而构成了《国际贸易组织宪章》的众多例外规则，但同时也促成了哈瓦那会议的如期结束以及《国际贸易组织宪章》的最终签署，从而在多边关税和贸易谈判方面完成了实施"多边自由贸易计划"的所有步骤。与此同时，在克莱顿的精心组织以及美国代表团的竭力坚持下，美国在农业政策（数量限制和出口补贴）和国际货币基金组织最后决定权的谈判中均取得了有利成果，这主要体现在：(1)自《1938年农业调整法》实施以来，农业支持计划一直是美国农业政策的核心内容，在农产品贸易方面则体现为进口数量限制和出口补贴政策。尽管有关国家对美国"宪章建议案"中的农产品数量限制和出口补贴条款提出了异议甚至强烈反对，但克莱顿和美国官员仍然以国内立法限制为由，坚持在农产品数量限制和出口补贴条款上的立场，这从一个侧面再次表明，美国惯用国内立法原则规定和解释国际规则；(2)1944年《布雷顿森林协定》的签署标志着美国在战后国际金融领域霸权地位的确立，按照约定程序，国际货币基金组织于1945年宣布正式成立，其控制权完全掌握在美国手中。因此，将《国际贸易组织宪章》中的相关问题（如与数量限制例外措施有关的贸易收支平衡问题）交由国际货币基金组织最后决定，显然有利于美国操纵国际贸易组织及其相关制度规则。换言之，国际货币基金组织的最后决定权条款有利于美国凭借加权投票权在相关决策中发挥占据优势的影响力，因而对美国具有

克莱顿

特别重要的意义。① 正是基于确保美国控制权的战略考虑,克莱顿和威尔科克斯在国际货币基金组织最后决定权条款问题上采取了毫不妥协的立场,并最终运用外交手段成功捍卫了美国所竭力坚持的国际货币基金组织最后决定权条款。此外,在哈瓦那会议召开之际,美苏冷战格局业已形成,美国于是加紧寻求将德国西部、日本以及韩国纳入其全球战略布局之中。与美国的全球战略相适应,克莱顿竭力主张把"日内瓦宪章草案"原本没有规定的占领区适用《国际贸易组织宪章》和最惠国待遇原则问题列入哈瓦那会议议程,并为此制定了具体的政策方案,同时作出了积极的外交努力,最终为日后的谈判留下了依据。不仅如此,作为"马歇尔计划"的主要设计者和谈判者,克莱顿尤其强调德国西部适用最惠国待遇原则是美国推动西欧联合复兴的重要措施之一。这再次显示出克莱顿主持设计美国贸易政策的战略眼光,即美国政府倡导建立国际贸易组织机构不仅仅是基于美国的经济目的,而且还是出于美国的全球战略考虑。

3月24日,联合国贸易和就业国际会议在签署了包括《国际贸易组织宪章》(又称《哈瓦那宪章》)在内的"最后文件"之后宣布结束②,克莱顿代表美国政府签署了《国际贸易组织宪章》。根据有关的程序规定,《国际贸易组织宪章》将在签字国完成审议批准程序之后正式生效;如果在1年内得不到多数签字国的批准,《国际贸

---

① Clair Wilcox, "Why the International Trade Organization?" *The Annals of the American Academy of Political and Social Science*, Vol. 264, Jul., 1949, p. 71.
② 在正式与会的56个国家中,53个国家签署了哈瓦那会议"最后文件",阿根廷和波兰拒绝签署,土耳其则推迟签署。见 Clair Wilcox, *A Charter for World Trade*, p. 49.

易组织宪章》则在符合特定条件的情况下生效。哈瓦那会议还决定设立国际贸易组织临时委员会，其主要任务就是负责处理国际贸易组织成立之前的程序性事务以及国际贸易组织的筹建事宜。① 在哈瓦那会议结束之际，作为拟议中的国际贸易组织的主要设计者和谈判者，克莱顿对《国际贸易组织宪章》的最终签署给予高度评价，认为这是"历史上迈向秩序和公正的国际经济关系的最伟大的步骤"②。

应当看到，"《国际贸易组织宪章》从一开始就体现了美国理念"③，哈瓦那会议的谈判成果在很大程度上亦是美国决意拓展多边主义的产物。④ 从内容构成上看，除关税和贸易政策之外，《国际贸易组织宪章》还囊括了就业政策、经济发展、国际卡特尔、初级产品贸易等范围广阔的领域与规则，而所有这些首先是美国政策设计的结果。克莱顿据此认为，《国际贸易组织宪章》"不只是包含了一个协定，而是六个协定"，即贸易政策协定、就业政策协定、经济发展与国际投资政策

克莱顿代表美国政府签署《国际贸易组织宪章》

---

① FRUS, 1948, Vol. Ⅰ, Part 2, p. 895.
② Richard Toye, "Developing Multilateralism: The Havana Charter and the Fight for the International Trade Organization, 1947—1948", p. 301.
③ Herbert Feis, "The Geneva Proposals for an International Trade Charter", *International Organization*, Vol. 2, No. 1, 1948, p. 40.
④ Richard Toye, "Developing Multilateralism: The Havana Charter and the Fight for the International Trade Organization, 1947—1948", p. 284.

协定、国际卡特尔政策协定、初级产品政策协定以及国际贸易组织机构条款协定。① 正是从这个意义上讲,哈瓦那会议的谈判成果,包括《国际贸易组织宪章》的最终签署,对美国仍然是一个"重大成就"②,这集中体现在两个方面:首先,《国际贸易组织宪章》明确将削减贸易壁垒和取消歧视待遇确立为总的指导思想和原则宗旨,同时明确规定了最惠国待遇原则和一般取消数量限制原则,规定了通过谈判以实现多边关税减让和取消特惠制的义务。有鉴于此,从本质上来看,《国际贸易组织宪章》无疑是美国政策规划设计的产物,集中体现了美国"多边自由贸易计划"和"宪章建议案"的基本原则和政策目标,是"以美国长期倡导的贸易政策原则为基础的"③;进而言之,"美国的'多边自由贸易计划'奠定了宪章的基本理念"④,因而集中体现了美国的政策意志与战略目标。其次,《国际贸易组织宪章》所规定的多边自由贸易的原则、规范和规则从根本上讲是符合美国的现实和长远利益的。第二次世界大战结束后,美国不容回避地面临维持经济繁荣、扩大就业机会和寻求贸易扩展的艰巨任务,为此,美国提出了多边自由贸易的政策计划;而《国际贸易组织宪章》的签署则有助于美国依托多边自由贸易的制度规则以实现拓展对外贸易、促进经济繁荣和巩固实力地位的政策目标,因而"体现了美国开明的自身利益"⑤。由此可见,《国际贸易组织宪章》集中反映了美国"多边自由贸易计划"的政策意图和

---

① Herbert Feis, "The Geneva Proposals for an International Trade Charter", p. 43.
② *FRUS*, 1948, Vol. I, Part 2, p. 895.
③ Ibid., p. 899.
④ *DAFR*, Vol. XI, 1949, p. 402.
⑤ *DAFR*, Vol. X, 1948, p. 378.

战略目标,是美国政府为重塑美国领导下的战后国际贸易秩序而取得的重大成果。

同样值得重视的是,作为美国"多边自由贸易计划"的主要设计者和积极推动者,克莱顿在哈瓦那会议的谈判进程和《国际贸易组织宪章》的如期签署中仍然发挥了极其重要的作用,这主要体现在:(1)在哈瓦那会议召开之前,克莱顿就已经敏锐地预见到风云诡谲的国际局势将对会议产生严重的影响,并为此制定了恪守原则和灵活务实的谈判策略,从而为美国参加哈瓦那会议确立了正确的政策方针。(2)在哈瓦那会议上,克莱顿始终本着原则性和灵活性相结合的谈判策略,率领美国代表团纵横捭阖于会场内外,既坚持多边自由贸易的基本原则立场,又不放弃适时和有限的折中妥协,从而促成了哈瓦那会议的顺利结束以及《国际贸易组织宪章》的最终签署。总之,面对战后国际局势的风云变幻对哈瓦那会议的严重不利影响,克莱顿以及美国代表团始终注意把握谈判的主动权并采取了灵活务实的谈判策略,在坚持美国"多边自由贸易计划"的基本原则的前提下,不失时机地作出了必要和有限度的妥协与折中,最终促成了哈瓦那会议的成功结束和《国际贸易组织宪章》的顺利签署,确保了美国主要政策目标的实现。从这个意义上讲,《国际贸易组织宪章》的签署与克莱顿的政策设计和外交努力仍然是密不可分的。

第二节　克莱顿与国际贸易组织的流产

在结束了哈瓦那会议的紧张谈判之后,克莱顿又马不停蹄地奔走于全美各地并展开了多方的游说努力,以期争取美国国会尽

克莱顿

快审议批准《国际贸易组织宪章》。在不胜枚举的游说呼吁中,身为国务卿特别顾问的克莱顿于1948年6月15日在美国商会发表的演讲尤为引人注目。在此次演讲中,克莱顿系统回顾了《国际贸易组织宪章》的诞生历程,进而强烈呼吁国会两院采取积极有效的措施并以最快的速度完成《国际贸易组织宪章》的批准程序。克莱顿指出,《国际贸易组织宪章》的作用首先体现在有关国家将在国际贸易领域采纳并遵循共同的原则和规则;当发生利益冲突时,有关国家将承诺通过国际贸易组织协商解决。正因为如此,克莱顿深信《国际贸易组织宪章》是迈向世界范围内商品的生产、分配和消费实现前所未有的巨大扩展的重要步骤。克莱顿告诫美国国会和公众舆论:"如果美国能够批准《哈瓦那宪章》,其他国家也将迅速予以批准。如果美国拒绝批准该宪章,那么,国际贸易组织就无法建立。这样的结果将是一个难以想象的悲剧。"克莱顿强调指出,"在重建多边和非歧视的世界贸易原则的进程中,美国义不容辞地承担了领导者的责任。美国是国际经济关系自由主义的倡导者",对于旨在实现世界经济和贸易发展的任何政策,美国历来持积极支持的态度,因为美国深知,经济和贸易的发展将为世界和平与繁荣奠定牢固的基础。克莱顿进而坦陈,多边自由贸易政策是完全符合美国利益的,这集中体现在两个方面:首先,鉴于美国的工业生产能力基本等同于世界其他地区工业生产能力的总和,因此,美国必须寻求从世界各地进口各种各样的原材料;其次,美国的工业和农业都将面临大量的生产过剩,因此,美国的剩余产品必须寻求拓展国外市场。克莱顿指出,仅此两点就足以说明奉行多边自由贸易政策对美国而言是有利的和必要的,随着多边和非歧视的世界贸易秩序的建立,美国的工业和农业都将迎来快速发展的新机遇。针对美国国会以及公众舆论中出现的对《国际贸易组织宪章》的质疑,克莱顿明确表示,如果美国国会拒绝批准《国际贸易组织宪章》,那么,"此举将不仅会违背美国的利益,而且也将震惊整个世界,因为它意味着美国放弃了国际经济事务的领导权"。不仅如此,克莱顿还指出,如果国际贸易组织的筹建归于失败,那么,所有国家都将被迫倚赖于单边行动,国际经济关系将再次回到以弱肉强食的丛林法则为基本特征的混乱状态:双边主义、进出口数量限制、外汇管制、补贴、歧视与报复——所有这些妨碍商品与服务的国际交换的手段——将再次成为整个世界经济的常态。克莱顿因此强调,美国必须充分认识到这种局面的严重性,因为在经济纷争的汪洋中,"美国不可能作为自由企业制度的孤岛而长期存在"①。总之,基于对《国际贸易组织宪章》的利益权衡与成败剖析,克莱顿强烈呼吁美国的公众舆论支持《国际贸易组织宪章》,迫切希望美国国会尽快批准《国际贸易组织宪章》,以使美国政府能够迅速采取有效的措施加快组建国际贸易组织,并最终完整地实现重塑美国领导下的战后国际贸易秩序的战略目标。

按照有关生效程序的规定,《国际贸易组织宪章》必须在有关各国履行批准程序后方可产生效力。鉴于"国际贸易组织基本上是美国的计划"并由美国政府大力推进,因此,其他国家均期待着美国能够率先采取行动,首先完成《国际贸易组织宪章》的批准程序。但另一方面,握有《国际贸易组织宪章》审议批准权的美国国会的态度却又呈现出诸多捉摸不定的因素,有鉴于此,其他国家对

---

① *DAFR*, Vol. X, 1948, pp. 377—379.

克莱顿　美国国会是否批准《国际贸易组织宪章》又均持等待和观望的消极态度。①由于美国国会在整个1948年均致力于审议批准"欧洲复兴计划"以及《互惠贸易协定法》的再度延期问题,为避免因《国际贸易组织宪章》引发争议而干扰"欧洲复兴计划"的批准,美国政府采取了审慎和持重的态度,直到1948年底仍未将《国际贸易组织宪章》提交国会审议。在此期间,尽管克莱顿为游说国会参、众两院审议批准《国际贸易组织宪章》而竭尽全力,但考虑到援助欧洲的紧迫性,克莱顿对"欧洲复兴计划"优先的策略安排亦表示支持和认可。与此同时,面对妻子的不满和抱怨,克莱顿最终于1948年11月辞去了国务卿特别顾问一职。从此以后,美国政府为《国际贸易组织宪章》而游说于国会山的阵营中缺少了一位多谋善断的战将。

1948年11月,在杜鲁门顺利当选为美国总统的同时,民主党也重新夺回了在国会参众两院中的多数席位。在这种情况下,美国政府认为将《国际贸易组织宪章》提交国会审议的时机已经趋于成熟。于是,在经历了一年的延宕之后,杜鲁门总统最终于1949年4月28日正式向国会提交了《国际贸易组织宪章》并吁请国会予以批准。在致国会的咨文中,杜鲁门总统明确指出,寻求创建国际贸易组织已经成为美国对外政策的重要组成部分之一,通过实施"多边自由贸易计划"和筹建国际贸易组织,美国正致力于领导其他国家走出贸易限制和歧视的泥潭;另一方面,鉴于世界贸易的进一步扩展"对于增进美国的福祉与繁荣至关重要",美国亦必须在多边贸易秩序的建立中发挥领导作用,有鉴于此,杜鲁门总统恳请

---

① *FRUS*, 1948, Vol. I, Part 2, p.947.

国会尽速批准《国际贸易组织宪章》。① 面对杜鲁门的呼吁,美国国会并未随即启动《国际贸易组织宪章》的审议程序。实际上,在1949年,"欧洲复兴计划"、北大西洋公约组织以及《互惠贸易协定法》的延期问题等仍是美国政府和国会的优先考虑,因此,美国政府在6月就已经意识到,国会不可能在1949年内完成《国际贸易组织宪章》的批准程序。②

1950年4—5月,也就是《国际贸易组织宪章》签署两年之后,美国众议院对外事务委员会终于就《国际贸易组织宪章》举行了一系列听证会。为进一步阐明国务院以及美国政府的政策立场,敦请国会尽速批准《国际贸易组织宪章》,已经升任国务卿的艾奇逊于4月19日(即听证会举行的第一天)亲自前往国会山作证并着重指出,作为国际贸易组织计划的主要倡导者,国际贸易组织的建立对美国具有特别重要的意义,是美国谋求构筑战后国际秩序、确立美国在战后世界中的领导地位的重要组成部分,有鉴于此,"美国就国际贸易组织所采取的行动将是对其领导权的一次检验"③。但令美国政府倍感失望的是,在听证会结束之后,国会随即偃旗息鼓,并未就《国际贸易组织宪章》采取任何进一步的行动。

鉴于《国际贸易组织宪章》在国会被长期拖延和搁置,美国政府深感必须作出相应的政策调整以适应变化了的国际国内形势。于是,国务卿艾奇逊于1950年11月20日致函杜鲁门总统,就"多边自由贸易计划"的实施程序以及政策调整提出了详细的方案,这就是对美国的贸易政策产生了深远影响的"艾奇逊备忘录"(Acheson

---

① *DAFR*, Vol. XI, 1949, pp. 399—401.
② *FRUS*, 1949, Vol. I, pp. 696—697.
③ *DAFR*, Vol. XII, 1950, pp. 290—293.

克莱顿 Memorandum)。该备忘录首先指出,"多边自由贸易计划"对美国的战略意义主要体现在三个方面:(1)它是美国在世界经济中承担领导权的重要象征;(2)它是对美国承担世界经济领导责任的意志的检验;(3)它是美国增进自由世界的实力和团结的"经济工具"之一。有鉴于此,美国必须确保"多边自由贸易计划"主要战略目标的实现。但面对瞬息万变的国际国内局势,为切实推进"多边自由贸易计划",美国政府"必须改变策略",即放弃恳请国会批准《国际贸易组织宪章》和组建国际贸易组织的努力,代之以在寻求延长《互惠贸易协定法》的基础上,在关贸总协定制度的框架内建立一个适当的国际组织机构,以确保美国主导下的关贸总协定制度及其规则体系长期发挥效力;该机构应成为联合国的专门机构。[①] 由此可见,"艾奇逊备忘录"的关键性意义就在于:面对国际局势的巨大变化以及美国国会对《国际贸易组织宪章》审议批准的蓄意拖延,"艾奇逊备忘录"相机而动,对美国"多边自由贸易计划"的推进策略作出了适时的调整,建议美国政府放弃组建国际贸易组织的构想,转而采取加强美国主导下的 1947 年关贸总协定制度的政策策略,以期在关贸总协定制度的框架内切实有效地贯彻"多边自由贸易计划"的政策和战略意图,牢固树立美国在战后国际贸易领域的领导(霸权)地位。"艾奇逊备忘录"的政策建议迅速得到了杜鲁门总统的认可,至此,为最大限度地实现"多边自由贸易计划"的政策目标,美国政府迫于形势最终对贸易政策作出了重大的策略调整。

---

① *FRUS*, 1950, Vol. I, pp. 782—786.

克莱顿(右)与艾奇逊(左)出席贸易政策听证会

12月6日,美国政府发表声明,宣布放弃组建国际贸易组织的预定构想,并将致力于加强关贸总协定制度。① 随着美国及有关国家强化关贸总协定制度议程的悄然启动,《国际贸易组织宪章》实际上在"平静和随意"②中玉殒香消,因为作为设计并倡导国际贸易组织的主要国家,美国的最终放弃使"国际贸易组织几乎没有生存下来的机会"③。另一方面,作为先期生效的措施,1947年关贸总协定制度已经在多边关税减让和贸易政策规则方面基本实现了美国"多边自由贸易计划"的政策原则和目标,初步确立了美国在战后国际贸易领域的领导(霸权)地位。因此,作为美国政策策略调整的必然选择,美国政府在宣布放弃《国际贸易组织宪章》的同时,还作出了强化关贸总协定制度的决定,因为在美国政府看来,"关

---

① *FRUS*, 1950, Vol. I, p. 790.
② William Diebold, Jr., "The End of the ITO", *Essays in International Finance*, No. 16, October 1952, Princeton: Princeton University, p. 2.
③ Patrick Low, *Trading Free: The GATT and U. S. Trade Policy*, New York: The Twentieth Century Fund Press, 1993, p. 41.

克莱顿

贸总协定(制度)更能适应冷战的需要"①。由此可见,放弃《国际贸易组织宪章》并不意味着美国放弃了"多边自由贸易计划"的政策和战略目标。面对巨大的国内政治压力以及变幻莫测的国际局势,尤其是在冷战愈演愈烈的背景下,美国政府毅然作出决断,认为最大限度地实现"多边自由贸易计划"的政策目标、维护美国贸易霸权地位的现实和最佳选择就是加强和巩固1947年关贸总协定制度,因为美国决策者坚信,"互惠贸易计划与关贸总协定制度的完美结合足以构筑起(美国)贸易政策的基础"②。

  综上所述,在哈瓦那会议和《国际贸易组织宪章》签署的进程中,身为美国代表团团长的克莱顿仍然发挥了巨大的作用。为推动哈瓦那会议的谈判进程和《国际贸易组织宪章》的顺利签署,克莱顿率领美国代表团展开了积极的外交活动,并根据哈瓦那会议所面临的国际国内形势,充分运用一切外交手段,折冲樽俎于有关国家之间,最终促成了哈瓦那会议的结束和《国际贸易组织宪章》的签署。另一方面,为敦请美国国会尽速审议批准《国际贸易组织宪章》,克莱顿亦不遗余力地展开了多方的游说努力,反复强调了多边自由贸易政策对美国的经济和战略利益。但在《国际贸易组织宪章》正式提交国会审议之际,克莱顿已经辞去了国务卿特别顾问一职,因而无法对国会施加直接和有效的影响,这也成为克莱顿始终倍感遗憾之处。不容置疑,作为国际贸易组织的积极倡导者和支持者,《国际贸易组织宪章》的流产的确是克莱顿"政治生涯中最感沮丧的一件事"③。但同样需要强调的是,在克莱顿等人的不

---

  ① Thomas W. Zeiler, *Free Trade, Free World*, p. 2.
  ② Ibid., p. 155.
  ③ Fredrick J. Dobney, ed., *Selected Papers of Will Clayton*, p. 247.

懈努力下,1947年关贸总协定制度已先期建立,美国"多边自由贸易计划"的政策目标已基本实现,因此,克莱顿的多边贸易思想和多边贸易外交仍然结出了丰硕的果实,关贸总协定制度的建立也成为克莱顿政治生涯的成功之作。换言之,由克莱顿主持设计和谈判的1947年关贸总协定制度不仅实现了美国的经济和战略目标,而且还奠定了战后国际贸易机制和国际贸易秩序发展演进的框架基础。

第六章 理想与现实:国际贸易组织的流产

第七章　最后的挑战

第一节　为多边自由贸易而殚精竭虑

在辞去政府公职之后,克莱顿携妻子回到了阔别已久的休斯敦老家,一边尽情地享受来之不易的天伦之乐,一边尽心竭力地投身社会慈善和公益事业。作为一个平民出身并靠个人奋斗换来事业有成的精英人物,克莱顿首先关注的是低收入和贫困家庭的住房问题,并于1950年积极倡导成立了休斯敦住房联社(Houston Housing Authority, HHA),旨在为休斯敦的低收入和贫困家庭提供低成本的廉价住房。与此同时,克莱顿还慷慨解囊,热心捐助和支持医疗卫生及教育事业。1950年,克莱顿捐资30万美元,在肯塔基州的克林顿市建立了一座专为贫困人口提供服务的慈善医院,并积极为地方教育的发展募集资金。在担任得克萨斯州立大学校务委员会成员期间,克莱顿大声疾呼改善美国黑人的受教育状况,并成为美国黑人大学教育基金会的早期倡导者和最大募捐者。克莱顿的义举赢得了美国社会的普遍称赞和广泛尊敬。作为功成名就的著名企业家和美国政府重要的对外经济政策设计者及决策者,克莱顿还受聘担任了弗莱彻法律和外交学院以及约翰斯·霍普金斯大学的国际经济学教授。应当看到,克莱顿积极投身捐助社会慈善和公益事业与克莱顿对自由企业制度和资本主义制度的坚定信仰是密不可分的。在克莱顿看来,社会稳定是资本主义制度发展的重要前提之一,因此,对社会慈善和公益事业的关心同样是"为了保护自由企业制度"①。

在热心支持和捐助社会慈善公益事业的同时,克莱顿对美国的对外政策和国际局势同样给予了极大的关注,并充分运用其经验和影响为美国政府出谋划策。随着美苏关系的日趋恶化以及冷战格局的最终形成,美国深感有必要加强同西欧国家的关系,从政治、经济和军事等诸多方面把西欧国家紧密地纳入美国的冷战同盟体系。有鉴于此,在美国的对外政策中逐步形成了总称为"大西洋联盟"的战略政策。作为美国冷战政策酝酿初期的主要参与者和设计者,克莱顿对美国政府的这一战略决策始终持积极支持的态度,尤其强调了经济因素在构筑"大西洋联盟"中的重要地位。与美国政府的战略决策相呼应,克莱顿的主张在一定程度上对美国"大西洋联盟"政策的形成起到了有力的推动作用。

实际上,早在1949年1月,克莱顿就发出了构筑"大西洋联盟"的呼吁并指出,在美苏对抗日渐加剧的情况下,西欧经济的复兴对美国具有特别重要的意义。正因为如此,美国政府才制定了"马歇尔计划",明确提出了通过美国提供经济援助以促进西欧联合复兴的政策目标。克莱顿进而强调指出,为了确保"马歇尔计划"政策

---

① Gregory A. Fossedal, *Our Finest Hour*, pp. 261—262.

克莱顿　目标的实现,欧洲的自由国家必须结成一个联盟并应当将美国和加拿大包括在内,此即所谓的"大西洋联盟"。克莱顿坚信,"大西洋联盟"将向苏联展示一个政治、经济和军事实力的集合体,从而形成强大的威慑力以阻止苏联进一步向西扩张,并可以增加西方世界对苏联卫星国的吸引力。① 由此不难看出,克莱顿倡导"大西洋联盟"的目的首先就在于加强以美国为首的西方世界的经济实力和政治团结,并以此遏制苏联的扩张。换言之,克莱顿认为,"仅仅通过单纯地与共产主义作战仍然不可能获得持久的和平",为最终赢得冷战的胜利,克莱顿竭力主张美国应首先加强同西欧国家的经济贸易往来,促进西欧的经济复兴,确保美国在自由世界中的经济领导地位,因为"仅仅依靠军事实力将不足以维护美国的领导地位"②。

1949年7月,克莱顿进一步发展了"大西洋联盟"的战略思想。克莱顿认为,相对于苏联向西欧发动武装进攻的可能性而言,现实的危险主要是西欧经济状况的恶化,西欧经济的虚弱将促使苏联最终赢得"冷战"的胜利,并使共产主义最终统治整个欧洲;如果任由此种局面发展下去,美国到最后将不得不与苏联背水一战。有鉴于此,克莱顿指出,"大西洋联盟"的目的就是旨在"创造一个阻遏共产主义扩张的经济环境",消除威胁世界和平的经济因素。总之,克莱顿深信,"大西洋联盟"的形成无疑将有助于打破西欧经济的零散和分隔状态,提高西欧国家的生产效率,改善西欧国家的生活水平,驱散西欧国家对战争的担忧与恐惧,进而创造对世界和平

---

① Fredrick J. Dobney, ed. , *Selected Papers of Will Clayton*, pp. 256—257.
② Gregory A. Fossedal, *Our Finest Hour*, pp. 265, 266.

的新希望。克莱顿同时强调指出,在构筑"大西洋联盟"的进程中,美国必须占据领导地位。① 由此可见,克莱顿始终着眼于从经济实力和经济联合的角度审视并看待美国的"大西洋联盟"战略,尤其重视西欧国家经济的整体复兴在美国"大西洋联盟"战略中的关键性地位,坚持认为以经济联合为中心的"大西洋联盟"战略是美国遏制苏联以及共产主义的扩张并最终赢得冷战的唯一有效的途径。这就是克莱顿"大西洋联盟"战略构想的主要内容和基本观点。

克莱顿有关"大西洋联盟"战略构想的主张得到了前陆军部长帕特森、前联邦最高法院大法官罗伯茨(Owen Roberts)和前副国务卿格鲁(Joseph Grew)的积极响应和支持。为增强"大西洋联盟"战略构想的政策影响力,在克莱顿等人的积极倡议和筹备下,美国"大西洋联盟委员会"于1949年正式宣告成立,罗伯茨出任该委员会主席,克莱顿和帕特森担任副主席。② 此后,包括克莱顿在内的"大西洋联盟委员会"的成员通过发表演讲、著书立说以及国会作证等多种途径大力宣传"大西洋联盟"的战略思想和理念,并在美国"大西洋联盟"战略的形成过程中发挥了不容忽视的推动作用。

不容否认,美国的"大西洋联盟"战略是在冷战背景下逐步酝酿形成的,其核心就是加强美国与西欧国家的政治、经济和军事同盟关系,以期牢固地维护以美国为首的西方资本主义阵营,进而达到遏制苏联和共产主义的目的。同时应当看到,"大西洋联盟"战

---

① Fredrick J. Dobney, ed., *Selected Papers of Will Clayton*, pp. 258—262.
② Gregory A. Fossedal, *Our Finest Hour*, p. 267.

克莱顿

略的实施是一个循序渐进和逐步完善的过程,并阶段性地体现在美国具体的政策计划之中。克莱顿坚持认为,"马歇尔计划"的实施、关贸总协定制度的确立、北大西洋公约组织的建立以及西德的加入都清楚地表明,"大西洋联盟"战略是切实可行的。[①] 实际上,作为"马歇尔计划"和关贸总协定制度的主要设计者和推动者,克莱顿已经以其卓有成效的政策设计蓝图和外交实践活动为美国"大西洋联盟"战略的酝酿作出了巨大的贡献。在离开政坛之后,克莱顿秉承其政治经济理念和政策实践经验,依然通过"大西洋联盟委员会"等机构继续不遗余力地为美国的"大西洋联盟"战略奔走呼号;更为重要的是,从美国"大西洋联盟"战略的实施过程来看,克莱顿的政策主张无疑是产生了巨大影响的。

作为多边自由贸易的倡导者,贸易政策的规划和贸易秩序的建设一直是克莱顿倾心关注的重点。战后初期,在克莱顿的积极倡导和主持下,"马歇尔计划"得以宣布和实施,以"多边自由贸易计划"为基础的关贸总协定制度亦最终建立。这两件具有历史意义的事件在很大程度上代表了克莱顿政治生涯的顶点,并集中体现了克莱顿多边自由贸易的政策思想。与此同时,"马歇尔计划"与关贸总协定制度相辅相成,共同为构筑美国领导下的战后国际贸易秩序奠定了坚实的基础。实际上,"马歇尔计划"的提出与关贸总协定制度的建立均发生在 1947 年并非是历史的偶然巧合,而是有其内在的政策联系。克莱顿就坚持认为,"马歇尔计划"着眼于解决世界上特定地区的紧急问题,而"多边自由贸易计划"则将致力于应对整个世界的长期性问题,"两者是相互依赖、缺一不可

[①] Gregory A. Fossedal, *Our Finest Hour*, p. 267.

的"。克莱顿指出,如果欧洲面临的经济危机不能缓解,则削减贸易壁垒的努力将前景黯淡;反之,如果世界贸易壁垒不能削减,则世界范围内商品的生产、分配与消费将不能实现扩展,美国根据"马歇尔计划"所提供的任何援助也将难以达到其目的,"马歇尔计划"因之只能成为权宜之计。① 由此可见,"马歇尔计划"和"多边自由贸易计划"归根到底均是以推进美国的多边自由贸易政策作为共同的立足点和出发点的。从这个意义上讲,克莱顿同时成为"马歇尔计划"和关贸总协定制度的主要设计者和积极推动者就不足为奇了。

随着"马歇尔计划"的逐步实施,西欧经济迅速恢复,"马歇尔计划"的政策目标基本实现,西欧国家的一体化进程也开始缓慢起步。但关贸总协定制度的进一步发展却在20世纪50年代遇到了较大的阻力,多边关税和贸易谈判举步维艰。尽管身居桃园,但克莱顿依然密切关注着多边自由贸易的发展进程,为有效推进关贸总协定制度的多边贸易谈判,克莱顿作了大量的宣传和鼓动工作。1961年初,肯尼迪入主白宫,多边贸易谈判随即纳入了肯尼迪政府的议事日程。鉴于《互惠贸易协定法》将于1962年6月到期,因此,寻求延长和加强《互惠贸易协定法》就成为肯尼迪政府贸易政策规划的首要任务。1961年秋,负责经济事务的副国务卿鲍尔(George Ball)邀请赫脱(Christian A. Herter,前国务卿)、克莱顿以及艾奇逊等人就贸易政策规划问题进行了一系列磋商。② 与此同时,美国

---

① Fredrick J. Dobney, ed. , *Selected Papers of Will Clayton*, p.234.
② John W. Evans, *The Kennedy Round in American Trade Policy*: *The Twilight of the GATT*? Cambridge: Harvard University Press, 1971, pp.139—140.

克莱顿

国会联合经济委员会(Joint Economic Committee of the Congress)主席博格斯(Hale Boggs)在赴欧洲实地考察后亦深切感受到调整美国贸易政策的必要性和紧迫性,并坚信《互惠贸易协定法》的简单延期将"完全不足以应对来自欧洲的挑战"。为此,博格斯邀请赫脱和克莱顿就美国的对外经济政策起草一份报告。① 10月23日,赫脱和克莱顿将一份主要由克莱顿执笔的题为《对外经济政策的新视角》的长篇报告提交美国国会联合经济委员会,这就是著名的《赫脱—克莱顿报告》(Herter-Clayton Report)。该报告为美国《1962年贸易拓展法》的起草制定提供了基本的依据,并对美国贸易政策的规划产生了深远的影响。

《赫脱—克莱顿报告》首先指出,面对不断发展的新形势,美国"必须采取强有力的步骤"以调整贸易政策,重新审议《互惠贸易协定法》。随后,《赫脱—克莱顿报告》从三个方面分析了美国贸易政策所面临的新挑战:第一,苏联在不发达国家和地区对美国以及西方资本主义世界所构成的威胁。《赫脱—克莱顿报告》认为,"任何国际问题都不如经济问题更具分裂性",而苏联正致力于利用不发达国家的贫困局面,以便将其纳入国际共产主义的统治之下。为应对苏联在不发达国家和地区发动的经济进攻,该报告指出,美国必须加强同不发达国家和地区的经济贸易联系,而实现这一目标的最有效的途径就是同不发达国家展开多边贸易谈判,通过削减关税以及其他贸易壁垒等方式将美国与不发达国家的经济牢固地结合在一起。《赫脱—克莱顿报告》坚信,随着不发达国家和地区

---

① Fredrick J. Dobney, ed., *Selected Papers of Will Clayton*, p. 269. John W. Evans, *The Kennedy Round in American Trade Policy*, pp. 158—159.

紧密地融入多边贸易体系,"共产主义对世界和平的威胁就将大大减弱"。第二,欧洲共同市场的形成与发展。《赫脱—克莱顿报告》明确指出,"美国最大、最可靠和最富有利润的出口市场存在于自由世界的工业化国家"。随着欧洲共同市场的进一步发展,确保美国出口市场的唯一途径就是紧密协调美国同欧洲共同市场国家之间的贸易政策,否则,"美国与西欧国家之间就将爆发经常性的经济摩擦和冲突"。该报告指出,鉴于欧洲共同市场国家已经采取了实质性的步骤以取消共同市场内部的关税、数量限制和其他保护性贸易壁垒,美国亦必须作出相应的政策调整,"尽早开启与欧洲共同市场贸易伙伴关系的谈判"。在《赫脱—克莱顿报告》看来,"驻足等待和观望的时间越长,美国与欧洲共同市场之间的贸易政策协调就将变得越发困难"。第三,国家间相互依赖关系的加强。《赫脱—克莱顿报告》认为,国家间相互依赖关系的形成是现代国际经济发展的一个基本趋势。随着战后国家间相互依赖关系的进一步加深,"国内经济政策的制定再也不可能完全不顾对外部世界的影响;同时,任何国家在制定国内经济政策时也不可能完全忽视现存的外部经济环境"。该报告指出,相互依赖关系对国内经济政策的影响尤其应当引起美国的关注,因为"美国在西方世界中拥有占据优势的经济实力。如果美国的国内经济政策有损于西方的团结,整个西方世界就将失去冷战中的有利地位"。有鉴于此,《赫脱—克莱顿报告》坚信,对美国的贸易政策作出调整是至关重要的。

在全面分析了20世纪50年代末60年代初的国际局势之后,《赫脱—克莱顿报告》坚持认为,美国"现存的《互惠贸易协定法》已经远远不能适应国际环境的发展变化",面对关贸总协定制度下的

克莱顿

多边关税和贸易谈判,美国已深感无能为力。因此,"时代的挑战要求美国实质性地扩大甚至重新制定贸易政策法律"。基于上述分析,《赫脱—克莱顿报告》强调指出,"美国必须与欧洲共同市场确立贸易伙伴关系,美国必须在自由世界经济共同体的进一步发展中承担起领导责任"。为实现这一战略目标,《赫脱—克莱顿报告》坚信,"作为最低限度的步骤,贸易协定法必须授权总统从事综合性关税减让谈判,以取代现行《互惠贸易协定法》所规定的产品对产品的关税谈判授权"。因为欧洲共同市场的迅速发展以及内部贸易政策的统一已经清楚地表明,美国的欧洲盟国"决不会囿于产品对产品的关税谈判方式,有鉴于此,美国必须相应地调整关税谈判授权"。在谈到美国与欧洲共同市场乃至整个西方国家协调贸易政策的重要战略意义时,《赫脱—克莱顿报告》指出,以美国为首的西方国家在国际社会中占据了绝对的经济优势,随着贸易政策的进一步协调,"西方国家运用这种绝对经济优势的方式将成为决定'冷战'最后结果的主要因素"①。

在收到《赫脱—克莱顿报告》之后,博格斯立即将其分发给美国国会联合经济委员会研究讨论并将副本送交肯尼迪总统。在致肯尼迪的信函中,博格斯明确表示将适时公布《赫脱—克莱顿报告》并建议政府部门将该报告作为推进贸易政策立法努力的基础,肯尼迪总统对此表示赞同。11 月 1 日,美国国会联合经济委员会正式公布了《赫脱—克莱顿报告》。同样是在 11 月 1 日,副国务卿鲍尔亦发表公开演讲,强烈呼吁国会重新审议对总统的关税谈判授权。为进一步酝酿新的贸易政策,肯尼迪总统于 12 月 1 日在白

---

① Fredrick J. Dobney, ed., *Selected Papers of Will Clayton*, pp. 269—278.

宫亲自约见了赫脱和克莱顿，详细询问了实施《赫脱—克莱顿报告》的必要性和可行性，再次表示支持《赫脱—克莱顿报告》所提出的政策建议。与此同时，美国国会联合经济委员会亦紧锣密鼓地就《赫脱—克莱顿报告》举行了一系列听证会，克莱顿则毫不犹豫地亲赴国会山作证，强烈呼吁国会重新审视美国的对外贸易政策。① 由此不难看出，随着《赫脱—克莱顿报告》的提出，美国新的贸易政策设计基本结束，美国政府旋即启动了寻求国会批准新的贸易立法的努力。

在完成了贸易政策规划的准备工作之后，肯尼迪于1962年1月正式向国会提出了扩大总统关税谈判授权的立法请求。经过紧张激烈的辩论，美国国会最终通过了《1962年贸易拓展法》并经肯尼迪总统于10月签署生效。

肯尼迪总统(右)就贸易政策征询克莱顿(左)等人的意见

---

① Gregory A. Fossedal, *Our Finest Hour*, p. 276.

克莱顿　　作为美国政府和国会贸易政策立法准备阶段的重要组成部分,《赫脱—克莱顿报告》的影响是显而易见,它实际上为《1962年贸易拓展法》奠定了基本的政策原则思路。尤其值得一提的是,《赫脱—克莱顿报告》有关以综合性关税减让谈判授权取代产品对产品的关税谈判授权的建议最终被国会所采纳并作为一项政策原则纳入了《1962年贸易拓展法》,从而代表了美国贸易政策的一个重大转折并具有特别重要的意义。在肯尼迪政府决定加速推进贸易自由化的进程之际,《赫脱—克莱顿报告》为实现这一目标设计了现实的途径,肯尼迪总统因此称赞《赫脱—克莱顿报告》为《1962年贸易拓展法》提供了核心理念并为"美国国际贸易政策的发展开辟了新的方向"①。

随着《1962年贸易拓展法》的颁布和综合性关税谈判授权的获得,肯尼迪政府拥有了推进多边关税谈判进程的有力筹码,并不失时机地于1963年发起了关贸总协定制度下的新一轮多边关税和贸易谈判。1967年6月,关贸总协定制度下的第六轮多边贸易谈判——"肯尼迪回合"——宣告结束,包括美国在内的46个国家最终签署了《1967年关税和贸易总协定》。根据新一轮《关贸总协定》的规定,主要工业国家对应征税进口商品的70%作出了关税减让,工业制成品的平均关税降低了35%,主要工业化缔约国工业制成品的进口平均关税税率从10.9%降到了6.2%,从而表明"肯尼迪回合"在工业制成品的关税减让方面取得了比历次多边关税谈判更大的成果。不容否认,"肯尼迪回合"之所以在多边关税减让方面能够取得如此巨大的成就,其"决定性因素"就是综合性关税削

---

① Gregory A. Fossedal, *Our Finest Hour*, pp. 276, 278.

减法在多边关税和贸易谈判中的首次采用①,而这一关税谈判方式的转变正是《赫脱—克莱顿报告》政策建议的核心,同时也是美国《1962年贸易拓展法》的主要内容之一。除此之外,在"肯尼迪回合"进入紧张阶段之际,作为关贸总协定制度的重要创始人,克莱顿以85岁的高龄于1966年1月亲自赶赴日内瓦,呼吁与会各国遵循多边自由贸易原则,切实推进新一轮多边关税和贸易谈判。② 克莱顿崇高的威望和执着的精神深深感染了与会各国的代表,从而在一定程度上推动了"肯尼迪回合"的谈判进程,加速了多边贸易谈判的顺利结束。从这个意义上讲,恪守多边自由贸易理念和富有多边贸易谈判经验的克莱顿在《1962年贸易拓展法》的审议批准和"肯尼迪回合"的谈判进程中仍然发挥了积极的建设性作用,即政策设计和政策推动的作用。

作为自由资本主义制度的坚定拥护者和捍卫者,克莱顿对共产主义制度始终抱有强烈的敌视态度,坚持认为"共产主义是邪恶的和有害的"③。但作为政策实践中一位务实的现实主义者,面对中华人民共和国屹立于东方的客观事实,克莱顿的政策观点却有所调整。在整个20世纪50年代,克莱顿对美国的对华政策公开表示了不满和批评。早在1955年,克莱顿就明确指出,美国应该放弃1949年以后所奉行的错误的对华政策,转而采取承认共产党领导下的中国政府的立场,因为美国已无法改变这一事实。④ 随着

---

① Robert A. Pastor, *Congress and the Politics of U. S. Foreign Economic Policy: 1929—1976*, Berkeley: University of California Press, 1980, pp. 117—119.
② Gregory A. Fossedal, *Our Finest Hour*, p. 280.
③ Ibid. , p. 266.
④ Fredrick J. Dobney, ed. , *Selected Papers of Will Clayton*, p. 283.

克莱顿　50年代后期中苏矛盾的逐渐暴露,克莱顿认为美国应当"抓住时机,尽量利用中苏矛盾"以分化共产主义阵营,进而实现美国的战略目标。有鉴于此,克莱顿在1959年连续呼吁美国政府应当"承认中国政府,同意中国进入联合国",并恢复与中国的贸易关系。[①]需要强调指出的是,在主张承认新中国的同时,克莱顿并没有放弃反对共产主义的原则立场。在克莱顿看来,承认新中国是美国政府必须面对的现实选择;而且,在中苏两国之间存在矛盾和分歧的前提下,承认新中国将有助于美国实现分化并瓦解社会主义阵营的战略目标,进而促使美国在冷战较量中占据更加有利的战略地位。简言之,克莱顿主张承认中华人民共和国并不意味着克莱顿基本信仰和原则立场的改变,而是出于对美国外交政策及国际局势的现实考量和战略权衡,这在一定程度上也体现了克莱顿一贯务实的政策思想和工作作风。

1966年1月,克莱顿的日内瓦之行成为他莅临这座对其具有重要意义的城市的最后之旅。从日内瓦返回休斯敦之后,克莱顿于2月7日参加了安德森—克莱顿公司为其举办的86岁生日庆典。2月8日,克莱顿溘然长逝,从而走完了他矢志不渝地为多边自由贸易而奋斗的传奇一生。

第二节　多边自由贸易的坚定斗士

克莱顿虽然没有受过正规的高等教育和学术熏陶,但在长期

[①] Fredrick J. Dobney, ed., *Selected Papers of Will Clayton*, p.285.

的商业实践和成功的商业经历中,他却逐渐形成了一套成熟的政治经济思想,其基础就是对自由资本主义制度的坚定信仰,认为自由资本主义制度是最具活力和最富效率的经济制度,而自由竞争则是资本主义发展的必然规律。另一方面,基于对现代资本主义发展趋势的深入思考,克莱顿亦明确反对自由放任式的资本主义,主张有限的国家干预。克莱顿认为,国家干预的主要形式就是制定市场规则并监督这些规则的实施,以此维护正常稳定的市场秩序,最终促进自由资本主义的发展。由此可见,在克莱顿的经济思想中,以自由竞争为特征的自由资本主义制度是社会经济发展的基础,而有限的国家干预则是促进自由资本主义制度发展的保证。

与信仰自由资本主义制度相呼应,在国际贸易领域,克莱顿始终倡导自由贸易并逐渐形成了多边自由贸易的思想。克莱顿认为,国际贸易必须建立在多边和非歧视的基础上,并以削减关税和非关税贸易壁垒作为首要任务,以此促进自由竞争和国际贸易的发展。为实现多边自由贸易的目标,克莱顿主张有关国家必须协调贸易政策,制定贸易规则,并寻求建立多边自由贸易秩序。作为一名始终关注现实问题的精英人物,克莱顿对多边自由贸易的倡导与其对美国战后生产和贸易扩张的现实考虑是紧密联系在一起的,因为多边自由贸易有利于美国的贸易扩展和经济繁荣。正因为如此,克莱顿深信,多边自由贸易规则和秩序的建立是符合美国的利益的。由此可见,克莱顿的多边自由贸易思想不仅体现为一种基本信仰,而且还体现为对美国利益的现实思考。

克莱顿坚信美国的资本主义民主制度是世界上最先进的社会经济制度,因此,美国负有领导世界的道义责任。到第二次世界大战结束时,克莱顿更是坚定地认为,美国所拥有的强大的政治、经

克莱顿

济和军事实力为美国谋求战后世界中的领导地位提供了千载难逢的机会,并强烈呼吁美国政府应不失时机地按照美国的价值标准、制度模式和政策计划设计战后多边国际贸易秩序,主导制定以多边自由贸易为核心理念的国际贸易规则,进而确立美国在战后国际贸易领域的领导地位。在克莱顿看来,多边贸易秩序与战后国际秩序是密不可分的,而"贸易领导权"(贸易霸权)亦是美国全球战略的重要组成部分。由此可见,克莱顿已经将多边自由贸易思想提升到了美国战后世界秩序规划的战略高度。

总之,在克莱顿的思想理论中,自由资本主义制度、多边自由贸易和美国领导权等三个方面是紧密联系在一起的:自由资本主义制度观是克莱顿思想理论的基础,多边自由贸易理念是克莱顿思想理论的核心,而美国领导权则是克莱顿所追求的政治和战略目标。这种三位一体的观点构成为克莱顿思想理论的主体框架,同时也奠定了克莱顿主持设计美国战后对外贸易政策和战后国际贸易秩序的思想基础。

应当看到,克莱顿多边自由贸易的思想观点同美国政府的政策目标是完全一致的,正因为如此,在美国战后贸易政策的规划进入关键时刻之际,克莱顿被委以重任,以负责对外经济事务的助理国务卿的身份主持设计美国具体的战后国际贸易政策。克莱顿不辱使命,率领其政策设计班子展开了紧张有序的政策研究,以削减贸易壁垒和取消歧视待遇为中心,以实现美国的贸易扩张和谋求美国的贸易领导权作为现实和战略目标,在最短的时间内完成了美国具体的多边自由贸易政策计划的设计,相继制定并提出了"多边自由贸易计划"、"2·6备忘录"和"国际贸易组织宪章建议案",从而最终将美国多边自由贸易的政策原则发展成为层次清晰的政策计划方案,为美国多边自由贸易政策的推进奠定了切实可行的基础。同样值得重视的是,作为美国贸易政策的主要设计者和决策者,克莱顿多边自由贸易的政治经济理念和战略构想在上述政策计划方案中亦得到了充分的体现。

  美国具体的多边自由贸易政策计划的提出进程也体现了克莱顿独具匠心的安排。作为一名足智多谋的政策决策者和深谙政治谈判技巧的政府高层官员,克莱顿透彻地把握了贸易政策的复杂性和艰巨性。就美国国内而言,贸易政策向来是国会和公众舆论关注的焦点,具有强烈的政治敏感性;就国际关系而言,由于贸易政策直接涉及各国的切身利益,历来是引发各国经济政策争论的重点领域。此外,贸易政策涉及面广,头绪纷繁,这也在客观上增加了多边自由贸易政策计划制定的难度。实际上,美国多边贸易政策在前期推进中的艰难历程已经充分表明多边自由贸易政策计划的提出并不可以一蹴而就,而必须采取审时度势、循序渐进的方法。有鉴于此,克莱顿在主持设计美国具体的多边自由贸易政策计划之时并没有贸然提出一个囊括所有内容的总体方案,而是采取了分阶段、有步骤的政策设计策略,沿着从基本原则("多边自由贸易计划")到谈判程序("2·6备忘录")再到具体规则("宪章建议案")的政策设计思路有条不紊地提出了美国具体的多边自由贸易政策计划,并先后获得了有关国家的原则认可,最终成为国际谈判的唯一基础。由此可见,克莱顿的政策设计策略的确有力地推动了美国多边自由贸易政策计划的制订和提出。在克莱顿担任助理国务卿并主持贸易政策设计不到两年的时间内,美国多边自由贸易政策计划的推进终于摆脱了停滞不前的局面并取得了历史性的突破,进而为多边关税和贸易谈判的展开创造了必要的条件。

克莱顿

在筹建关贸总协定制度的日内瓦会议上，克莱顿高超的谈判艺术和组织才能得到了淋漓尽致的展现。作为人类历史上第一次规模巨大的多边关税和贸易谈判，日内瓦会议的谈判议程涉及范围之广是前所未有的，这无疑增加了日内瓦会议的谈判难度；同时，美苏对抗的加剧和冷战格局的形成也使日内瓦会议面临着错综复杂的国际环境。尽管如此，克莱顿仍然率领美国代表团展开了一系列不懈的外交努力，坚持以美国的多边自由贸易政策计划为中心组织有关谈判进程，纵横捭阖于与会各国之间，最终促成了日内瓦会议的顺利结束和关贸总协定制度的成功建立，基本实现了美国"多边自由贸易计划"的政策和战略目标，克莱顿多边自由贸易的政策思想在关贸总协定制度中亦得到了集中的体现。从这个意义上讲，克莱顿无疑是日内瓦会议这场"大型音乐会"的成功导演者。进而言之，克莱顿在日内瓦会议上的最大贡献就是制定了正确的谈判方针和策略，始终以英国作为美国的主要谈判对手，并围绕羊毛关税问题和英联邦特惠制问题同英国以及英联邦国家展开了艰苦的角逐与较量，最终同英国达成了协议。克莱顿的这一谈判策略牢牢抓住了日内瓦多边关税和贸易谈判的关键环节和矛盾焦点，并寻求以此作为推进日内瓦谈判的突破口，从而决定性地推动了日内瓦会议的多边谈判进程。换言之，克莱顿致力于同英国以及英联邦国家的谈判并寻求达成协议实际上是促成日内瓦会议成功结束的重要因素之一。

在美国多边自由贸易政策计划的推进过程中，克莱顿独具慧眼的战略预见力和判断力亦发挥了至关重要的作用。面对早期美英贸易谈判的踟蹰不前，克莱顿深切感受到美国必须采取措施以迫使英国政府改变在贸易政策上的暧昧立场。就任助理国务卿之后，克莱顿敏锐地预见到英国在战后初期将急需美国提供财政经济援助，因而明确提出将财政援助谈判与贸易政策谈判挂钩，并坚信这是促使英国接受美国的贸易政策计划的有效手段。实践证明，克莱顿的战略预见和政策策略是完全成功的。为获得美国提供的财政经济援助，英国政府不得不接受了美国的谈判立场，并宣布支持美国的"多边自由贸易计划"，从而为美国的政策推进迎来了第一个重大的转机。与此同时，出于推进多边自由贸易政策计划的考虑，克莱顿早在1947年初就预见到西欧的经济困难将成为实现多边自由贸易的巨大障碍，因而力主由美国向西欧国家提供经济援助，并以此作为迫使西欧各国承担多边自由贸易义务的有力筹码。在援助西欧的"马歇尔计划"提出之后，克莱顿不失时机地以美援为诱饵，同西欧各国进行了紧张的讨价还价，促使西欧国家接受了美国的贸易政策立场，在很大程度上推动了日内瓦的多边关税和贸易谈判进程。由此可见，克莱顿非常善于把握国际政治经济局势并作出准确的判断以及政策设计，非常善于运用经济手段以达到政治目的。而在美国多边自由贸易政策计划推进的每一个重要关头，克莱顿的战略预见力和判断力均发挥了重大的作用。

不论是在政策设计还是在贸易谈判的进程中，多边自由贸易原则始终是克莱顿恪守不渝的基本原则。但作为一名有着成功商业经历的政策决策者，克莱顿在处理具体问题时又奉行了灵活务实的态度，善于在坚持多边自由贸易原则的基础上，根据实际情况适时作出必要的妥协和折中，以非原则性的让步换取对原则的坚持。克莱顿这种原则性与灵活性相结合的政策策略在关贸总协定制度的设计和谈判中均得到了充分的体现。在设计多边自由贸易

克莱顿

的具体规则时,考虑到西欧国家面临着严重的贸易收支平衡问题,克莱顿在坚持非歧视原则的前提下设计了一般取消数量限制的例外规则,从而部分满足了西欧国家的要求,换取了西欧国家对一般取消数量限制原则的支持。在多边关税和贸易谈判中,考虑到英国的特殊困难,为避免因特惠制问题的争论而影响美英谈判和日内瓦会议的进程,克莱顿采取了灵活的策略,同意将特惠制作为非歧视原则的一项重大例外,同时迫使英国承担了部分削减或取消英联邦特惠关税以及约束特惠关税差额的义务,从而在纷繁复杂的情况下最大限度地实现了美国打破英联邦特惠体系的政策目标,推动了日内瓦会议的顺利结束。由此可见,克莱顿在政策设计和谈判进程中所奉行的原则性与灵活性相结合的政策策略无疑有助于确保美国多边自由贸易政策目标的实现,并成为推动关贸总协定制度建立的一个不容忽视的重要因素。

总之,作为一名成功的商界精英,克莱顿对自由资本主义制度、自由竞争和自由贸易抱有坚定的信念,并在实践中逐步形成了较为完整的多边自由贸易思想。作为负责经济事务的助理国务卿和副国务卿,克莱顿是美国战后对外经济政策,包括经济冷战政策的主要设计者和推动者,同时也是战后多边自由贸易秩序和美国"贸易领导权"(贸易霸权)战略的主要设计者和积极倡导者。因此,在美国战后对外经济政策的制定和实施过程中,克莱顿始终是一个举足轻重的人物,其政治生命的顶点集中体现在两个方面:一是主持设计并积极推动二战后多边贸易机制——1947年关贸总协定制度的建立,以此实现了美国"多边自由贸易计划"的政策目标并确立了美国在战后国际贸易领域的霸权地位;二是积极倡导并关键性地参与了"马歇尔计划"的设计和制定,主持了实施"马歇尔计划"的多边谈判,以此推动了西欧国家的经济复兴并进一步巩固了美国领导下的西方冷战同盟体系。随着1947年关贸总协定制度的建立,克莱顿为之奋斗的多边贸易体系最终变成为现实,克莱顿梦寐以求的美国贸易霸权最终得以确立。至此,美国在战后国际经济领域的"制度霸权"体系框架基本构筑完成,这就是以1944年布雷顿森林制度为标志的美国金融霸权和以1947年关贸总协定制度为标志的美国贸易霸权。

第七章 最后的挑战

参考文献

一、档案文件及回忆录

U. S. , Department of State, *Foreign Relations of the United States*, 1945, Vol. Ⅱ, Vol. Ⅵ; 1946, Vol. Ⅰ, Vol. Ⅴ, Vol. Ⅵ; 1947, Vol. Ⅰ, Vol. Ⅱ, Vol. Ⅲ; 1948, Vol. Ⅰ, Part2, Vol. Ⅱ, Vol. Ⅳ; 1949, Vol. Ⅰ, Vol. Ⅲ.

World Peace Foundation, *Documents on American Foreign Relations*, Vol. Ⅰ, 1938—1939; Vol. Ⅶ, 1944—1945; Vol. Ⅷ, 1945—1946; Vol. Ⅸ, 1947; Vol. Ⅹ, 1948.

Acheson, Dean, *Present at the Creation: My Years in the State Department*, New York: W. W. Norton, 1969.

Dobney, Fredrick J. , ed. , *Selected Papers of Will Clayton*, Baltimore and London: The Johns Hopkins Press, 1971.

Hull, Cordell, *The Memoirs of Cordell Hull*, New York: The Macmillan Company, 1948.

Jones, Joseph M. , *The Fifteen Weeks: February 21-June 5, 1947*, New York: Viking Press, 1955.

Kennan, George F. , *Memoirs: 1925—1950*, Boston: Little, Brown and Company, 1967.

Moggridge, Donald, ed. , *The Collected Writings of John Maynard Keynes*:

Shaping the Post-War World, *Bretton Woods and Reparations*, Vol. XXVI, London: Macmillan, 1980.

Notter, Harley, *Postwar Foreign Policy Preparation: 1939—1945*, Washington, D. C.: Government Printing Office, 1949.

Truman, Harry S., *Memoirs of Harry S. Truman: Years of Trial and Hope, 1946—1953*, Vol. II, New York: Da Capo Press, 1956.

二、著作

(一)英文著作

Art, Robert J., *A Grand Strategy for America*, Ithaca and London: Cornell University Press, 2003.

Axelrod, Robert M., *The Evolution of Cooperation*, New York: Basic Books, 1984.

Becker, William H. and Samuel F. Wells, Jr., eds., *Economics and World Power: An Assessment of American Diplomacy Since* 1789, New York: Columbia University Press, 1984.

Bordo, Michael and Barry Eichengreen, eds., *The Rise and Decline of the Bretton Woods System*, Chicago: University of Chicago Press, 1992.

Brawley, Mark R., *Liberal Leadership: Great Powers and Their Challengers in Peace and War*, Ithaca and London: Cornell University Press, 1993.

Brinkley, Douglas and David R. Facey-Crowther, eds., *The Atlantic Charter*, New York: St. Martin's Press, 1994.

Brown, William Adams, Jr., *The United States and the Restoration of World Trade: An Analysis and Appraisal of the ITO Charter and the General Agreement on Tariffs and Trade*, Washington D. C.: The Brookings Institution, 1950.

Brzezinski, Zbigniew, *The Choice: Global Domination or Global Leadership*, New York: Basic Books, 2004.

Domhoff, G. William, *The Power Elite and the State: How Policy is Made in America*, New York: A. De Gruyter, 1990.

Eckes, Alfred E., Jr., *A Search of Solvency: Bretton Woods and the International Monetary System, 1941—1971, Austin: University of Texas Press, 1975.

Fleming, D. F., *The Cold War and Its Origins: 1917—1960*, New York: Allen & Unwin, 1961.

Fossedal, Gregory A., *Our Finest Hour: Will Clayton, the Marshall Plan, and the Triumph of Democracy*, Stanford: Stanford University Press, 1993.

Gardner, Richard N., *Sterling-Dollar Diplomacy in Current Perspective: The Origins and the Prospects of Our International Economic Order*, New York: Columbia University Press, 1980.

Garwood, Ellen Clayton, *Will Clayton: A Short Biography*, Austin: University of Texas Press, 1958.

Gimbel, John, *The Origins of the Marshall Plan*, Stanford: Stanford University Press, 1976.

Gruber, Lloyd, *Ruling the World: Power Politics and the Rise of Supranational Institutions*, Princeton: Princeton University Press, 2000.

Hanreider, Wolfram, ed., *The United States and Western Europe: Political, Economic, and Strategic Perspective*, Cambridge: Winthrop, 1974.

Hippler, Jochen, *Pax Americana? Hegemony or Decline*, London: Pluto Press, 1994.

Hoffmann, Stanley and Charles Maier, eds., *The Marshall Plan: A Retrospective*, Boulder: Westview Press, 1984.

Hogan, Michael J., *The Marshall Plan: America, Britain, and the Reconstruction of Western Europe, 1947—1952*, New York: Cambridge University Press, 1987.

Hussain, A. Imtiaz, *Politics of Compensation: Truman, the Wood Bill of 1947, and the Shaping of Postwar U. S. Trade Policy*, New York: Garland, 1993.

Jackson, John H., *The World Trading System: Law and Policy of International Economic Relations*, Cambridge and London: The MIT Press, 1997.

Karns, Margaret P. and Karen A. Mingst, eds., *The United States and Multi-

克莱顿 *lateral Institutions: Patterns of Changing Instrumentality and Influence*, London and New York: Routledge, 1992.

Kirshner, Orin, *The Bretton Woods-GATT System: Retrospect and Prospect after Fifty Years*, New York: M. E. Sharpe, 1996.

Kunz, Diane B. , *Butter and Guns: America's Cold War Economic Diplomacy*, New York and London: The Free Press, 1997.

LaFeber, Walter, ed. , *The Dynamics of World Power: A Documentary History of United States Foreign Policy, 1945—1973*, Vol. Ⅱ , New York: Chelsea House Publishers, 1973.

Lawton, Thomas C. , James N. Rosenau, and Amy C. Verdun, eds. , *Strange Power: Shaping the Parameters of International Relations and International Political Economy*, Aldershot and Burlington: Ashgate, 2000.

Lippmann, Walter, *The Cold War: A Study in U. S. Foreign Policy*, New York: Harper & Brothers, 1947.

Low, Patrick, *Trading Free: The GATT and U. S. Trade Policy*, New York: The Twentieth Century Fund Press, 1993.

Mee, Charles L. , Jr. , *The Marshall Plan: The Launching of the Pax Americana*, New York: Simon and Schuster, 1984.

Mosley, Leonard, *Marshall: Hero for Our Times*, New York: Hearst Books, 1982.

O'Brien, Patrick Karl and Armand Clesse, eds. , *Two Hegemonies: Britain 1846—1914 and the United States 1941—2001*, Aldershot and Burlington: Ashgate, 2002.

Pahre, Robert, *Leading Questions: How Hegemony Affects the International Political Economy*, Ann Arbor: The University of Michigan Press, 1999.

Pastor, Robert A. , *Congress and the Politics of U. S. Foreign Economic Policy: 1929—1976*, Berkeley and London: University of California Press, 1980.

Paterson, Thomas G. , *Soviet-American Confrontation: Postwar Reconstruction and the Origins of the Cold War*, Baltimore: Johns Hopkins University Press, 1973.

Patrick, Stewart and Shepard Forman, eds. ,*Multilateralism and U. S. Foreign Policy: Ambivalent Engagement*, Boulder and London: Lynne Rienner Publishers, 2002.

Pollard, Robert A. ,*Economic Security and the Origins of the Cold War: 1945—1950*, New York: Columbia University Press, 1985.

Rees, David,*Harry Dexter White: A Study in Paradox*, New York: Coward, McCann & Geoghegan, 1973.

Rhodes, Carolyn,*Reciprocity, U. S. Trade Policy, and the GATT Regime*, Ithaca and London: Cornell University Press, 1993.

Ruggie, John G. ,*Winning the Peace: America and World Order in the New Era*, New York: Columbia University Press, 1996.

Skidelsky, Robert, *John Maynard Keynes: Fighting for Britain, 1937—1946*, Vol. Ⅲ, London: Macmillan, 2000.

White, Donald W. ,*The American Century: The Rise and Decline of the United States as a World Power*, New Haven: Yale University Press, 1996.

Wilcox, Clair, *A Charter for World Trade*, New York: The Macmillan Company, 1949.

Woods, Randall B. , *A Changing of the Guard: Anglo-American Relations, 1941—1946*, Chapel Hill and London: The University of North Carolina Press, 1990.

Zeiler, Thomas W. ,*Free Trade, Free World: The Advent of GATT*, Chapel Hill and London: The University of North Carolina Press, 1999.

(二)中文著作

曹建明、贺小勇:《世界贸易组织》,北京:法律出版社2004年版。

黄静波:《多边贸易体制的理论与实践》,广州:中山大学出版社2004年版。

刘绪贻、杨生茂主编:《美国通史》,北京:人民出版社2002年版。

王绳祖主编:《国际关系史》,北京:世界知识出版社1995年版。

张建新:《权力与经济增长:美国贸易政策的国际政治经济学》,上海:上海人民出版社2006年版。

张军旗:《多边贸易关系中的国家主权问题》,北京:人民法院出版社2006年版。

张克文:《关税与贸易总协定及其最惠国待遇制度》,武汉:武汉大学出版社1992年版。

张敏谦:《美国对外经济战略》,北京:世界知识出版社2001年版。

张向晨:《发展中国家与WTO的政治经济关系》,北京:法律出版社2000年版。

赵长峰:《国际金融合作:一种权力与利益的分析》,北京:世界知识出版社2006年版。

赵维田:《最惠国待遇与多边贸易体制》,北京:中国社会科学出版社1996年版。

后 记

作为关贸总协定制度以及"马歇尔计划"的积极倡导者和主要设计者,克莱顿在美国战后对外政策,包括经济冷战政策的贯彻实施过程中均发挥了重大而深远的政策设计和决策作用。但在国内外、尤其是国内的有关著述中,克莱顿的政策贡献却并没有引起学者们的重视,即使是有关关贸总协定制度以及"马歇尔计划"的论著对克莱顿亦着墨不多,甚至根本没有提及,由此留下了需要进一步探讨与论证的研究漏洞。例如,由于忽视或低估了克莱顿的政策贡献,国内有关"马歇尔计划"的研究存在重大缺陷与误区,直接导致了对美国在"马歇尔计划"中刻意寻求主导地位的解释无力,甚至导致了对"马歇尔计划"及其设计渊源的误读。显然,这样的研究并不完全符合历史事实,而且与克莱顿在美国战后对外经济政策的制定与实施过程中所发挥的实际作用是极不相称的。实际上,在关贸总协定制度的设计与谈判中,克莱顿始终处于关键地位,是关贸总协定制度的主要设计者和谈判者;"马歇尔计划"的基本框架与具体实施也主要源自克莱顿的政策构想与外交努力。从对外战略的角度来看,关贸总协定制度和"马歇尔计划"则构成为美国战后对外经济战略的重要组成部分,由此凸现了克莱顿在美国对外战略设计中的地位与作用。正因为如此,本书主要依据美国国务院解密的外交档案文献,以及其他第一手资料和相关论著,对克莱顿在战后初期美国外交政策的设计和实践中所发挥的作用进行了分析与探讨,尤其论述了克莱顿在关贸总协定制度以及"马歇尔计划"的设计与谈判中所发挥的独到而关键的作用,并力图客观评价克莱顿的历史地位与贡献,进而期待着为准确理解美国战后对外经济战略以及多边贸易制度的渊源提供有益的启示。

在本书的写作过程中,北京大学出版社的耿协峰老师数次通过各种方式与我交流,提出了诸多富有借鉴和启迪意义的修改意见;武岳老师不仅认真审阅了书稿,而且就书稿的语言表述和结构安排提出了中肯的修改建议。两位老师的敬业精神和严谨学风令我感动且受益匪浅,在此表示由衷的谢意!

本书的写作还得到南京大学历史系各位领导的关心和支持,并获得 2010 年"南京大学人文基金"立项(项目编号:LSRWG1006),特此感谢!

舒建中

2012 年 10 月 14 日于南京大学